Thomas Mirow (Hrsg.)

Kraftakt: Warum wir uns neu bewähren müssen

Berichte zur Lage der Nation

MURMANN

Klimaneutral
Druckprodukt
ClimatePartner.com/12752-1803-1001

Zum Ausgleich für die entstandene CO$_2$-Emission bei der Produktion dieses Buches unterstützen wir die Bereitstellung von effizienten Kochöfen in Sambia. Die verbesserten Kochöfen verbrauchen zwei Drittel weniger Brennmaterial und verringern so nicht nur den CO$_2$-Ausstoß, sondern auch die Rodung der lokalen Wälder. Durch die bessere Luftqualität in den Räumen werden Atemwegserkrankungen verringert, und Familien können Zeit und Geld sparen, da weniger Brennmaterial benötigt wird.

Bibliografische Information der Deutschen Nationalbibliothek
Die Deutsche Nationalbibliothek verzeichnet diese Publikation in der Deutschen Nationalbibliografie; detaillierte bibliografische Daten sind im Internet über http://dnb.de abrufbar.

Das Werk einschließlich aller seiner Teile ist urheberrechtlich geschützt. Jede Verwertung ist ohne Zustimmung des Verlages unzulässig. Das gilt insbesondere für Vervielfältigungen, Übersetzungen, Mikroverfilmungen und die Einspeicherung und Verarbeitung in elektronischen Systemen.

Der Verlag weist ausdrücklich darauf hin, dass er, sofern dieses Buch externe Links enthält, diese nur bis zum Zeitpunkt der Buchveröffentlichung einsehen konnte. Auf spätere Veränderungen hat der Verlag keinerlei Einfluss. Eine Haftung des Verlages ist daher ausgeschlossen.

Copyright © 2023 Murmann Publishers GmbH, Hamburg
Lektorat: Evelin Schultheiß, Kirchwalsede
Druck und Bindung: Steinmeier GmbH & Co. KG, Deiningen
Printed in Germany

ISBN 978-3-86774-772-1

Besuchen Sie unseren Webshop: www.murmann-verlag.de
Ihre Meinung zu diesem Buch interessiert uns!
Zuschriften bitte an info@murmann-publishers.de
Den Newsletter des Murmann Verlages können Sie anfordern unter newsletter@murmann-publishers.de

INHALTSVERZEICHNIS

Zu diesem Buch *5*
Thomas Mirow

Zur Lage des Landes *11*
Von Jürgen Kaube

Mehr Eigenverantwortung, weniger Staatsgläubigkeit! *37*
Von Nicola Leibinger-Kammüller

Visionen wagen *67*
Von Holger Hanselka

»Wir brauchen in Deutschland wieder mehr Menschen mit Tatendrang« *95*
Das Gespräch mit Judith Dada und Christian Miele führte Martin Klingst

Bequem gemacht *123*
Von Martin Schröder

Nur mit mehr Menschen hat Deutschland eine Zukunft *157*
Von Janina Kugel

Die große Kluft *187*
Von Reint Gropp und Cornelia Lang

Für eine Schule, der wir vertrauen können! *217*
Von Sabine Reh

Über den Herausgeber und die Autorinnen und Autoren *243*

Zu diesem Buch

Von Thomas Mirow

Die Industrie am Ende. Unser Land vor dem Abstieg. Deutschland erneut »der kranke Mann Europas«. Urteile dieser Art sind immer häufiger zu hören und befeuern eine zunehmend hitzig geführte Debatte über unsere Zukunft.

Was ist geschehen?

Russlands Angriff auf die Ukraine im Februar 2022 hat Europa buchstäblich über Nacht vor enorme Herausforderungen gestellt. Streitkräfte mussten neu aufgestellt, die NATO als Verteidigungsbündnis revitalisiert werden. Die Ukraine bedurfte sofortiger Hilfe, auch militärischer. Zugleich galt es, das Risiko eines kriegerischen Flächenbrandes so gering wie irgend möglich zu halten. Private Haushalte und die produzierende Wirtschaft benötigten ausreichend Energie aus neu zu erschließenden Quellen. Nur mit teuren staatlichen Programmen ließen sich die Folgen schnell steigender Preise zumindest teilweise abfedern.

Politik und Gesellschaft hat dieses Krisenmanagement viel abverlangt. Das Resultat kann sich, alles in allem, sehen lassen. Europa blieb von einschneidenden Mangelsituationen und wirtschaftlichen Einbrüchen verschont. Unsere Demokratien, auch und zumal die Europäische

Union, konnten zeigen, dass sie, wenn es darauf ankommt, durchaus zu schnellem und wirksamem Handeln in der Lage sind.

Ein Jahr später aber, mit dem genaueren Blick auf die Zukunft, wächst die Sorge, Europa als Ganzes und Deutschland insbesondere könnten nicht nur aufgrund des Kriegs strukturell und dauerhaft an Wohlstand verlieren – mit gravierenden Folgen für die Stabilität der Sozialsysteme und den Zusammenhalt in der Gesellschaft, aber auch für die Rolle unseres Kontinents in einem sich dramatisch zuspitzenden globalen Wettbewerb der Mächte.

An gewichtigen Begründungen für diese Befürchtung herrscht kein Mangel: Im Sommer 2023 prognostizierte der Internationale Währungsfonds IWF für Deutschland als einzigem der großen Industriestaaten ein Negativwachstum für das laufende Jahr. Die Sprecherin der Automobilindustrie diagnostizierte eine »toxische Lage« im Land. Große Chemiebetriebe, eine weitere deutsche Schlüsselindustrie, legten unter Verweis auf zu hohe Energiekosten ganze Produktionen still. Droht Deutschland also, wie nicht wenige meinen, eine allgemeine »Deindustrialisierung«, der Verlust seines bisherigen Wirtschaftsmodells?

Eine Reihe spektakulärer Großinvestitionen, vor allem im Bereich der ostdeutschen Chipindustrie, die mithilfe öffentlicher Förderungen in Milliardenhöhe gesichert wurden, ließen auch andere, gelassenere Stimmen laut werden: Das Land gehe durch einen tiefen Strukturwandel, wie es ihn immer wieder gegeben habe. Am Ende werde Deutschland dank seiner Exzellenz in Wissenschaft und Forschung mithilfe transformativer Technologien zu neuer Wettbewerbsstärke finden.

Langfristige Versäumnisse und strukturelle Schwächen unseres Landes, so viel steht fest, sind nicht mehr zu übersehen: eine Überalterung der Gesellschaft mit dem daraus resultierenden Fachkräftemangel und den Folgen für die Finanzierung von Renten und Pflege; hohe Bürokratielasten und ein flagranter Rückstand in der Digitalisierung nicht allein, aber insbesondere der öffentlichen Verwaltung; ein enormer Sanierungsstau bei Straßen, Schienen und Brücken; Schwächen und Mängel in der Bildung, in der Kinderbetreuung, im Gesundheitssystem; fehlende Wohnungen in den Ballungszentren, vor allem solche zu bezahlbaren Preisen.

Wo sich Sorgen um die wirtschaftliche Zukunft des Landes breitmachen, finden politische Extremisten leicht Gehör – und der wachsende Pessimismus in der Gesellschaft ist mit Händen zu greifen. Eine Allensbach-Umfrage zeigte auf, dass einerseits rund 70 Prozent der Deutschen in den Arbeitsbedingungen wie auch in der Leistungsbereitschaft der Menschen eine besondere Stärke des Landes sehen und die Mehrheit auch in den sozialen Sicherungssystemen, dass aber andererseits »nur eine Minderheit dem Land insgesamt eine gute Prognose stellen mag. Nur 31 Prozent sind überzeugt, dass Deutschland sich auf Sicht der nächsten zehn Jahre gut entwickeln wird. Und auch nur 39 Prozent sind zuversichtlich, dass Deutschland in zehn bis 15 Jahren noch zu den führenden Wirtschaftsnationen gehören wird; vor fünf Jahren waren davon noch 59 Prozent überzeugt.« (*FAZ* vom 26.1.2023)

Es wird in den Debatten der nächsten Zeit um sehr konkrete und grundsätzliche Fragen gehen: Können wir mit einer schnellen Umstellung auf erneuerbare Energien und dem gleichzeitigen Verzicht auf Atomkraft und Kohle ein erfolgreiches Industrieland bleiben? Sind wir innovativ und wagemutig genug, um in entscheidenden Zukunftstechnologien mithalten zu können? Entspricht unser Bildungssystem noch den Anforderungen des 21. Jahrhunderts? Auf welche Faktoren sollten wir besonders achten, um den immer schmerzlicheren Mangel an Fachkräften zu überwinden? Wie können wir weniger bürokratisch werden, anders planen und die nötigen finanziellen Ressourcen aufbringen, damit Deutschland wieder eine leistungsfähige, zeitgemäße öffentliche Infrastruktur erhält, und wie sollte ein modernes Mobilitätskonzept für das dicht besiedelte Transitland Deutschland aussehen? Wie die ökologische Wende vollziehen und die unabweisbare Anpassung unserer Lebensverhältnisse an den Klimawandel so gestalten, dass daraus tatsächlich zugleich ökonomisch neue Chancen erwachsen?

Modernität, Leistungsfähigkeit und Attraktivität eines Landes werden bekanntlich von vielen Faktoren bestimmt. Nicht alle können wir in diesem Band abhandeln. Wichtig ist uns vor allem eins: Neue Fundamente für nachhaltigen Wohlstand und gesicherte Sozialstaatlichkeit zu schaffen, wird einen *Kraftakt* erfordern, der nur auf gesellschaftlich unterstützten Zielen und gesicherten Orientierungen gründen kann. Die Deutschen werden für sich die Frage beantworten müssen, wie sie sich (mehrheitlich) eine gute Zukunft vorstellen, worauf es aus ihrer Sicht dabei besonders ankommt und nicht zuletzt: was sie selbst dafür zu tun bereit sind.

Zu dieser notwendigen Debatte wollen die acht Texte der *Berichte zur Lage der Nation*, dem vierten Band dieser Reihe, einen Beitrag leisten. Unsere überaus sachkundigen Autorinnen und Autoren haben wir sowohl um nüchterne Bestandsaufnahmen gebeten, wie es um unser Land steht, als auch um persönliche Einschätzungen, von welchen Orientierungen, Haltungen und Wertungen sich die deutsche Gesellschaft in ihrem Blick auf die Zukunft leiten lässt und leiten lassen sollte, mit welchen Herausforderungen Wirtschaft und Gesellschaft werden umgehen müssen und welcher Anstrengungen es bedarf, um Deutschland weiter einen guten Platz im Wettbewerb der Nationen zu sichern.

Eröffnet werden unsere diesjährigen *Berichte* von Jürgen Kaube, Soziologe und Mitherausgeber der *FAZ*, der in seinem Beitrag unter Hinzuziehung zahlreicher Analysen und Befragungen einen kaleidoskopischen Blick auf die Lage des Landes wirft. Nicola Leibinger-Kammüller, Gesellschafterin und Vorstandsvorsitzende der weltweit erfolgreichen TRUMPF Maschinenwerke, hält ein leidenschaftliches Plädoyer für den Erhalt des industriellen Mittelstandes und benennt die Faktoren, die es dafür aus ihrer Sicht braucht. Der neu gewählte Präsident der Fraunhofer Gesellschaft Holger Hanselka schildert eindringlich und sehr konkret, wie es um Deutschlands Position in den entscheidenden Zukunftstechnologien steht. Christian Miele, renommierter Start-up-Investor aus einer traditionsreichen Unternehmerfamilie, und die namhafte Wagniskapitalinvestorin Judith Dada führen ein lebhaftes Gespräch über Gründergeist und Rahmenbedingungen für neue Unternehmen in Deutschland, mit einem besonderen Blick auf ihre eigene Generation. Martin Schröder, Soziologie-Professor an der Universität des Saarlandes und Bestsellerautor, befasst sich intensiv mit Haltungen und Einstellungen der Deutschen, nicht allein, aber insbesondere zu Arbeit und Beruf. Janina Kugel, ehemalige Vorständin von Siemens und heute als Beraterin und Aufsichtsrätin tätig, nimmt diese Fragen aus der Sicht einer Praktikerin auf und schildert, wie sich Arbeit verändert und wie sich in einem vielfach angespannten Arbeitsmarkt gerade auch junge Leute gewinnen und halten lassen. Reint Gropp und Cornelia Lang vom Leibniz-Institut für Wirtschaftsforschung in Halle analysieren vor dem Hintergrund der Entwicklung seit der Wiedervereinigung gesellschaftliche und wirtschaftliche Perspektiven in den östlichen Bundesländern. Sabine Reh vom DIPF | Leibniz-Institut für Bildungsforschung und Bildungsinformation in Frankfurt schließlich reflektiert über die Anforderungen an ein zukunftstaugliches Schulsystem und begründet, warum es von zentraler Bedeutung ist, neues Vertrauen in die Leistungsfähigkeit öffentlicher Schulen zu schaffen.

Die Beiträge zu diesem Buch weisen, wenig überraschend, eine große Bandbreite an Meinungen, Einschätzungen und Vorschlägen auf. Sie benennen viele ernst zu nehmende Risiken für unseren zukünftigen Wohlstand, kritisieren gravierende Fehlentwicklungen, aber legen Politik und Gesellschaft auch gleichermaßen notwendige wie realistische

Reformen nahe. Gemeinsam ist ihnen, dass sie Schwächen *und* Stärken Deutschlands herausarbeiten.

Und darum muss es gehen: Pessimismus und Resignation dürfen nicht die Oberhand gewinnen. Sie lösen keine Probleme, sondern schüren Ängste – mit gefährlichen politischen Folgen. Unser Land hat weiterhin beträchtliche Vorzüge und hält große Potenziale bereit. Allerdings wird es großer Anstrengungen bedürfen, sie auf die Anforderungen einer anderen Zeit auszurichten.

Wir werden uns neu bewähren müssen.

Allen Autorinnen und Autoren danke ich herzlich für ihre spannenden Beiträge, Dr. Agata Klaus, der Geschäftsführerin unserer Stiftung, für die intensive Betreuung des gesamten Projekts, der Berthold Leibinger Stiftung und Prof. Dr. Rüdiger Grube für ihre beeindruckend großzügige Förderung, unseren Partnern beim Murmann Verlag für die erneute verlässliche verlegerische Unterstützung und ganz besonders Martin Klingst, der durch sein kluges Interview mit Christian Miele und Judith Dada sowie mit seiner umfassenden und dabei stets respektvollen Redaktionstätigkeit wieder maßgeblich zum Entstehen dieses Bandes beigetragen hat.

Mit Blick auf die Vielfalt von Meinungen zu einer gendergerechten Sprache hat der Herausgeber auf die Vorgabe einheitlicher Richtlinien verzichtet. Die Texte spiegeln auch insofern das individuelle Sprachgefühl der Autorinnen und Autoren wider.

Zur Lage des Landes

Geht es uns gut oder schlecht? Die Antwort wird weitgehend der Wirtschaft überlassen, deswegen fällt sie mal so und mal so aus. Wenn etwas fehlt, sind es vor allem Vorhaben und Leidenschaften.

Von Jürgen Kaube

Die Frage danach, in welcher Situation wir leben, ist jedem vertraut, auch wenn sie durch den Alltag und die Fragen, die er aufwirft, oft verdeckt bleibt. Es gibt dennoch niemanden, der über die Prognose der eigenen Biografie hinaus nicht mit Einschätzungen und Besorgnissen beschäftigt ist, wie es kollektiv weitergehen wird. Dabei fassen wir zumeist sehr heterogene Eindrücke zusammen, von der Entwicklung der Mietpreise über die Energieversorgung und die Inflationsrate bis zum Zustand der Schulen und dem Grad der Digitalisierung auf dem flachen Land.

In einer Demokratie zu leben, erweitert dabei den Horizont der Besorgnis: Man stellt sich leichter Fragen fürs Ganze, wenn man im Gefühl lebt, über die Wahlstimme oder die öffentliche Meinung oder durch politische Tätigkeit für das Ganze mit zuständig zu sein. Wenn man also den Eindruck hat, es komme auf den eigenen Eindruck von der Lage an. Die Medien führen diesen Überlegungen viel Debattenstoff zu. Vieles scheint prekär, vieles instabil, alles entscheidungsabhängig, wenig sofort änderbar. Welche Zukunft werden unsere Kinder haben, kann der Sozialstaat aufrechterhalten werden, ist Deutschland innovationsfähig, laufen wir auf Kriege an den Grenzen Europas zu, die über den in der Ukraine hinausgehen?

Solche Fragen sind unabweisbar, auch wenn es viel spezialisierten Wissens bedarf, um sie sachgerecht zu beantworten, ja auch nur, um sie so zu stellen, dass sie beantwortet werden können. Wenn die Bahn ankündigt, es dauere von heute an 17 Jahre, um die Strecke zwischen Karlsruhe und Basel auszubauen, ist es für Laien nicht leicht zu sagen, ob es sich hier um ein Organisationsversagen, einen Effekt von zu viel Bürokratie oder einen ganz normalen Sachverhalt handelt. Dasselbe gilt, wenn für die Renovierung der Frankfurter Städtischen Bühnen inzwischen Kosten von 1,4 Milliarden Euro kalkuliert werden. Dass in Estland 99 Prozent der staatlichen Dienstleistungen digital abgewickelt werden, während Deutschland sich hier in der Schlussgruppe aller europäischen Länder befindet, kann an politischem Unwillen liegen, an föderalem Wirrwarr der Kompetenzen, erneut an Bürokratie und ist vermutlich nicht komplett mit den unterschiedlichen Länder- und Bevölkerungsgrößen zu erklären.

Das sind nur zufällig herausgegriffene Beispiele. Bilden sie ein Muster? Ist die Bundesrepublik in Komplexitäten verstrickt, deren sie nur noch schwer und langsam Herr wird? Sobald wir darüber nachdenken, muss bestimmbar sein, was genau mit »Lage« gemeint ist. Und was überhaupt ist ein Land? Ein Staat und seine Verwaltung, eine Volkswirtschaft, ein kommunales Leben, eine Kultur, eine Sprachgemeinschaft, eine Idee? Gewiss, es gibt den Nationalstaat, aber vieles, was die Lage eines Landes bestimmt, ist unabhängig oder zumindest nur mittelbar abhängig von ihm. Wir leben in Europa, wir leben in der

Welt, wir handeln mit China, sind von Lieferketten abhängig, die über den ganzen Globus verteilt sind, wir schauen Filme aus Hollywood, nehmen an globalen Sportereignissen und an globalen wissenschaftlichen Erkenntnisgewinnen Anteil und hängen von Innovationen ab, die oft andernorts hervorgebracht werden. Begriffe wie »Weltwirtschaft«, »Weltmacht«, »Weltreligionen«, »globale Finanzmärkte« oder »Weltkunst«, die diesen Zustand einer nicht nationalstaatlich verfassten Gesellschaft bezeichnen, sind seit Langem etabliert.[1]

Erschwerend kommt hinzu, dass es keine wissenschaftliche Disziplin gibt, die sich mit Deutschland befasst. Für das im Grunde einschlägige Fach, die Soziologie, sind Nationalstaaten als territorial umrissene Gebilde keine gewohnte Untersuchungsgröße. Es gibt keine Soziologie, sondern nur eine Sozialkunde Deutschlands. Der Grund dafür ist, dass fast alle Probleme, die man in Bezug auf ein Land festhalten kann, auch in Bezug auf viele andere Länder festgehalten werden könnten. Viele typische Fragen ändern sich an den staatlichen Grenzen nicht. Historiker glauben zwar eine deutsche Geschichte zu kennen, aber es fällt ihnen zunehmend schwer, sie von der Weltgeschichte, der Geschichte des Kapitalismus oder der Technikgeschichte abzugrenzen, die alle keine nationalstaatlichen Veranstaltungen sind.

Für die Juristen scheint es hingegen nicht kompliziert, das in Deutschland geltende Recht vom Recht anderer Länder zu unterscheiden, doch zugleich sehen sie sich immer stärker mit dem Europarecht, dem internationalen Völkerrecht und dem internationalen Privatrecht konfrontiert. Und selbst in einem traditionellen Kerngebiet des nationalen Selbstverständnisses, nämlich der Literatur, lässt sich der Gedanke, es gebe eine Literatur des Landes, nicht mehr leicht durchhalten. Wird die Literatur als »deutschsprachig« bezeichnet, gehören zu ihr auch Schriftsteller, die aus Prag (Kafka), Zürich (Frisch) und Czernowitz (Celan) sowie aus Brody (Roth) stammen. Der von Wieland und

Goethe eingeführte Begriff der »Weltliteratur« macht überdies deutlich, dass alles, was geschrieben wird, seit 200 Jahren starken übernationalen Einflüssen ausgesetzt ist. Man muss nur Begriffe wie »Romantik« oder »Kriminalroman« aufrufen, um das nachzuvollziehen.²

Zeitdiagnosen

Es gibt also keine Wissenschaft von der Lage des Landes. Diese Lücke wird von Zeitdiagnosen genutzt. Im Jahr 2010 erschien mit erheblichem Publikumserfolg und großem Medienecho das Buch *Deutschland schafft sich ab*. Die Abschaffung des Landes, wurde darin behauptet, erfolge aufgrund zu geringer Reproduktion der einheimischen Bevölkerung bei gleichzeitig zunehmender »muslimischer« Einwanderung. Sechs Jahre zuvor war *Deutschland – Der Abstieg eines Superstars* herausgekommen. Dort wurde der Niedergang, der dann allerdings nicht eintrat, vor allem einer falschen Wirtschaftspolitik, einem überbordenden Wohlfahrtsstaat und zu viel Bürokratie zugeschrieben. Sechs Jahre danach erschien *Die Abstiegsgesellschaft.* Hier ging es weniger um den Abstieg der Gesellschaft selbst als um den zunehmenden Abstieg *in* der Gesellschaft, durch den einerseits eine neue Unterklasse, andererseits populistische Protestbewegungen der bislang Privilegierten entstünden. Dazwischen lag, 2012 publiziert, *Gekaufte Zeit. Die vertagte Krise des demokratischen Kapitalismus*, worin Deutschland als exemplarisches Land für die Transformation der politischen Ökonomie westlicher Staaten dargestellt wurde, die sich aus Steuerstaaten in Schuldenstaaten und schließlich in neoliberale Agenturen der Konsolidierung staatlicher Haushalte verwandelten.

Die Bücher von Sarrazin, Steingart, Nachtwey und Streeck, denen sich viele andere beigesellen ließen, sind sehr unterschiedlicher Machart. Ihre Autoren sind ebenfalls, was ihre professionelle Herkunft angeht, sehr divers: Politiker, Journalisten und Sozialwissenschaftler mit ganz entgegengesetzter Motivlage und völlig unterschiedlichen politischen Bekenntnissen. Was sie teilen, ist der zeitdiagnostische Impuls. Zugleich ist deutlich, wie schwer es fallen würde, diesem Impuls ein gemeinsames Pensum aufzugeben. Unklar ist, worüber handeln muss, wer ein Bild der Lage zeichnen möchte, unklar ist, welche zentralen Probleme diese Lage kennzeichnen und ob die Armut wichtiger ist als der CO_2-Verbrauch, die Malaise der Grundschulen gravierender als der Rechtsextremismus oder die Knappheit an Antibiotika.

An den zeitdiagnostischen Texten kann die Breite der Ansätze abgelesen werden, mit denen versucht wird, die Lage eines Landes zu beschreiben. Es ist erkennbar ein großer Unterschied, ob man türkische Einwanderer, den Kapitalismus und die Fiskalpolitik zum Zentrum aller Probleme erklärt oder einfach die empörende Tatsache, dass nicht alle maßgeblichen Politiker Gabor Steingart sind. Gemeinsam ist den Zeitdiagnosen, dass sie meinen, ein solches Zentrum der Probleme zu kennen. Davon soll im Folgenden abgewichen werden. Es gibt, das ist die These dieses Beitrags, keine wichtigsten, oder wie man im Deutschen formulieren kann: keine allerwichtigsten Probleme des Landes, und es hängen auch alle gegenwärtigen Merkmale des Landes nicht so eng miteinander zusammen, dass die Fragen, die sich ihm stellen, aus einem Guss und von einem Bezirk aus beantwortet werden könnten.

Es gibt keine allerwichtigsten Probleme des Landes.

Zur Lage des Landes gehört es insofern, dass es älteren Ideologien wie Konservatismus, Sozialismus und Liberalismus, die aus dem 19. Jahrhundert ins 20. Jahrhundert mit dem Anspruch tradiert worden sind, einen solchen politischen Universalschlüssel zu bieten, immer schwerer fällt, die Vielfalt der gesellschaftlichen Wirklichkeit zu verarbeiten.

Das bringt die Parteiendemokratie, die sich lange auf diese Unterscheidungen hat verlassen wollen, in eine schwierige Lage. Ganz gleich, welche Partei man betrachtet, eine jede gerät heute leicht in Verlegenheit, wenn sie programmatisch Position beziehen soll. Im politischen Alltag wirken die Programme dann entweder wie zu groß oder wie zu eng geschnittene Kleider, die in erheblichem Maße die Bewegungsfreiheit einschränken und zu kuriosen Gangarten führen.

Gleich, welche Partei man betrachtet, jede gerät heute leicht in Verlegenheit, wenn sie programmatisch Position beziehen soll. Im politischen Alltag wirken die Programme entweder wie zu groß oder wie zu eng geschnittene Kleider.

Indikatoren

Es wird darum vielfach versucht, die Lage des Landes »objektiv« und anhand von Daten zu beschreiben, die zweifelsfrei vorliegen. Dazu werden statistisch ermittelte Zahlen herangezogen. Demografische Berechnungen etwa: Die Bundesrepublik zählt 83,7 Millionen Einwohner, davon sind 13 Prozent Ausländer, je Frau werden derzeit im Durchschnitt knapp 1,6 Kinder geboren. Jede zweite Person ist älter als 45 Jahre, jede fünfte älter als 66. Man spricht von einer überalterten Gesellschaft und führt Diskussionen über die Zukunft der Rente, den Fachkräftemangel oder darüber, ob die Einwanderung nicht stärker nach Bildungs- und Ausbildungsgesichtspunkten gesteuert werden sollte. Die Lebenserwartung liegt in Deutschland derzeit bei etwa 79 Jahren für Männer und 83 Jahren für Frauen und damit im europäischen Durchschnitt, klar hinter der Schweiz (82/86) und Italien (81/85), klar vor der Türkei (73/80) und Polen (72/80). Über die Gründe dafür ist damit noch nichts gesagt.

Eine andere Datenmenge, die zu Lagebeschreibungen des Landes herangezogen wird, ist unmittelbar wirtschaftlicher Natur. Das Bruttoinlandsprodukt war zuletzt sechs Prozent höher als im vorangegangenen Jahr, aber es ist in den ersten beiden Quartalen 2023 um jeweils gut ein halbes Prozent geschrumpft, weswegen von einer Rezession gesprochen wird. Die Inflationsrate, gemessen als Veränderung des Preises eines typischen Warenkorbs im Vergleich zum Vorjahr, betrug zuletzt 6,4 Prozent. Das Durchschnittseinkommen liegt bei etwa 4100 Euro brutto, netto (lediger Arbeitnehmer ohne Kinder, Steuerklasse 1/0) bei 2280 Euro. Zwischen West- und Ostdeutschland gibt es dabei erhebliche Unterschiede, das mittlere Jahreseinkommen im Osten liegt etwa 12 000 Euro oder 22 Prozent unter dem westlichen.

Der Gini-Koeffizient, der die Ungleichverteilung von Einkommen und Vermögen in einem Land misst, beträgt derzeit in Deutschland etwa 0,3 für Einkommen, was ungefähr dem Durchschnitt der OECD-Länder entspricht, und 0,78 für Vermögen, was eine erhebliche Ungleichverteilung anzeigt. Ein Gini-Koeffizient von 0 würde Gleichverteilung bedeuten, einer von 1 völlige Ungleichverteilung. In Dänemark und Slowenien sind die Einkommen deutlich gleicher verteilt (Gini-Koeffizient 0,25), in den Vereinigten Staaten (0,38) und der Türkei (0,41) deutlich ungleicher. Erheblich gleicher sind die Vermögensverteilungen in Frankreich und Großbritannien (jeweils 0,70), in Italien (0,67) und in Japan (0,64), erheblich ungleicher in Schweden (0,88) und den Vereinigten Staaten (0,85).

Die Einkommensverteilung ist nicht der einzige Wert, der zu internationalen Vergleichen und Ranglisten führt. Wie sich die Lage eines Landes darstellt, wird statistisch im Verhältnis zu anderen, ähnlichen Ländern bestimmt und gegebenenfalls problematisiert. Oder es werden unter dem Titel »PISA-Studie« internationale Schülerprüfungen durchgeführt, um Vergleichswerte zu erzeugen und in Ranglisten zu bringen, über die dann in den Medien diskutiert wird; in Deutschland mehr als andernorts. Dass sich Schulsysteme nur aus ihren historischen Vorgaben verändern und also nur weiterentwickeln lassen, aber nicht aus einem Vorbildland in ein weniger vorbildliches kopiert werden können, gerät beim Blick auf die Rangtabelle ebenso aus dem Blick wie die Tatsache, dass in PISA-Siegerländern wie China, Finnland, Südkorea und Estland auf hoch unterschiedliche Art unterrichtet und die Schule organisiert wird, was es erschwert, den Tabellen eindeutige Kopieranweisungen zu entnehmen.

Internationale Vergleiche sind nur eine Vergleichsmöglichkeit, um die Lage des eigenen Landes zu bestimmen. In die statistischen Lagebeschreibungen geht ebenso ein, wie sich die erhobenen Werte im Zeitablauf verändern. Wie verändert sich die Lage, bessert oder verschlechtert sie sich? So gehört beispielsweise derzeit knapp die Hälfte der Deutschen einer der beiden großen christlichen Konfessionen an. Im Jahr 2015 waren es noch gut 60 Prozent, im Jahr 1990 etwa 73 Prozent und 1956 noch 96 Prozent. Für Ostdeutschland werden gegenwärtig Werte um 20 Prozent ermittelt.

Ähnlich dramatische Veränderungen sind im Bereich der Bildung festzuhalten. Waren 1975 noch 20 Prozent eines Jahrganges berechtigt, ein Hochschulstudium aufzunehmen, so waren es 1990 schon 31 Prozent, 2005 dann 42 Prozent und 2015 sogar 53 Prozent; derzeit haben knapp 50 Prozent eines Jahrgangs die allgemeine oder die Fachhochschulreife. Die katholische Arbeitertochter vom Land, die in den 1960er-Jahren noch als der prototypische Problemfall der Bildungspolitik bezeichnet wurde, ist dem städtischen Jungen mit migrantischer oder bildungsarmer Herkunft gewichen.

Offen ist bei all diesen Zahlen, wie eindeutig interpretierbar sie sind. Nehmen wir die zuletzt genannten. Sie können entweder als Zeichen für eine erfreulich zunehmende Bildungsinklusion und Verwissenschaftlichung der Berufswelt gedeutet werden. Oder sie werden umgekehrt als Ausdruck eines »Akademisierungswahns« gelesen, der den notorischen Facharbeitermangel nach sich gezogen habe.[3] Leben wir also in einer Gesellschaft höherer Anforderungen beim Eintritt in das Berufsleben oder in einer, die auf höhere Schulabschlüsse fixiert ist und nicht bemerkt, welchen Druck sie dadurch auf alle ausübt, die nur noch einen Hauptschulabschluss erwerben?[4]

Aus den Zahlen selbst geht oft nicht hervor, in welcher Lage sich ein Land befindet, am wenigsten aus einzelnen Zahlen. Sie mögen objektiv sein, aber atomisiert geben sie keinen Eindruck von gesellschaftlicher Wirklichkeit.

Im Anschluss an die Erhebungen der PISA-Studien erfolgte eine scharfe Methodenkritik ihres Vorgehens, insbesondere aber ihrer Auswertung in Rangtabellen. Allein der Hinweis auf den Urbanisierungsgrad und die Migrationsstatistik des ersten PISA-Siegers Finnland (kaum Städte, Haupteinwanderergruppe: Schweden) relativierte vergleichende Aussagen über die Bildungsgerechtigkeit im europäischen Maßstab. Die Fokussierung von Einschätzungen der Wirtschaftslage auf Indikatoren wie das Bruttosozialprodukt oder die Wachstumsrate wiederum kann beispielsweise im Konflikt mit Gesichtspunkten der Umweltzerstörung stehen. Einwanderung stellt für die einen ein Problem des Sozialstaats dar, für die anderen eine der wenigen Lösungsmöglichkeiten bei erhöhtem Fachkräftebedarf. Hohe Digitalisierung wird in Estland gelobt, in China skeptisch gesehen. Will sagen: Aus den Zahlen selbst geht oft nicht hervor, in welcher Lage sich ein Land befindet, am wenigsten aus einzelnen Zahlen. Sie mögen objektiv sein, aber atomisiert geben sie keinen Eindruck von gesellschaftlicher Wirklichkeit.

Jürgen Kaube

Glückswahrnehmung

Das legt es nahe, nicht einzelne Merkmale zu erheben, sondern ihren wahrgenommenen Zusammenhang. Eine solche Messung, die objektive Umstände nur als ein Merkmal der Lage eines Landes heranzieht, ist der »World Happiness Report«, der im Auftrag der Vereinten Nationen seit 2011 erstellt wird.[5] Hier ist die Lage sowohl eine empfundene wie eine empirisch nachweisbare Lage. Gefragt wird, wie glücklich oder zufrieden sich jeweils die Bewohner in ihren Mitgliedsstaaten fühlen. In die Beurteilung werden das Bruttosozialprodukt pro Kopf und der Grad an Gesundheitsversorgung ebenso einbezogen wie der Umfang der hilfreichen Freundschaftsnetzwerke, das Gefühl, über wichtige Lebensumstände frei entscheiden zu können, und das Spendenverhalten der Bürger. Wie wohlwollend wird das eigene soziale Umfeld empfunden? Wie rechtsstaatlich wird das Gemeinwesen eingeschätzt und wie leistungsfähig erscheint der Staat als Dienstleister?

Im Dreijahresdurchschnitt von 2020 bis 2022 leben die weltweit zufriedensten Menschen danach in Finnland, Dänemark, Island und Israel. In den nordischen Ländern werden hohe Zufriedenheitswerte gemessen, und selbst die Unzufriedenen sind nicht sooo unzufrieden. Allein der vierte Rangplatz Israels, eines Landes, das sich seit Langem in einer hochkontroversen politischen Situation befindet, (bürger-)kriegsähnliche Spaltungen kennt und sich mit internationalen Beschwerden aller Art über seine Staatlichkeit konfrontiert sieht, zeigt, wie wenig das Lebensgefühl einer Bevölkerung davon beeinträchtigt sein muss. Wichtiger Zusatz: Die palästinensischen Gebiete kommen auf Platz 99 der Liste, die insgesamt 137 Länder umfasst.

Deutschland liegt im »World Happiness Report« auf Platz 16, knapp hinter den Vereinigten Staaten und Irland, knapp vor Belgien, Litauen, Großbritannien und Frankreich. Diese Rangplätze lassen sich instruktiv mit denen vergleichen, die das englische Wirtschaftsmagazin

The Economist in seinem Demokratie-Index ermittelt.[6] Untersucht werden hier die Qualität demokratischer Wahlen in einem Land, das Ausmaß an bürgerlichen Freiheiten, die Funktionsfähigkeit der Regierung, der Pluralismus und die politische Kultur. Norwegen steht hier ganz oben, gefolgt von Neuseeland, Finnland und Schweden. Deutschland nimmt derzeit Platz 15 ein und befindet sich damit in der Zone der »full democracies«, während Frankreich, Italien, die Vereinigten Staaten wie Israel und Polen schon zu den »flawed democracies«, also den fehlerhaften Demokratien, gezählt werden.

Sieht man vom Umbau der Energieversorgung und des Energieverbrauchs ab, existiert kein gesellschaftsweites Projekt.

Die Lage Deutschlands wäre demzufolge die einer mittleren Zufriedenheit. Das korrespondiert mit den Zielen der hiesigen Politik: Erschütterungen abfedern, wenig Risiken eingehen, abwarten und den Wohlstand sichern. Sieht man vom Umbau der Energieversorgung und des Energieverbrauchs ab, existiert kein gesellschaftsweites Projekt. Von Slogans wie »Mehr Demokratie wagen« oder »Geistig-moralische Wende« hält die Politik Abstand, das große Wort »Zeitenwende« greift als Diagnose an einer Wirklichkeit vorbei, die aller Dramatik des russischen Angriffskriegs zum Trotz nicht als Zäsur erlebt wird. Der politische Streit geht um Finanzmittel für Vorhaben mittlerer Reichweite (Kindergrundsicherung, Deutschlandticket, Ausbau des Autobahnnetzes, Wissenschaftszeitverträge, Digitalisierung hier und da). Umspült werden diese überschaubaren Kontroversen von wechselseitigen Vorhaltungen, dem Land drohe die Spaltung durch die politischen Vorhaben der anderen Seite.

Die Stimmung im Lande

Bewegt man sich auf der Skala der Lageeinschätzungen noch einen Schritt weiter in Richtung gefühlter Lagen, so treten Umfragen hervor, die sich auf die Stimmung im Land beziehen. Zumeist fragen sie die Zufriedenheit mit der Regierung ab, und wir begegnen dem Schauspiel, dass dieselben Journalisten, die ihren Alltag mit der Empörung über Heizungsgesetze, Krawalle in Freibädern und Probleme mit der Einwanderung bestreiten, am Wochenende das Echo mitteilen können, das ihre Berichterstattung in der Bevölkerung findet. Mit gespielter Besorgnis werden die Umfragewerte von »Sonntagsfragen« mitgeteilt, die angeblich darüber informieren, was die Bürger wählen würden, wenn sie doch nur am kommenden Sonntag wählen könnten. Sie können es aber nicht und ändern, aller Voraussicht und aller Erfahrung nach, bis zu dem Zeitpunkt, an dem sie es können, noch Dutzende Male ihre Meinung, unbekümmert um Konsistenz zu dem, was sie zwei Umfragen zuvor zum Besten gegeben haben. Das ist ihr gutes Recht, die Bürger müssen keine konsistenten Meinungen haben, aber das Maß der Beliebigkeit ihrer Mitteilungen begrenzt deren politischen Informationsgehalt.

77 Prozent der Befragten, wurde im Sommer 2023 mitgeteilt, seien mit der Regierung sehr unzufrieden, und das sei ein Höchstwert. Gegen diese Unzufriedenheit an sich ist nichts zu sagen, außer dass solche Umfragen weniger einen tatsächlichen, sich in irgendwelchen Handlungen manifestierenden Protest festhalten, sondern mehr den Medienkonsum der Befragten widerspiegeln. Denn regelmäßig weichen die Antworten, die auf Fragen nach der persönlichen Situation gegeben werden, stark von dieser Unzufriedenheit ab. Dem Land geht es schlecht, mir persönlich aber ganz gut, so lautet nicht selten die Auskunft. Ähnlich verhält es sich auch in Umfragen, in denen das Vertrauen in die Demokratie abgefragt wird: Hohe Zustimmung für die

Demokratie als solche, ebenfalls hohe Zustimmung für das Grundgesetz, aber starker Abfall der Zustimmung, sobald danach gefragt wird, ob die (demokratisch gewählte) Regierung zufriedenstellend agiert. Wer möchte in Deutschland schon offen sagen, alles in allem ganz zufrieden zu sein? Am wenigsten werden sich die Lobbygruppen zu einer solchen Einschätzung durchringen, Unzufriedenheit ist ihr Beruf.

Spaltung

Wechseln wir darum beim Versuch, die Lage des Landes zu ermitteln, von den Messungen, Umfragen und Stimmungen zu einigen konkret fassbaren Sachverhalten. Das am häufigsten verwendete Wort zur Beschreibung der deutschen Gesellschaft ist derzeit »gespalten«. Es wird vor einer gespaltenen Gesellschaft gewarnt oder festgestellt, die Spaltung der Gesellschaft sei schon erfolgt. Die vermuteten Spaltungslinien laufen dabei entlang der Unterscheidung von Arm und Reich, Ost und West, Stadt und Land, Einheimischen und Zugewanderten, Mehrheits- und Parallelgesellschaft, Freunden der Ukraine und Sympathisanten Putins sowie bis vor Kurzem Impfbefürwortern und Impfgegnern.

Das am häufigsten verwendete Wort zur Beschreibung der deutschen Gesellschaft ist derzeit »gespalten«.

Schon diese Vielfalt der Spaltungen zeigt an, dass es in Deutschland keinen politisierten Grundkonflikt gibt, der alle Bürger auf einer seiner beiden Seiten sähe.[7] Dem Vorbild der Vereinigten Staaten von Amerika mit ihrer Polarisierung zwischen Republikanern und Demokraten weit über den politischen Streit hinaus folgt unser Land nicht. Mag in den Staaten auch republikanisch und demokratisch geheiratet, gewohnt und religiös geglaubt werden, mögen sich die Wohnquartiere und die Freizeitnetzwerke dort vielerorts in politischen Farben beschreiben lassen, in Deutschland sind solche Selbstsortierungen nicht dominant. Es gibt, wie es sich für eine moderne Gesellschaft gehört, jede Menge Dissens, aber es gibt keinen Konflikt, der alle in seinen Bann zöge.

Es gibt jede Menge Dissens, aber es gibt keinen Konflikt, der alle in seinen Bann zöge.

Nicht einmal der ökonomische. Die Mittelschicht umfasst zum Missvergnügen der Klassenkämpfer inzwischen etwa zwei Drittel der Gesellschaft, auch wenn sie ständig als schrumpfend beschrieben wird. Wer zu ihr, zur Ober- und zur Unterschicht gehört, bestimmen die Soziologen; und nach sich ständig verändernden Kriterien bestimmen sie es immer neu. Manche Modelle behaupten die Existenz von bis zu neun Schichten.[8] Einst war Klassenzugehörigkeit etwas, das von der Verfügung über Produktionsmittel, dem Zugang zu politischen Ämtern und dem Grundbesitz abhing, anstatt von Konstruktionen wie »dem doppelten Medianeinkommen«, die leicht dazu führen, dass sich Polizeipräsidenten und Piloten gemeinsam mit Spielern der Zweiten Fußballbundesliga in der Oberschicht wiederfinden. Die sich vergrößernde Ungleichverteilung des Vermögens hat im vergangenen Jahrzehnt weder zur Stärkung linker Parteien geführt noch zum Mitgliederwachstum der Gewerkschaften. Was die Frage aufwirft, ob es bei krassen Einkommensunterschieden und Aufstiegschancen eine Klassengesellschaft ohne Klassenbewusstsein und ohne Klassenkampf geben kann.

Diese Schwierigkeit der politischen Organisation bestehender sozialer Unterschiede zeigt sich auch an allen anderen Konfliktlinien.

Weder die Impfgegner noch die Impfbefürworter waren bislang ein zur Parteienbildung fähiger Block, weder die Einwanderer noch die länger Einheimischen, weder die Stadt- noch die Landbewohner. Wir haben weder eine Armen- noch eine Reichenpartei. Im Übrigen gehört zur Lage des Landes, dass die Deutschen eine der höchsten Wechselwählerquoten in der politischen Welt haben. Von jeder Partei wandern Wähler zu anderen Parteien ab – und mitunter in erheblichen Mengen. Auch das spricht gegen Spaltung. Wir haben nur heftige Konflikte, was normal für eine Demokratie ist und nicht medial oder wahlkämpferisch zu einem Krisenphänomen hochgespielt werden sollte.

Ost/West

Eine Spaltungslinie wird gerade besonders unterstrichen: die mehr als 30 Jahre nach dem Mauerfall fortbestehende Teilung zwischen Ost- und Westdeutschland.[9] Die Wiedervereinigung ist danach als »Beitritt« zu sehen, in dem die einen nichts, die anderen fast alles ändern mussten. Die einen machten so weiter wie bisher und warfen den anderen mehr als 30 Jahre lang vor, nicht aufgeschlossen zu haben. Fast sämtliche Spitzenpositionen in Verwaltung, Industrie, Justiz, Universitätswesen, öffentlich-rechtlichen Medien und Politik gingen und gehen an Personen westdeutscher Herkunft. Nicht einmal zwei Prozent solcher Spitzenpositionen sind derzeit mit Ostdeutschen besetzt.[10] Und noch heute besteht eine Einkommensdifferenz von mehr als 20 Prozent zwischen West und Ost. Die Arbeitslosigkeit betrug zuletzt in Westdeutschland 5,3 Prozent, in Ostdeutschland 7,2 Prozent.

Hinzu kommt ein beklagtes Desinteresse der Westdeutschen an Ostdeutschland. Ob es sich dadurch illustrieren lässt, dass 17 Prozent der Westdeutschen noch nie in Ostdeutschland waren, kann dahingestellt bleiben; viel mehr Bayern waren womöglich auch noch nicht im Saarland. Schwerwiegender ist der Verdacht, die deutsche Wiedervereinigung habe »Herabwürdigung als Staatsraison« gepflegt, die Ostdeutschen seien aus ihr als Erniedrigte und Betrogene hervorgegangen.[11] Dieser Verdacht scheint stärker zu werden.

Im Rückblick auf die mehr als 30 Jahre seit der deutschen Wiedervereinigung fällt die abnehmende Freude an ihr auf.

Umgekehrt erscheint Ostdeutschland immer mehr als Ansammlung zum Rechtsextremismus bereiter Wähler, wobei nicht nur die drei Viertel der ostdeutschen Wähler vergessen werden, die nicht AfD wählen, sondern auch, dass die AfD eine genuin westdeutsche Partei ist, deren allermeiste Abgeordnete im Bundestag aus Westdeutschland stammen. Es gerät überdies die Differenziertheit des ostdeutschen Lebens zugunsten plakativer Bilder aus dem Blick. Und nicht zuletzt führen die sofortige Abstempelung von Zweifeln an der Einwanderungspolitik als »Rassismus« sowie die Beschreibung aller reaktionären Positionen als »Faschismus« in eine negative Feedbackschleife: Man beschreibt die Leute als das, was sie danach umso entschiedener bereit sind zu sein.

Im Rückblick auf die mehr als 30 Jahre seit der deutschen Wiedervereinigung fällt die abnehmende Freude an ihr auf. Die wechselseitige Neugier ist geschwunden, vielleicht war sie nie so stark ausgeprägt, wie man es sich wünschen mochte. Dem Beitritt folgte kein Aufbruch, sondern Massenarbeitslosigkeit und Landflucht. Das Geschichtswunder ist darüber hinaus von der alltäglichen Indifferenz überdeckt worden. Dabei halten sich erstaunlicherweise Identifikationen von Ost- und Westdeutschen, obwohl die Kinder, die nach 1989 geboren wurden, längst in ihren Dreißigern sind. Das lehrt, wie langsam sich der historische Wandel in den Mentalitäten vollzieht.

Bereitschaft zum Verzicht

Gehen wir zu einer Frage über, deren Beantwortung weniger von Meinungen und Mentalitäten als von Tatsachen abhängig sein sollte: die Frage der Energieversorgung und eines ökologischen Umbaus des Landes. Sie ist auf spektakuläre Weise ins Zentrum der politischen Debatten gerückt. Trotz der sogenannten Ölkrisen der 1970er-Jahre und trotz des langen Streits um die Atomenergie scheint es, als sei die politische Ökonomie der Ressourcen erst durch den Angriff Russlands auf die Ukraine über Nacht vollends ins öffentliche Augenmerk gerückt. Zuvor ging es vorwiegend um Endlagerung von Brennstäben und Reaktorsicherheit, jetzt geht es um die Versorgung von Konsum und Industrie. Zwischen dem Tsunami vor Japan, der Havarie von Fukushima, dem Atomausstieg vor den baden-württembergischen Landtagswahlen, der nachfolgenden Zuwendung zu verschiedenen Nord Stream Pipelines und dem Kalkül des russischen Präsidenten, einen Krieg gegen die Ukraine schon deshalb führen zu können, weil der Westen von seinen Energielieferungen abhängig sei, besteht zwar kein strikter Kausalzusammenhang. Aber dass Ökonomie politische Ökonomie ist, stellt sich heute klarer dar als vor diesen Engpässen. Der Energiebedarf – auch letzter Generationen, die stündlich ihr Smartphone abfragen – ist erheblich. Was wir Wohlstand nennen und wovon wir immer anspruchsvollere Vorstellungen pflegen, hängt davon ab.

Zugleich ist die Bereitschaft begrenzt, sich auf diese Lage einzustellen. Das wirkt angesichts der Engpässe, die alle noch kommen werden, kindisch. Wann immer ein Verzicht verlangt wird, werden Freiheitsflaggen aufgezogen, und es wird von Erziehungsdiktaten und

Jürgen Kaube

einer »Verbotspolitik« gesprochen. Das eigene Konsumverhalten wird mit Zähnen und Klauen verteidigt.[12] Dabei gerät entweder aus dem Blick, wie viele Normierungen – also Gebote und Verbote – es im Zuge gesetzgeberischer Aktivität ohnehin schon gibt. Oder es wird gefordert, die Normierungen müssten nun endlich, endlich eine Grenze finden, beispielsweise am deutschen Sonderweg auf der Überholspur der Autobahnen oder an der Freiheit zu heizen, wie man möchte. Hier zeigt sich eine Paradoxie der modernen Erwartungen an den Staat. Alles soll geregelt sein, aber niemand soll mich stören, lautet die widersprüchliche Forderung an den Gesetzgeber.

Hierbei kommt ein Freiheitsbegriff zum Einsatz, der Freiheit für eine Art vorgesellschaftliche Naturausstattung von Individuen hält, in die der Staat im Grunde stets widerrechtlich eingreift, solange er durch seine Handlungen nicht den Schutz des ebenfalls als Naturrecht begriffenen Eigentums besorgt. Dass sowohl das Eigentum wie die subjektiven Rechte und ihr Umfang auf historischen Festlegungen beruhen, gerät aus dem Blick. Der Umstand, dass sich der gegenwärtig gepflegte Freiheitsbegriff in einer Situation des Überflusses entwickelt hat, macht das politische Entscheiden im Horizont baldiger Knappheiten (an Wasser, Energie, Rohstoffen) nicht leichter.[13]

Alles soll geregelt sein, aber niemand soll mich stören, lautet die widersprüchliche Forderung an den Gesetzgeber.

Die Freiheiten der einen waren, nach einem Wort Niklas Luhmanns, schon immer die Risiken der anderen, weswegen beides im demokratischen Prozess und auf rechtsstaatlicher Grundlage gegeneinander abgewogen werden muss. Das individuelle Dafürhalten erhält gegenüber der aus politischen Auseinandersetzungen hervorgehenden Gesetzgebung genau dann die Vorfahrt, wenn diese Grundrechte verletzt werden. Ein abstraktes Grundrecht zu tun, was man will, ungeachtet der Grundrechte anderer, existiert aber nicht. Der alte Liberalismus hatte dementsprechend unter Freiheit die gleichen Zugänge aller zu politischen und rechtlichen Verfahren verstanden, nicht ein privates Reservat. Dass nach neoliberalen Entwürfen »Individuen nichts Besseres tun können, als ihre Bedürfnisse zu befriedigen« (Christoph Möllers), macht sie nicht frei, sondern abhängig von diesen Bedürfnissen.[14] Die Bereitschaft zum Verzicht ist gegenwärtig nicht ausgeprägt, die meisten Verzichte werden von anderen verlangt.

Die Bereitschaft zum Verzicht ist gegenwärtig nicht ausgeprägt, die meisten Verzichte werden von anderen verlangt.

Bildung

Fähig zu sein, den Herausforderungen der Gegenwart zu begegnen, was eventuell auch bedeutet, zum Verzicht bereit zu sein, hängt von kognitiver Wachheit ab, von der Bereitschaft, Tatsachen zu ermitteln, Schlüsse ziehen zu können und den Phrasen zu widerstehen, die einem nahegelegt werden. Die Lage eines Landes ist insofern umso besser, als es die Intelligenz seiner Bürger pflegt. Die Lage des Landes kann also am Zustand seiner Bildungseinrichtungen abgelesen werden. Das ergibt für Deutschland derzeit keine erfreuliche Diagnose. Es leben hier 7,5 Millionen funktionale Analphabeten. Die Fähigkeiten der Schüler sind, anders als ihre Noten, zweifelhaft. Hochschulreformen haben für ein Studium gesorgt, das unfrei genannt werden kann.

Seit mehr als einem halben Jahrhundert werden hierzulande die Schulen unablässig reformiert. Es vergeht kein Jahr ohne eine schulpolitische Innovation. Die auffälligste war zuletzt das nahezu willkürliche Hin- und Herschalten zwischen der acht- und der neunjährigen

Gymnasialzeit. Spektakulär war aber auch die Diskussion über das »Schreiben nach Gehör« in der Grundschule, einer didaktischen Neuerung geradezu sadistischen Ausmaßes, die den Sechsjährigen zunächst einredete, sie sollten so schreiben, wie sie sich ein Wort aufgrund seiner Phoneme vorstellen (aus Not folgt Bot, aus Rat Sat), um den Achtjährigen in der Nähe der Übergangsphase zur nächsten Schulstufe dann mitzuteilen, dass es richtige und falsche Schreibweisen gibt, die versetzungsrelevant sind. Und warum das Ganze? Weil Orthografie autoritär und nicht kindgerecht sei, Diktat eine Nähe zu Diktatur aufweise. Ein Fünftel aller Erwachsenen dieses Landes kann selbst gebräuchliche Wörter nicht richtig schreiben. In unseren Schulen gibt es in jeder (unterrichteten?) Sprache Vokabeltests, die abfragen, was ein Wort bedeutet – nur im Deutschen nicht.

Dies alles geschieht im Zeichen einer beispiellosen, aber selbstbewusst verfolgten Überforderung des Unterrichts.[15] Er soll die gesellschaftliche Zukunft sichern, den sozialen Aufstieg der meisten ermöglichen, die Persönlichkeit bilden, kritisches Bewusstsein hervorbringen, Werte implementieren, aber durch Wirtschaftskunde und Gesundheitsunterricht auch Finanzkrisen und Übergewicht verhindern. Das setzt erhebliche Illusionen über die Möglichkeiten der Schule voraus. In allem Möglichen sollen die Schüler »kompetent« gemacht werden, obwohl viele Anstrengungen schon daran scheitern, ihnen Algebra und Konjunktiv II beizubringen. Die Didaktik wird immer raffinierter, die Lernerfolge bleiben aus, nur die Noten werden immer besser.

Jetzt geraten wir in eine Zeit des Lehrkräftemangels. Darüber könnte man sich mit der Einsicht beruhigen, dass auch er notorisch konjunkturell ist und alle paar Jahre ein Mangel und kurz darauf wieder ein Überangebot an Lehrern beklagt wird. Doch der Mangel an Fachkräften ist inzwischen in jedem Sektor des gesellschaftlichen Lebens und der Wirtschaft zu spüren. In dem Maße, in dem die Arbeit im Klassenzimmer vielfältige außerschulische Missstände beheben soll, ist sie vor allem im Bereich der Haupt- und Realschulen sowie der Kombinationen aus beiden Schulformen äußerst anstrengend geworden. Die Attraktivität der Tätigkeit lässt nach, was sich nicht zuletzt am zunehmenden Rückgriff auf Quereinsteiger in den Lehrberuf ablesen lässt.

Eine Ursache des Lehrkräftemangels ist die Wissenschaft. An der deutschen Universität herrscht das Ideal, jede im Seminar erkannte Begabung in die Forschung zu ziehen. Unbefristete Stellen im Sinne einer normalen Berufsausübung hat die Universität zwar nur relativ wenige anzubieten, aber sie wiegt wider besseres Wissen ein ganzes Meer an wissenschaftlichen Hilfskräften und Assistenten in der Illusion, sie würden eine dieser Stellen ergattern. Von einer Tätigkeit in den Schulen werden diese Begabungen abgezogen, für eine Tätigkeit in den Schulen werden sie von den Fachwissenschaftlern auch nicht ausgebildet. Das überlässt man den Fächern Pädagogik und Didaktik, die allerdings als Wissenschaften vom »Wie«, nicht vom »Was«, wenig dazu mitteilen können, was die Lehrkräfte denn unterrichten sollen.

Ein letzter Punkt zu den Schulen: Das deutsche Bildungssystem investiert aufgrund der Gehälter und der Grundausstattungen das meiste Geld in die Gymnasialausbildung. Nichts gegen das Gymnasium und alles gegen seine Verächter. Ökonomisch und sozialpolitisch wäre es aber sinnvoller, das meiste Geld in die Grundschulen zu investieren. Denn anfängliche Rückstände lassen sich nicht mehr aufholen. In deutschen Grundschulen wird jedoch weit weniger an Stunden unterrichtet als in vergleichbaren Ländern. Und es wird mit »Projektwochen« und allerlei Nebenfächern – Englisch für Achtjährige – viel Zeit für die entscheidenden Fächer, wie etwa Mathematik und Deutsch, vertan. Die Fähigkeit zu dividieren, der Dreisatz und die Beherrschung eines Vokabulars sind ausschlaggebende Faktoren für das weitere Fortkommen. Daran führen keine didaktischen und erziehungswissenschaftlichen Spitzfindigkeiten vorbei. Die Lage des Landes würde sich, mit anderen Worten, verbessern, wenn die Fragen der Bildung pragmatischer und näher von der Anschauung des Unterrichts aus angegangen würden.

<u>Die Lage des Landes würde sich verbessern, wenn die Fragen der Bildung pragmatischer und näher von der Anschauung des Unterrichts aus angegangen würden.</u>

Demografie, Facharbeitermangel, Einwanderung

Deutschland ist, wir hatten es notiert, ein stark alterndes Land. Es ist vor allem aber ein Land, das stark altert, ohne sich darauf einzustellen. Die Lebensarbeitszeit beispielsweise ist nur minimal erweitert worden. Was es an Einwanderung gibt, erfolgt nach wie vor fokussiert auf das Asylrecht. Über sachliche Kriterien für Einwanderung wird seit Jahrzehnten geredet und das Vorbild Kanada hochgehalten. Aber bislang ist so gut wie nichts geschehen. Vorschläge wie der einer Bundesagentur für Einwanderung oder gar eines Ministeriums liegen auf dem Tisch, wo sie aber auch liegen zu bleiben scheinen. Zugleich werden aufseiten derjenigen, die alles bei der ungesteuerten Zuwanderung belassen wollen, Euphemismen wie die gepflegt, jede Art der Zuwanderung sei ein Gewinn für das Land und die Flüchtlinge bewiesen doch schon durch ihre Flucht unternehmerischen Geist.

Tatsächlich liegt die Arbeitslosenquote bei Personen mit ausländischer Staatsbürgerschaft etwa sieben Prozent höher als beim Rest der Bevölkerung. Fünf Jahre nach Zuzug haben nur etwa 55 Prozent der

Geflüchteten eine Beschäftigung. Deutsche mit Migrationshintergrund sind doppelt so oft erwerbslos als solche ohne diesen Hintergrund. Das wird man bei akutem Arbeitskräftemangel nicht vollständig auf Diskriminierung zurückführen können. Nachdem sich Deutschland also jahrzehntelang in die Illusion eingesponnen hatte, kein Einwanderungsland zu sein, ist die Frage, wie die tatsächliche Einwanderung gestaltet werden kann, noch immer von ideologischen Gesichtspunkten bestimmt, wie jede Diskussion über »kleine Paschas«, Krawalle in einigen Freibädern und Minarette zeigt, aber auch der Abwehrreflex gegen kommunale Beschwerden über die erdrückenden Verwaltungs- und Versorgungslasten durch Einwanderung.

Resümee

Die Fälle der Schulen und der Einwanderung konnten hier nur exemplarisch für die Nachteile einer Politik angerissen werden, die wenig Anschauungen von dem hat, was sie reformieren will, und für die Informationsverluste unempfindlich ist, die mit der Einschaltung immer weiterer Expertengruppen einhergehen, wenn diese eigene Interessen ausbilden. Das ist schwer vermeidbar, denn es gibt weder einen unbefangenen Blick von außen noch eine interessenfreie Beratung. Aber die Politik könnte versuchen, sich aus dem Hin und Her der Reformen und Gegenreformen zu lösen. Dazu müsste sie einen Begriff davon entwickeln, was sie will, also beispielsweise welche Schule oder welche Art der Einwanderung sie will.

Dieser Begriff sollte keine Wunsch- oder Werteliste zusammenfassen, sondern anhand des Möglichen gebildet werden, etwa anhand erfolgreicher Beispiele. Und so ebenfalls auf anderen Gebieten, bei der Bahn, der Digitalisierung, der Energieversorgung sowie in Fragen unserer politischen Verfassung, etwa der Frage nach der direkten Demokratie.¹⁶ Wenn der Eindruck nicht täuscht, gibt es auf vielen solchen Gebieten in Deutschland ein ausgeprägtes Gefühl dafür, was nicht geht und was aus welchen Gründen woran scheitert. Man nennt das Realismus. Mit demselben Recht könnte man es einen Mangel an Vorstellungskraft nennen.

Es gibt auf vielen Gebieten ein ausgeprägtes Gefühl dafür, was nicht geht und was aus welchen Gründen woran scheitert. Man nennt das Realismus. Mit demselben Recht könnte man es einen Mangel an Vorstellungskraft nennen.

Der französische Schriftsteller Jacques Rivière hat 1918 in seiner Polemik *L'Allemand* den Deutschen vorgehalten, sie wüssten nicht, wohin sie wollen, weswegen sie aus einem Mangel an eigenem Temperament dankbar jeden Befehl, der es ihnen sagt, entgegennähmen, um ihn akribisch, effizient, aber leidenschaftslos umzusetzen. Während andere Nationen sich zu schnell festlegten, sei es die Malaise der Deutschen, sich nicht festlegen zu können.

Das war aus den Erfahrungen des Krieges und der Kriegsgefangenschaft 1914 polemisch formuliert. Die entsetzlichen Festlegungen der Deutschen, die folgten, sind politisch ausgestanden, auch wenn es eine Partei im Bundestag gibt, die sie nicht einmal wahrhaben will. Aus der Katastrophe des nationalsozialistischen Regimes wurde nach 1945 eine Art institutionalisierter Skepsis gegen jede politische Vorstellung gezogen, wie das Land aussehen soll. Mit dem Slogan »Keine Experimente« wurde 1957 die einzige absolute Mehrheit in der Geschichte der Bundesrepublik errungen. Seit den Gründerjahren der Republik wird es weitgehend der Wirtschaft überlassen, die Frage nach der Lage des Landes zu beantworten. Weswegen die Antwort mal so und mal so ausfällt. Politisch ersetzen Reformen den experimentierenden Geist. Man möchte ungern etwas riskieren, weil es bislang noch immer gut gegangen ist, mehr aber noch, weil man gar keine Vorhaben und keine Leidenschaften hat, von denen man glaubt, sie lohnten das Risiko. So ist die Lage.

Anmerkungen

1. Vgl. Rudolf Stichweh: »Weltgesellschaft«, in: Ludger Kühnhardt, Tilman Mayer (Hrsg.): *Bonner Enzyklopädie der Globalität*, Wiesbaden 2017, S. 549–560.
2. Nach wie vor exemplarisch Manfred Koch: *Weimaraner Weltbewohner. Zur Genese von Goethes Begriff »Weltliteratur«*, Tübingen 2002.
3. Julian Nida-Rümelin: *Der Akademisierungswahn. Zur Krise beruflicher und akademischer Bildung*, Hamburg 2014.
4. Randall Collins: *The Credential Society. An Historical Sociology of Education and Stratification*, New York 2019.
5. https://worldhappiness.report/ed/2023/
6. https://www.eiu.com/n/campaigns/democracy-index-2022/
7. Dazu ausführlich Jürgen Kaube, André Kieserling: *Die gespaltene Gesellschaft*, Berlin 2022, besonders Kap. 2, 3 und 10.
8. Siehe für viele Rainer Geißler: *Die Sozialstruktur Deutschlands*, Wiesbaden 2014, S. 101 f.
9. Besonders plakativ Dirk Oschmann: *Der Osten: eine westdeutsche Erfindung*, Berlin 2023.
10. Olaf Jacobs u. a.: *Der lange Weg nach oben. Wie es Ostdeutsche in die Eliten schaffen*, Leipzig 2022.
11. Vgl. die Gegenrede von Richard Schröder: »Die deutsche Einheit ist eine Erfolgsgeschichte«, in: Christoph Bertram, Thomas Mirow (Hrsg.): *Trotzdem: Was uns zusammenhält*, Hamburg 2020, S. 71–99.
12. Hierzu Phillip Lepenies: *Verbot und Verzicht. Politik aus dem Geiste des Unterlassens*, Berlin 2022.
13. Pierre Charbonnier: *Überfluss und Freiheit. Eine ökologische Geschichte der politischen Ideen*, Frankfurt/M. 2022.
14. Christoph Möllers: *Freiheitsgrade. Elemente einer liberalen politischen Mechanik*, Berlin 2020, S. 15 ff.
15. Vgl. Jürgen Kaube: *Ist die Schule zu blöd für unsere Kinder?*, Berlin 2019.
16. Zur hiesigen Verzagtheit bei diesem Thema vgl. Gertrude Lübbe-Wolff: *Demophobie. Muss man die direkte Demokratie fürchten?*, Frankfurt/M. 2023.

Mehr Eigenverantwortung, weniger Staatsgläubigkeit!

Seinen Wohlstand und seine Innovationskraft hat Deutschland vor allem den mittelständischen Unternehmen zu verdanken. Damit das so bleibt, müssen staatliche Regelungswut, technologische Bevormundung und die fehlgeleitete Energiepolitik ein Ende haben.

Von Nicola Leibinger-Kammüller

Der industrielle Mittelstand gilt als das Herzstück der deutschen Wirtschaft. Er ist innovationsstark und sorgt für das Gros all jener Produkte, die den Ruf der deutschen »Weltmarktführer« begründet haben. Er schafft ungeachtet der Relevanz großer börsennotierter Unternehmen nach wie vor die überwiegende Zahl der Ausbildungs- und Arbeitsplätze. Und er ist besonders standorttreu und gerade abseits der Ballungszentren in ländlichen Regionen zu finden.

Der deutsche Mittelstand ist dadurch zum kulturellen Sinnbild der Mittelschicht geworden, die ihrerseits entscheidend ist für die gesellschaftliche Stabilität unseres Landes. Doch prahlt er damit nicht, macht, und auch das ist besonders an ihm, nicht viel Aufhebens um sich selbst. Er gibt sich bescheiden, bisweilen zu diskret, ist sprichwörtlich »hidden« und im Guten wie im Schlechten nur selten Gegenstand von Schlagzeilen.

So oder ähnlich würde ein KI-gestütztes Programm den Mittelstand beschreiben, befragte man es dazu. Und so oder ähnlich loben auch politische Reden die Leistungen mittelständischer Unternehmen für Deutschland und seine Bevölkerung. Man sagt: Es ist gut, dass diese Unternehmen *da sind* und mit hoher Wahrscheinlichkeit *dableiben* werden. Auch wenn der Wind mal rauer bläst.

Und der Wind bläst zunehmend heftiger: Zentrale Faktoren des deutschen Erfolgsmodells wie gut ausgebildete Fachkräfte, wettbewerbsfähige Energiepreise, eine leistungsfähige digitale Infrastruktur, aber auch offene Märkte sind in Gefahr. Das belastet alle Unternehmen, gleich wie groß sie sind, trifft aber die kleineren und mittleren Betriebe besonders. Denn sie sind zwar flexibel und können sich den äußeren Gegebenheiten in der Regel schnell anpassen. Doch besitzen sie weit weniger Marktmacht, was ihre preislichen Gestaltungsspielräume bei Lieferanten einschränkt – oder sie wollen diese Macht aus ethischen Gründen nicht ausspielen. Denn mittelständische Unternehmen denken langfristig, auch was Beziehungen zu Kunden und Lieferanten anbelangt, mit denen man oft über Jahrzehnte zusammenarbeitet. Man nimmt auf solche Partner in besonderer Weise Rücksicht, sollte sich deren Situation einmal verschlechtern.

Externe Kosten, zum Beispiel jene, die als Folge des geplanten Lieferkettengesetzes hinsichtlich von Nachweis- und Sorgfaltspflichten entstehen, lassen sich für Mittelständler schwerer skalieren und auf das einzelne Produkt umlegen. Zudem belasten sie erheblich die Personalkapazitäten kleiner Unternehmen, bei denen es keine Fachabteilungen für diverse neue Anforderungen gibt. In kleineren Betrieben ist der Chef oder die Chefin noch häufig vieles in einem, was Ausdruck einer historisch gewachsenen und im Grunde liebenswerten »All-in-one«-Mentalität ist: Chefentwickler, Chefeinkäufer und Chefvertriebler.

Zunehmende Herausforderungen

Allein die sich rasant verändernden Märkte und die Nachwehen der Coronapandemie würden ausreichen, um mittelständische Unternehmen auf Trab zu halten. Doch die wachsende Regulierung im Bereich Lieferketten, Materialien, Umwelt, Klimaschutz, die unter anderem zu fundamentalen Veränderungen der Wertschöpfungsketten im Automobilbau führen, bilden zusätzliche praktische Herausforderungen, nicht zuletzt für viele Lieferanten.

Ausufernde Vorschriften beeinträchtigen aber auch die Motivation der Firmen – ungeachtet der Dauerrhetorik über die angeblichen »Chancen«, die zum Beispiel eine umfassende Transformation hin zur Elektromobilität für Automobil- und Maschinenbau bieten würde. Es gibt diese Chancen. Aber, und das ist in puncto Beschäftigung und Arbeitsmarkt entscheidend: Diese Chancen existieren nicht für alle.

Was de facto geschieht, ist etwas anderes. Der weltweite Führungsanspruch deutscher Firmen, der auf einem über Jahrzehnte aufgebauten Technologievorsprung gründet, wird auf einmal infrage gestellt – durch Konkurrenten, aber auch durch selbst gemachte, eigene Vorgaben. So fremdelt die Politik öffentlichkeitswirksam mit dem Verbrennungsmotor. Mit seinem Aus droht insbesondere für asiatische Wettbewerber eine gewachsene Markteintrittsbarriere zu fallen. Und das nicht, weil »der Markt« es so will, wie gern unterstellt wird, sondern weil die Politik vorschreibt, mit welchen Technologien eine Verminderung der Treibhausgase erreicht werden soll.

Das Beispiel ist leider kein Einzelfall: Auch im Bereich der Stromproduktion oder bei den Gebäudeheizungen beschränkt die Politik ihren Markteingriff nicht darauf, Reduktionsziele für eine Verringerung des CO_2-Ausstoßes vorzugeben, sondern gibt bestimmte Technologien gleich mit vor.

Man mag meinem Einwand entgegnen, dass disruptive Veränderungen immer schon zum Wesen der Wirtschaft gehören. Und dass man nun leider ernte, was man gesät oder besser: nicht beizeiten gesät habe. Das wird hiesigen Unternehmen gerade bezüglich der Entwicklungen in der Antriebstechnologie besonders gerne von fachfremder Seite vorgehalten und ist ein besonders garstiger Vorwurf.

Doch so einfach sind die Dinge nicht. Denn nicht der Markt entzieht dem Verbrennungsmotor das Vertrauen, sondern sehr harte Regulierungen sorgen für sein wahrscheinliches Aus. Das gilt auch für viele andere Bereiche der Industrie. Nur dass dabei übersehen wird, dass Deutschland weit mehr zu verlieren hat als jene europäischen Länder mit einem niedrigeren Industrialisierungsgrad.

Denn nicht der Markt entzieht dem Verbrennungsmotor das Vertrauen, sondern sehr harte Regulierungen sorgen für sein wahrscheinliches Aus. Das gilt auch für viele andere Bereiche der Industrie.

Manche Stimmen warnen deshalb bereits vor einer Deindustrialisierung unseres Landes. Wie groß ist diese Gefahr aber tatsächlich? Wie ließe sich gegensteuern? Welche Rahmenbedingungen braucht es, um Deutschland als Produktionsstandort zu erhalten – und damit auch unseren Wohlstand und die im internationalen Vergleich relativ hohe gesellschaftliche Ausgewogenheit zu bewahren?

Meine folgenden, notwendigerweise subjektiven Überlegungen versuchen, eine Antwort darauf zu geben – und wo sie nicht gefunden wird, zumindest Denkanstöße zu liefern. Dieser Beitrag ist auch in Kenntnis dessen geschrieben, dass sich zwischen seiner Entstehung und Veröffentlichung noch die eine oder andere Zahl, das eine oder andere politische Vorhaben ändern kann.

Beginnen wir mit Fakten aus berufsständischen Quellen über die Frage, worüber wir eigentlich sprechen, wenn vom Mittelstand die Rede ist.

Mittelstand als Prinzip: einige Kennzahlen

Die deutsche Wirtschaft ist wie bereits erwähnt größtenteils mittelständisch geprägt. Insbesondere in Krisenzeiten, wenn Investitionsentscheidungen zugunsten oder zulasten heimischer Standorte getroffen werden müssen, wird gerne auf diese Tatsache verwiesen. Denn über die Jahrzehnte ist die Unternehmensform »deutscher Mittelstand« gleich dem Werbeslogan »Vorsprung durch Technik« zu einem internationalen Markenzeichen geworden. Auf Veranstaltungen im Ausland sind bisweilen herzzerreißende phonetische Varianten des Wortes »Mittelstand« zu hören.

Konkret: Mehr als zwei Millionen Unternehmen in Deutschland sind kleine und mittelständische Firmen, das sind mehr als 90 Prozent aller Unternehmen. Und sie beschäftigen mehr als die Hälfte aller sozialversicherungspflichtigen Arbeitnehmerinnen und Arbeitnehmer hierzulande.

Mehr als zwei Millionen Unternehmen in Deutschland sind kleine und mittelständische Firmen, das sind mehr als 90 Prozent aller Unternehmen. Und sie beschäftigen mehr als die Hälfte aller sozialversicherungspflichtigen Arbeitnehmerinnen und Arbeitnehmer.

Besonders beeindruckend, vor allem in den ländlichen Regionen, ist der hohe Anteil von Auszubildenden. Rund vier von fünf Azubis lernen in mittelständischen Firmen. Die Tatsache, dass, wenn das Stichwort »Wirtschaft« fällt, sofort von börsennotierten Unternehmen und Banken die Rede ist, sagt deshalb mehr aus über unser Medienzeitalter und die Gesetzmäßigkeiten der Berichterstattung als über die Realitäten in der deutschen Wirtschaft.

Große Familienunternehmen schaffen zum Beispiel mehr Arbeitsplätze als börsennotierte Firmen, die nicht in Familienhand sind. Laut einer Studie der Universität Mannheim im Auftrag der Stiftung Familienunternehmen aus dem Jahr 2022 richteten die 26 größten Familienbetriebe 267 000 neue Arbeitsplätze ein, die Dax-Konzerne hingegen nur 48 000.

»Mittelstand« ist auch Ausdruck einer sehr spezifischen *Haltung*, hat mit Unternehmenswerten, Unternehmenskultur, gesellschaftlicher Verantwortung und vor allem Gesellschafterstrukturen zu tun.

Diese Zahlen tun gut, zumal wenn man sich wie die Verfasserin dieses Beitrags (die zugleich eine Verfechterin des »Prinzips Hoffnung« im Sinne Ernst Blochs ist) mit Haut und Haaren dem »Prinzip Mittelstand« verschrieben hat. Doch ist der Mittelstand ungeachtet seiner großen Relevanz kaum ein öffentliches Thema. Über den Daumen gepeilt: 80 Prozent der Wirtschaftsberichterstattung der Verlagshäuser zwischen Hamburg und München widmen sich dem Dax 40. Hingegen arbeiten 80 Prozent der Erwerbstätigen zwischen Stralsund und Freiburg nicht dort, sondern in mittelständischen Unternehmen. In Betrieben, die ganz überwiegend noch immer inhabergeführt, ergo in Familienhand sind.

Und was meint der Begriff »mittelständisch« sonst noch?

Umsatzgröße, Mitarbeiterzahl, Gesellschafterform beschreiben die wesentlichen Grundzüge. Und doch ist es nicht übertrieben, ein wenig pathetisch zu sagen: »Mittelstand« ist auch Ausdruck einer sehr spezifischen *Haltung*, hat mit Unternehmenswerten, Unternehmenskultur, gesellschaftlicher Verantwortung und vor allem Gesellschafterstrukturen zu tun. Auch mit dem Willen zu schnellen Investitionsentscheidungen, die sich unter anderem in der enormen Zahl an Erfindungen und Patenten niederschlägt. Und zu den Besonderheiten gehört ganz wesentlich auch die Bereitschaft der Shareholder, bei Investitionen einen langen Atem zu zeigen und nicht auf schnelle Renditen zu pochen. Im Falle der Firma TRUMPF führte das beispielsweise zu einer weltweit einmaligen Kooperation mit den Firmen ASML und ZEISS bei der Entwicklung der sogenannten EUV-Lithografie. Mit dieser Technik produzieren heute alle großen Chiphersteller der Welt ihre Halbleiter.

Auch TRUMPF ist deshalb ein im besten Sinne mittelständisches Unternehmen, so wie auch andere in unserer Nachbarschaft, zum Beispiel Würth, Stihl oder Kärcher. Sie alle sind große und global erfolgreiche Firmen. Aber eben mit einem bestimmten Ethos, einem Unternehmenskolorit, das sie von vielen Aktiengesellschaften unterscheidet.

Von der Freiheit, sich entfalten zu dürfen

Die große Frage aber lautet: Wie kann dieser deutsche Mittelstand vor dem Hintergrund einschneidender politischer Weichenstellungen sowohl in der EU als auch in Deutschland und angesichts des immer härter werdenden Wettbewerbs mit den USA und China auch künftig eine Spitzenposition behaupten?

Die Meinungen darüber gehen weit auseinander. Darum beschränke ich mich in meinem Fazit auf meine persönlichen Erfahrungen eines fast vier Jahrzehnte währenden unternehmerischen Engagements bei TRUMPF.

Dieses Fazit ist eindeutig: Deutschlands Mittelständler rufen nicht nach milliardenschweren staatlichen Subventionen, wie sie derzeit in den Vereinigten Staaten unter dem Schirm des Inflation Reduction Act verteilt werden, sie fordern dieses Geld nicht einmal in Krisenzeiten.

Die Mittelständler wollen auch keine Industriepolitik nach französischem Vorbild, was offenbar manchem in der Ampelkoalition etwa mit Blick auf eine gezielte Technologieförderung in den Sinn gekommen war. In einem Satz: Es sind nicht *externe Mittel*, die den Mittelstand beflügeln oder lähmen. Die Ausstattung inhabergeführter Firmen mit Eigenkapital – auch das ist typisch für diese besondere Unternehmensform – ist in der Regel sehr solide und nachhaltig.

Die Erwartungen des deutschen Mittelstands richten sich allein auf zwei Dinge: auf gute regulatorische Rahmenbedingungen und die Gewährung der Freiheit, sich unternehmerisch entfalten zu können – und zu dürfen!

Dazu zählt zum Beispiel, die Übergabe familiengeführter Unternehmen an etwaige Nachfolger so fortzusetzen, wie sie bislang praktiziert wird – und sie nicht rechtlich zu verkomplizieren und steuerlich stärker zu belasten.

Natürlich begrüßt auch eine Unternehmerin wie ich das politische Anliegen, mittlere Einkommen steuerlich zu entlasten. Im Zuge der Abschaffung des Solidaritätszuschlages möchten darum manche den Spitzensatz der Einkommensteuer erhöhen. Doch damit würde – anders als beim »vorübergehenden« Solidaritätszuschlag – die Mehrbelastung am oberen Ende der Einkommensskala dauerhaft zementiert. Nach meiner Einschätzung braucht man für eine Entlastung mittlerer Einkommen keine Steuererhöhung, denn der Staat hat, wie sich leicht nachweisen lässt, kein Einnahmen-, sondern ein Ausgabenproblem.

Wichtiger ist im Kontext einer Firmennachfolge aber etwas anderes. Wie das Beispiel des Verkaufs von Viessmann an ein US-Unternehmen zeigt, benötigen Familienunternehmen Kapital, um zu investieren, zu wachsen – und dabei unabhängig von Dritten zu bleiben. Das gelingt nicht immer, ist aber für die meisten inhabergeführten Unternehmen das A und O ihrer Firmenphilosophie.

Leider wird jedoch seit Jahren in der Debatte über eine Reform der Erbschaftssteuer übersehen, dass es bei der Vererbung eines Unternehmens entscheidend darauf ankommt, das Betriebsvermögen zu wahren, also die Immobilien, Maschinen und so weiter. Sie sind konjunkturunabhängige Werte und schlagen auch in Rezessionszeiten zu Buche.

Eine Veränderung der bestehenden Steuerregeln träfe niemanden härter als den inhabergeführten Mittelstand, denn man darf die Erbschaftssteuer nicht isoliert betrachten. Deutsche Firmen sind bereits mit einer Unternehmenssteuer von 29 Prozent und damit dem weltweit zweithöchsten Satz belastet, außerdem mit den weltweit zweithöchsten Energiepreisen. Will sagen: Man muss die finanziellen Mehrbelastungen in ihrer Gesamtheit sehen, als die sie für die Unternehmen spürbar werden, und nicht jede einzelne Abgabe isoliert betrachten.

Eine Veränderung der bestehenden Steuerregeln träfe niemanden härter als den inhabergeführten Mittelstand, denn man darf die Erbschaftssteuer nicht isoliert betrachten.

Unter dem Strich ist das Großthema Firmenübergabe eine zusätzliche Bürde einer ohnehin nicht leichten Generationenfolge, die aber entscheidend sein wird für die Zukunft des deutschen Mittelstands. Deswegen greife ich das Thema hier auf. Nicht wenige Familienfirmen müssen aufgeben, weil sie keinen Nachfolger finden, der den Betrieb übernehmen will. Nach Berechnungen der staatlichen Förderbank KfW wird dies voraussichtlich jeden vierten Betrieb treffen.

Und selbst wenn es Kinder oder Enkel gibt, fehlt es in vielen Unternehmerfamilien oft an sogenannten »Nachfolgebereiten«. Gründe dafür gibt es zuhauf, ein besonders triftiger sind die immer schwieriger werdenden rechtlichen und politischen Rahmenbedingungen und der steigende bürokratische Aufwand. Für jeden Chef oder jede Chefin – wie übrigens auch für viele Landwirte und Handwerker – alles andere als eine leichte Mitgift an den oder die Nachfolger.

<u>Diese Unternehmensleiterinnen und -leiter sind, wenn man so will, die stillen Leidtragenden der mephistophelischen Kraft aus Berlin und Brüssel, die mit ihrer Regelungswut möglicherweise sogar stets das Gute will, aber nachweislich meist Unheil stiftet.</u>

Statt Gängelung bräuchte auch der Mittelstand ein Mehr an Freiheit, *schaffen zu dürfen*. Doch die am laufenden Band produzierten Gesetze, Vorschriften, Verordnungen bekümmern wie erwähnt gerade kleinere Firmen. Und sie führen absurderweise zum genauen Gegenteil dessen, was politisch eigentlich gewollt ist: nahbare, familiäre Unternehmen statt anonymer, globaler Großkonzerne, wenn dieser etwas holzschnittartige Vergleich an dieser Stelle einmal erlaubt sei.

Sowohl die immer größer werdende Fülle rechtlicher Vorgaben in fast allen Bereichen, wie etwa Umwelt, Klima, Bau und Lieferketten, Arbeit und Diversität der Belegschaft, als auch die Komplexität der Anträge erschweren unternehmerisches Handeln gerade dort, wo der Chef oder die Chefin »hands-on« arbeitet. Kurzum, wo noch vieles selbst gemacht wird, um dieses Eingangsstatement zu wiederholen, wo es keine komplexen Organisationsstrukturen mit viel Personal, keine Rechts- und Kommunikationsabteilungen wie in großen Unternehmen gibt. Diese Unternehmensleiterinnen und -leiter sind, wenn man so will, die stillen Leidtragenden der mephistophelischen Kraft aus Berlin und Brüssel, die mit ihrer Regelungswut möglicherweise sogar stets das Gute will, aber nachweislich meist Unheil stiftet.

Nehmen wir als Beispiel dafür einen die Unternehmen besonders belastenden Faktor in den Blick, über den seit Jahren leidenschaftlich debattiert wird, weit mehr als über die Steuern: die Strompreise. Als größtes europäisches Industrieland braucht Deutschland viel Strom – und möglichst günstigen. Doch steigt es fast zeitgleich aus allen konventionellen Stromerzeugungsarten aus und wundert sich dann über die schon seit Jahren steigenden Kosten und die größer werdende Importabhängigkeit von Energieträgern.

Energiepreise und Technologieausschlüsse

Konkret: Im Jahr 2000 wurde das Erneuerbare-Energien-Gesetz erlassen, das die sogenannte Energiewende einläutete. 2004 versprach der damalige grüne Umweltminister Jürgen Trittin, diese Wende werde einen durchschnittlichen Haushalt monatlich nicht mehr als »eine Kugel Eis« kosten.

Seither beschleicht einen das Gefühl, als müsse diese Energiewende auf Biegen und Brechen erfüllt werden – und zwar völlig ungeachtet der Tatsache, dass die Kosten erkennbar aus dem Ruder gelaufen sind und sich die Welt dramatisch verändert. Nicht nur der Klimawandel hat sich verschärft, sondern auch der globale Wettbewerb. Außerdem sind wegen des Ukrainekriegs die einst üppigen und für uns kostengünstigen russischen Öl- und Gasquellen versiegt, was mancher fälschlicherweise als Freibrief dafür nimmt, Fragen der Wirtschaftlichkeit zugunsten eines übergeordneten Ziels zu ignorieren.

Die Debatte über notwendige Klimaschutzmaßnahmen wird leider sehr vereinfacht geführt, so als gebe es nur ein »Dafür oder dagegen«, ohne Zwischentöne und bar jeder Verhältnismäßigkeit. Nicht wenige Klimaschützer vertreten ihre Position – selbst gegenüber den Veränderungswilligen und Veränderungsbereiten, zu denen ich die meisten Unternehmen und Bürger Deutschlands zähle – mitunter mit einem Rigorismus, der letztlich für sich in Anspruch nimmt, allen vorschreiben zu dürfen, wie sie zu leben, zu wohnen, zu reisen, zu essen, zu arbeiten, ja, zu sprechen haben.

Der Klimaschutz wird mittlerweile sogar als Vehikel benutzt, um die freiheitliche Idee der Marktwirtschaft insgesamt infrage zu stellen. Echte technologische Durchbrüche bei bestimmten Energieträgern scheinen unerwünscht, vor allem bei der unter vielen Klimaschützern besonders unpopulären Kernspaltung oder Kernfusion. Aber ebenso bei »den Fossilen«, wie sie abwertend genannt werden, etwa wenn es bei der Verbrennung von Gas oder Kohle um die Anwendung modernster Techniken zur Trennung und Speicherung des klimaschädlichen Kohlendioxids geht.

Streben wir wirklich noch nach dem ursprünglichen Ziel, auf die möglichst kostengünstigste Art und Weise CO_2 einzusparen? Wenn ja, müssten wir als Nation eigentlich alles dafür tun, was dabei Aussicht auf Erfolg verspricht. Zum Beispiel indem wir bei der Stromgewinnung mithilfe der Kernkraft so viel Gas und Kohle wie nur irgend möglich einsparen. Und dabei, das versteht sich bezüglich des Generationenbewusstseins von selbst, mit einem Höchstmaß an Innovationsdruck die seit Jahren vernachlässigte Endlagerfrage in das Zentrum wissenschaftlich-technischer Bemühungen stellen.

Was also wäre zu tun? Zunächst einmal sollten wir Abschied nehmen von der irrigen Annahme, wir könnten mit deutschen Insellösungen das globale Klimaproblem besonders effektiv angehen. Stattdessen sollten wir, und hier spreche ich sowohl als Unternehmerin als auch als Steuerzahlerin, jeden Euro dort einsetzen, wo er im Sinne der

Nachhaltigkeit am meisten bewirkt. Indem wir zum Beispiel jene Weltgegenden, wo tagtäglich Strom und Wärme in ineffizienten Öl- oder Kohlekraftwerken produziert werden, mit hochmodernen Gaskraftwerken versorgen.

Dazu müssten wir allerdings über unseren Tellerrand hinausblicken und uns eingestehen, dass es bei Klimawandel und Energiegewinnung nicht um moralische Zuschreibungen geht, nicht um Schuld und Verantwortung, sondern um einen gesunden Pragmatismus. Nicht die Abarbeitung heimischer Planziele sollte das Ziel sein, sondern die Vermeidung einer Übertragung der Mentalität der schwäbischen Kehrwoche auf unsere Wirtschaftspolitik. Denn hier endet die Eigenverantwortung meist zentimetergenau am Türvorleger des Nachbarn.

Der zwar von einer CDU/CSU-geführten Bundesregierung 2011 beschlossene, aber von der Ampelkoalition 2023 vollzogene Ausstieg aus der Kernkraft ist deshalb aus meiner Sicht das falsche Symbol für die Energiewende. Er ist eher Ausdruck der Unfähigkeit, sich an die veränderte Weltlage und die sich wandelnden Rahmenbedingungen anzupassen – und zwar völlig unabhängig von allen Rechnereien, wie effektiv und kosteneffizient die drei am Ende noch verbliebenen Kernkraftwerke tatsächlich waren. Denn im Kern geht es immer auch um die politische Glaubwürdigkeit, darum, wie viel man den Bürgern an Energiekosten für Wohnen und Mobilität zumuten kann, wenn man zugleich am eigentlich unsinnigen Kernkraftausstieg festhält.

Dazu müssten wir allerdings über unseren Tellerrand hinausblicken und uns eingestehen, dass es bei Klimawandel und Energiegewinnung nicht um moralische Zuschreibungen geht, nicht um Schuld und Verantwortung, sondern um einen gesunden Pragmatismus.

Nicola Leibinger-Kammüller

Ich bin mir sicher, in der Geschichtsschreibung wird dieser deutschen Energiepolitik einmal der Makel des überkommenen Traditionalismus anhaften, irgendwo zwischen »German Angst« und der Befriedigung des in die Jahre gekommenen Gründungsideals der Grünen. Den Geist der Zukunft atmet diese Politik zumindest nicht.

Bei Lichte betrachtet haben der Klimawandel wie der Ukrainekrieg wie auch der Preisverfall für Gas in den USA viele alte Gewissheiten ins Wanken gebracht. Deutschland reagiert darauf in einem Dreischlag: Klimaneutrale Kernkraftwerke werden abgeschaltet, CO_2-ausstoßende Kohlekraftwerke weiterbetrieben, die Kosten dafür den Bürgern aufgebrummt. Letztere müssen also »privat« ein Dilemma schultern, vor dessen Lösung sich der Staat drückt, weil er an einem dogmatischen Sonderweg festhält.

Wir Deutschen sind – den Energieimporten sei Dank – nicht ehrlich genug hinsichtlich unserer gewaltigen Abhängigkeit von Strom, Wärme und auch Treibstoffen. Um es noch einmal auf den Punkt zu bringen: Wie man aus Kernkraft und fossilen Energieträgern aussteigen und zugleich die Industrie und alle Haushalte ausreichend mit Strom und Wärme versorgen und zusätzlich alle Verkehrsmittel weitgehend elektrifizieren will, ist mir schleierhaft und schafft viele Zielkonflikte. Aber vorbei ist vorbei, oder wie man im Schwäbischen sagt: »Dor Fisch isch buddzd«, der Fisch ist geputzt, zumindest bei der Kernkraft. Denn kein deutscher Energieversorger wird sein Geschäftsmodell noch einmal umstellen.

Auf die Märkte hören

Was ungeachtet aller Veränderungen gern übersehen wird: Der Markt bestimmt nach wie vor, welchen Weg die Wirtschaft im globalen Maßstab nimmt, niemand sollte ihn darum ignorieren. Denn am

Markt lässt sich ablesen, welche Preissignale Investitionen nach sich ziehen, mit anderen Worten: welche Technologien es aus Sicht der Kunden künftig richten sollen. Schließlich wird eine Erfindung, eine »Invention« erst dann zu einer Innovation, wenn Kunden sie aus freien Stücken annehmen.

Wie man aus Kernkraft und fossilen Energieträgern aussteigen und zugleich die Industrie und alle Haushalte ausreichend mit Strom und Wärme versorgen und zusätzlich alle Verkehrsmittel weitgehend elektrifizieren will, ist mir schleierhaft und schafft viele Zielkonflikte.

Jürgen Hambrecht, von 2003 bis 2011 Vorstandsvorsitzender der BASF und von 2013 bis 2023 Aufsichtsratsvorsitzender von TRUMPF, erhielt 2013 den »Preis Soziale Marktwirtschaft« der Konrad-Adenauer-Stiftung. In seiner Dankesrede nannte er drei Dinge, die auch in Zeiten der Globalisierung Deutschlands Wohlstand mittel- und langfristig sichern könnten: gesunde Finanzen, den Fortbestand des Industriestandorts und die Lust auf Zukunft. Was er damals sagte, hat nichts an Aktualität verloren. Darum möchte ich die wichtigsten Sätze seiner Rede hier zitieren:

> *»Das jahrzehntelange Wirtschaften auf Pump muss ein Ende haben. Es führt in immer größere Abhängigkeit und Unfreiheit. Entschulden durch höhere Steuern lähmt den Leistungswillen und vernichtet im Fall der Substanzbesteuerung Unternehmenswerte. Sparen ist deshalb angezeigt. Das steht aber trotz Rekordsteuereinnahmen nicht auf dem Wahlprogramm. Ich habe es nicht gelesen.*
>
> *Der Industriestandort Deutschland, dessen wirtschaftlicher Erfolg auf seine hochvernetzte industrielle Struktur auf kleinen, mittle-*

ren und großen Unternehmen fußt, die Hand in Hand wirtschaften: Diese Struktur ist das Rückgrat unseres Erfolgs. Diese Struktur müssen wir stärken.

Dazu gehört, die vermeintlich starken Schultern in diesem Verbund nicht stetig weiter zu belasten, denn unsere Unternehmen stehen in einem harten, kompromisslosen globalen Wettbewerb. Besonders wichtig ist es auch, deutlich mehr in unsere Infrastruktur zu investieren.«

Jürgen Hambrecht schloss mit einem Appell, der auch heute, zehn Jahre später, gültig bleibt:

»Wir brauchen eine Energie- und Klimapolitik mit Augenmaß, die Versorgungssicherheit, Wirtschaftlichkeit und Nachhaltigkeit in ein vernünftiges Verhältnis bringt. Wichtige Schritte wären, den Subventionsunsinn bei den erneuerbaren Energien endlich zu beenden und, genauso wichtig, statt nationaler Alleingänge eine gemeinsame europäische Energie- und Klimapolitik zu verfolgen.«

Natürlich ist es verständlich, dass Verbände und energieintensive Unternehmen derzeit einen staatlich regulierten Industriestrompreis begrüßen. Das täte ich wahrscheinlich auch, stünde ich zum Beispiel einem Chemiepark vor. Aber das Vorhaben, von einem Strompreis von beispielsweise 39 Cent pro Kilowattstunde auf sechs Cent herunterzusubventionieren, zugleich aus Kernkraft und Kohle auszusteigen und allein auf erneuerbare Energien zu setzen, bleibt falsch. Ebenso wie die kostspielige Subventionierung von Wärmepumpen, deren Produktion in Deutschland mit Blick vor allem auf chinesische Anbieter alsbald ein ähnliches Schicksal ereilen dürfte wie seinerzeit die Photovoltaik.

Zudem schaffen derartige Subventionierungen neue Ungerechtigkeiten. Denn kleine Handwerksbetriebe und Bäckereien zum Beispiel beziehen ihre Energie nicht zum »Industriestrompreis«, weil sie nicht zu den Begünstigten zählen. Laut Politik soll von dieser Preisdeckelung ein klar definierter Empfängerkreis profitieren, der nicht mittelständisch ist. Im Klartext heißt das: Die Mittelständler werden zur Kasse gebeten, um mithilfe von Subventionen große Industrieunternehmen, die von der verfehlten Energiepolitik besonders betroffen sind, im Land zu halten.

Wann hören wir endlich damit auf, mit Subventionen unsere Marktwirtschaft und den Wettbewerb immer weiter zu verzerren?

Um kein Missverständnis zu erzeugen: Der Mittelstand will und braucht keine staatlichen Finanzspritzen, er lechzt nicht nach irgendwelchen Fördertöpfen für einen klimagerechten Umbau ganzer Industriezweige. Nein, er braucht lediglich eine berechenbare Politik, die nicht aus ideologischen Gründen wichtige Versorgungsadern der Energiewirtschaft lahmlegt.

Wann hören wir endlich damit auf, mit Subventionen unsere Marktwirtschaft und den Wettbewerb immer weiter zu verzerren?

Es gehört gerade zu den großen, unschätzbaren Vorteilen des deutschen Mittelstands, dass er selbst hoch innovativ ist. Wann immer auf der Welt ein technisches Problem auftaucht, für das eine Speziallösung benötigt wird: Man darf eine Wette darauf abschließen, dass in einer kleinen schwäbischen Gemeinde eine Firma sitzt, die eine Antwort darauf weiß! Die in monatelanger Tag- und Nachtarbeit ein Produkt entwickelt, das seinen Weg in die Welt findet und für das es einen *echten Markt* gibt.

Was die mittelständische Wirtschaft also wirklich benötigt, sind Politiker, die den Mut haben, das eben Beschriebene umzusetzen. Und eigene Interessenvertreter, die den Mut besitzen, sich mit der Politik kritisch und laut hörbar auseinanderzusetzen.

Aufgrund ihrer Abhängigkeit von externen Kapitalgebern tun sich große Konzerne im Gegensatz zu inhabergeführten mittelständischen Unternehmen bekanntlich schwerer damit, sich dem einen oder anderen öffentlichen Wort zu verweigern. Man könnte auch sagen, sie unterliegen einem stärkeren Bekenntniszwang.

Auch das gehört zu meinen Erfahrungen: Bei allem Verständnis für die Bereitschaft, sich mit politisch Verantwortlichen zu verständigen, bleibt es doch die vornehmste Aufgabe der Verbände, die Sorgen der Mitgliedsunternehmen zu artikulieren. Und diese Sorgen wachsen. Immer mehr Firmen sind befremdet über politische Entscheidungen, etwa über die bis in die Lieferketten hineingehende Transparenzwut, die zunehmend kritische Haltung gegenüber China, einem unserer wichtigsten Märkte, die sich unter anderem an den schleppenden Ausfuhrgenehmigungen bemerkbar macht.

<u>Was die mittelständische Wirtschaft also wirklich benötigt, sind Politiker, die den Mut haben, das eben Beschriebene umzusetzen. Und eigene Interessenvertreter, die den Mut besitzen, sich mit der Politik kritisch und laut hörbar auseinanderzusetzen.</u>

Befremdet sind sie auch über einen salonfähig gewordenen Zeitgeist, der hinter einer generellen »Technologieoffenheit« in der Klimapolitik sofort eine »Verhinderungstaktik« vermutet, einen Zeitgeist, der sich gegen Eigentum richtet und eine unternehmensfeindliche Steuerpolitik betreibt.

Für Irritationen sorgt auch, dass die Politik aus der Tatsache, dass viele Unternehmen trotz schwierigster Rahmenbedingungen nach wie vor gute und wirtschaftlich profitable Innovationen auf den Markt bringen, den Schluss zieht, die in Berlin und Brüssel vereinbarten Regelungen hätten zu diesem Erfolg beigetragen und seien darum sinnvoll. Meist ist das Gegenteil der Fall.

Wie wir zukünftig arbeiten wollen

Doch nicht nur wachsende Steuern und Preise für Energie setzen dem Mittelstand zu. Zur Achillesferse des Standorts Deutschland sind inzwischen der Faktor Arbeit und seine politische Flankierung geworden.

Lassen wir dabei die überbordenden Dokumentationspflichten, Betriebsrätegesetze, mangelnde Flexibilisierung der Arbeitszeit oder andere Entwicklungen, die vor allem mit Regulierung zu tun haben, mal beiseite. Befassen wir uns stattdessen lieber selbstkritisch mit uns, unserer Mentalität und dem gesellschaftlichen Wandel, den die Politik am Ende nur umsetzt und in bestimmte Vorschriften kanalisiert. Sprechen wir also von der Arbeitszeit, davon, wie viele Stunden jeder und jede am Tag oder in der Woche noch erwerbstätig sein will. Und sprechen wir von der immer öfter anzutreffenden wissenschaftlichen Unterfütterung, dass bei sinkender Arbeitszeit die Produktivität angeblich weiter steigt.

Um mit mindestens einer Tür und auch gleich den gesamten Fensterläden ins Haus zu fallen: Schon heute ist der Standort Deutschland hinsichtlich der Arbeitszeit kaum noch wettbewerbsfähig – jedenfalls nicht im Vergleich mit anderen europäischen Staaten wie Polen oder der Slowakei. Und schon gar nicht im Vergleich mit den USA.

Käme nun auch noch die Viertagewoche, deren Einführung auch viele Gewerkschaftsvertreter im Brustton der Überzeugung fordern, würde das langfristig und nachhaltig zum Verlust von Industriearbeitsplätzen in Deutschland und zur Verlagerung der Produktion ins Ausland führen.

Die Zahlen liegen auf dem Tisch: Schon heute ist Deutschland im Vergleich der OECD-Staaten das Land, in dem am wenigsten gearbeitet wird. 2021 kamen Erwerbstätige in der Bundesrepublik auf eine durchschnittliche Jahresarbeitszeit von 1349 Stunden – der OECD-Schnitt lag bei 1716 Stunden. Franzosen arbeiteten im Schnitt 1490 Stunden im Jahr, Polen sogar 1830 Stunden.

Der Wunsch nach einer größeren Work-Life-Balance verdeckt mitunter, was um uns herum in Asien, in den USA und vielen europäischen Ländern vor sich geht.

Laut dem Institut für Arbeitsmarkt- und Berufsforschung (IAB) arbeiteten im Jahr 2021 Vollzeiterwerbstätige hierzulande durchschnittlich 39 Stunden in der Woche, Teilzeitkräfte 18. Im Durchschnitt betrug die Wochenarbeitszeit aller Erwerbstätigen 32 Stunden.

Zum Vergleich: Vor rund 30 Jahren, 1991, arbeiteten die Menschen in Deutschland noch deutlich länger, nämlich durchschnittlich 37,7 Stunden die Woche. Die Arbeitszeit der Vollzeiterwerbstätigen ist dabei über die Jahre relativ konstant geblieben. Die insgesamt geringer gewordene Wochenarbeitszeit ergibt sich vor allem daraus, dass mittlerweile deutlich mehr Menschen in Teilzeit arbeiten. So hat sich ihre Quote seit 1991 mehr als verdoppelt, von 18,5 Prozent auf heute 38,5 Prozent.

Daran ist nicht die Politik schuld – für diesen Trend sind wir selbst verantwortlich, er hat mit uns zu tun, mit den Unternehmen, vor allem aber mit unserer intrinsischen Motivation, mit der sich wandelnden Wertschätzung von Arbeit. Natürlich sind die Werte dieser modernen, im Grunde postmodernen Gesellschaft beileibe nicht alle schlecht, doch wird bisweilen verkannt, wie dramatisch sich die Welt um uns herum verändert hat.

Für TRUMPF kann ich sagen: Das Unternehmen war in unserer Branche immer ein Vorreiter in Sachen Vereinbarkeit von Familie und Beruf. Aber wir bleiben auch nach Corona und trotz der aktuellen Debatten über mehr Homeoffice ein industrieller Produktionsbetrieb. Einen Laser oder eine Biegemaschine montiert man nicht daheim im Wohnzimmer. Einen Kunden, der eine sechsstellige Investition tätigen soll, überzeugt man nicht allein in einer Zoom-Konferenz. Und auch die Wartung von Maschinen muss noch immer größtenteils vor Ort durchgeführt werden. Unsere Servicekräfte sind keine Landärzte, die eine Erkältung neuerdings auch am Telefon diagnostizieren und zur medikamentösen Therapie ein Rezept per Mail verschicken.

Auch das ist eine Tatsache: Sehr viele Unternehmen suchen händeringend Leute und machen in dem sich verschärfenden Wettbewerb um die knappen Fachkräfte hohe Zugeständnisse. Doch ändert das nichts an den volkswirtschaftlichen Rahmenbedingungen. Der verständliche Wunsch nach einer ausgewogeneren Work-Life-Balance verdeckt mitunter, was um uns herum in Asien, in den USA und vielen europäischen Ländern vor sich geht und was es heißt, wenn deutsche Betriebe ihre Produktion ins Ausland verlagern: An jedem Industriearbeitsplatz hängen drei weitere Arbeitsplätze, und wenn die Industrieproduktion erst einmal weg ist, kommt sie nicht wieder.

Aufgrund der sich wandelnden Einstellung zur Arbeit verlieren wir an Wettbewerbsfähigkeit, dabei haben wir noch gar nicht über ein weiteres Problem des Arbeitsmarkts gesprochen, das bald alle anderen überlagern wird: den Ausstieg der Babyboomer-Generation und den Eintritt der geburtenschwachen Jahrgänge.

Diese Entwicklung hat weitgehende Konsequenzen – nicht nur für die Sozialsysteme, die Rente, sondern auch für den Wirtschaftsstandort Deutschland. Denn wo weniger gearbeitet wird und Leute fehlen, verringert sich die Produktion, schrumpfen die Möglichkeiten, Innovationen von morgen zu entwickeln, ein Teufelskreis. Wo bleibt hier der öffentliche Aufschrei? Es gibt ihn nicht.

Mehr Fortschritt wagen

Ich könnte es mir an dieser Stelle einfach machen und für diesen Beitrag gemäß Auftrag allein auf den Mittelstand blicken. TRUMPF hat sich aber schon zu Lebzeiten meines Vaters als Teil der »Großfamilie« der deutschen Industrie gesehen, deren weltweiter Wert gerade darin bestand, dass dieser Familie börsennotierte Unternehmen ebenso wie kleine und mittelständische Firmen angehörten, Grundstoffindustrien in Gestalt von Stahl, Kupfer, Aluminium ebenso wie Hightechunternehmen und kleine Tüftler.

Die heute leider ausnahmslos negativ beleumundete »Deutschland AG« war darum für mich nie allein ein Netzwerk aus miteinander verflochtenen großen Banken, Versicherungen und Industrieunternehmen. Auch nicht eine Konzentration von Personen, die hinsichtlich Posten und Mandaten in wechselseitiger Abhängigkeit zueinander standen und den Wettbewerb verhinderten. Die Deutschland AG – vielleicht messe ich ihr vor allem im Rückblick eine größere Bedeutung zu – war auch eine *Idee*, ein Bekenntnis zum Standort und zu anderen Firmen.

Mein Vater war Mitglied in Aufsichtsräten von Großunternehmen wie der Deutschen Bank oder BMW. Und er war, vollkommen ungewöhnlich für einen Mittelständler wie ihn mit damals noch 2000 Mitarbeitern, Aufsichtsratschef der BASF. Das sich auf diese Weise vertiefende Netzwerk zwischen Mittelstand und großen Unternehmen schuf einen weltweit einmaligen Industriestandort, wenn dieser Anflug von Nostalgie noch gestattet sei. Man kann jedenfalls ohne Übertreibung sagen: Die Deutschland AG war das Fundament des Wirtschaftswunders und des Gütesiegels »Made in Germany«.

Die Annahme, dass es die übergroße Mehrheit der Menschen schon gut machen wird, weil der Mensch an und für sich gut ist, wenn man ihn sich frei entfalten lässt – diese Grundeinstellung sucht man in der Politik heute vergeblich.

Und heute? Wird es ein neues deutsches Wirtschaftswunder geben, an dem viele Menschen sozialversicherungspflichtig partizipieren werden? Gibt es eine neue deutsche Erzählung, die die Welt zum Nachahmen veranlasst? Man darf zumindest geteilter Meinung darüber sein, ob es dazu noch einmal kommen wird – trotz einer gehörigen Portion Urvertrauen als Unternehmerin und als Christin.

Blicken wir noch einmal nach Berlin. »Mehr Fortschritt wagen«, hat sich die Ampelregierung 2021 in ihrem Koalitionsvertrag auf die Fahnen geschrieben. Zwei Jahre später steht dieses Regierungsbündnis in Sachen Wirtschaft nach meiner Wahrnehmung weniger für messbaren Fortschritt als für technologische Bevormundung. Zumindest empfinde ich ein nicht gerade geringes Misstrauen uns Firmen gegenüber, eine tiefe Skepsis, dass wir die notwendigen Ziele und Veränderungen auch eigenverantwortlich, also ohne direkten Eingriff der Politik, schaffen könnten.

Die Annahme, dass es die übergroße Mehrheit der Menschen schon gut machen wird, weil der Mensch an und für sich gut ist, wenn man ihn sich frei entfalten lässt – diese Grundeinstellung sucht man in der Politik heute vergeblich. Doch diesem positiven Welt- und

Nicola Leibinger-Kammüller

Menschenbild folge ich, ihm folgen auch Tausende von anderen Unternehmerinnen und Unternehmern hierzulande. Denn wir sind fest davon überzeugt, dass der Wohlstand, der uns in all den Jahrzehnten krisenfest gemacht und für sozialen Ausgleich gesorgt hat, nur in Unternehmen entsteht. Und nicht mithilfe von über 50 Prozent Sozialausgaben des Staates.

Der Grund für die Stärke des Mittelstands ist seine Resilienz, die Agilität der Unternehmen und ihrer Belegschaften.

Unsere Industriezukunft wird hierbei nicht nur von Berlin, sondern auch von der EU gestaltet, unter anderem mit Initiativen wie dem »Green Deal« oder »Fit for 55«. Diese Einzelvorhaben werden in einem Gesamtplan mit dem verheißungsvollen Namen »Green Transition« zusammengeführt. In der rauen Wirklichkeit jedoch bedeutet dieses Regelwerk selbst für den kleinsten Familienbetrieb auf der Alb herbe Einschränkungen, die von der Kreditaufnahme bis zu den Absatzmöglichkeiten der eigenen Produkte reichen.

Wer meint, dass viele Unternehmen gleichwohl immer noch üppige Gewinne einfahren, hat recht. Aber er übersieht, dass dieser Erfolg nicht wegen, sondern trotz der Regelungswut eintritt. Der Grund für die Stärke des Mittelstands ist seine Resilienz, die Agilität der Unternehmen und ihrer Belegschaften.

Will Deutschland auch in Zukunft noch ein starker Industrie- und Produktionsstandort sein, sollte sich die Politik mit ganzer Kraft wieder ihrer eigentlichen Aufgabe widmen und sich zugleich auf diese beschränken.

Diese Kernaufgabe ist die Wahrung der deutschen Wettbewerbsfähigkeit mithilfe guter und vernünftiger Rahmenbedingungen für erstens die Energieversorgung, für zweitens Steuern und Abgaben und für drittens die Ausbildung und Gewinnung von Fachkräften. An diesen drei Dingen hängt das Schicksal des Mittelstands.

»Die Zeit fährt Auto«

Selbstverständlich gibt es auch noch ein paar andere Herausforderungen für den Mittelstand, zum Beispiel seine Versorgung mit ausreichend liquidem Kapital und das Schritthalten mit neuen Technologien, vor allem der künstlichen Intelligenz.

Die USA und China stecken Milliarden in die Entwicklung der KI. Vor 25 Jahren, um die Jahrtausendwende, als im kalifornischen Silicon Valley mit mächtiger Kapitalunterstützung riesige Digitalkonzerne aus dem Boden gestampft wurden, haben wir Europäer schon einmal erlebt, wie schnell wir den Anschluss verlieren und in eine Schieflage geraten können.

Doch es bringt uns nicht weiter, wenn wir angesichts der andernorts oft üblichen gewaltigen Mobilisierung von Kapital in Schockstarre verfallen. Wir sollten stattdessen unseren Standort einer Gesamtschau unterziehen, alle Versäumnisse und Mängel, aber ebenso alle Chancen und Vorteile vorurteilsfrei in den Blick nehmen.

Dann sehen wir nämlich auch, was wir hierzulande an Besonderem zu bieten haben, worum uns andere beneiden: ein weltweit einmaliges Systemwissen gerade in der industriellen Produktion und immer noch viele Menschen, die eine sehr gute und in vielen Fällen weltweit nach wie vor führende berufliche Schulung durchlaufen haben. Vor allem die duale Berufsausbildung, auf die wir hier im Südwesten Deutschlands besonders großen Wert legen, ist von unschätzbarem Vorteil. Jeder neue Azubi-Jahrgang, den wir in unserer Firma begrüßen dürfen, stimmt mich froh und gehört zu den beglückendsten Momenten im Leben einer Unternehmerin. Hier zeigt sich, was hierzulande immer noch geleistet werden kann.

Und fragen wir uns doch einmal, welche Institutionen den Menschen heute noch Orientierung geben! Es sind immer weniger die Parteien, gesellschaftlichen Milieus, Verbände, Vereine und Kirchen. Diese Institutionen haben an Anziehungskraft verloren, hier hat sich ebenfalls eine »Zeitenwende« vollzogen. Heute sind es oft Betriebe, die Menschen Sinn und Heimat bieten, gerade in ländlichen Regionen und an der Peripherie der Großstädte. Und unter diesen Unternehmen sind es oftmals die inhabergeführten Firmen, die eine besonders große Bindungskraft entfalten.

TRUMPF, das Unternehmen, dem ich seit vielen Jahren meine ganze Kraft widme, feiert in diesem Jahr sein 100-jähriges Bestehen. Grund genug, sich auf die Ursprünge der Firma, auf die historischen Bedingungen des Unternehmertums zu besinnen. Aber auch Anlass, genauer darüber nachzudenken, welche Folgen für den Mittelstand sowohl der rasante technologische Wandel als auch staatliches Handeln und Eingreifen haben.

Heute sind es oft Betriebe, die Menschen Sinn und Heimat bieten, gerade in ländlichen Regionen und an der Peripherie der Großstädte. Und unter diesen Unternehmen sind es oftmals die inhabergeführten Firmen, die eine besonders große Bindungskraft entfalten.

1923, unser Gründungsjahr, war das Jahr der Hyperinflation. Ein einzelnes Ei kostete im Juni »noch« 800 Mark, im Dezember bereits unglaubliche 320 Milliarden Mark. Musste man im Januar 1922 für ein Kilogramm Roggenbrot noch knapp vier Mark aufbringen, waren es ein Jahr später schon 250 Mark und Ende 1923 schwindelerregende

400 Milliarden Mark. Der Preis für eine Tageszeitung sprang im selben Zeitraum von 30 Mark auf 100 Milliarden Mark. Arztpraxen, auch in Stuttgart, baten ihre Patienten infolge der großen Kohlennot, ein Brikett für den Ofen im Wartezimmer mitzubringen …

Im Angesicht der heutigen Debatte lohnt es sich darum, ein ebenso ernstes wie augenzwinkerndes Gedicht Erich Kästners aus dem Jahr 1928 in Erinnerung zu rufen. Kästner, damals noch keine 30 Jahre alt, zeigte in seinen Zeilen über die wirtschaftlichen Verwerfungen der Weimarer Republik erstaunliche Weitsicht und Altersweisheit:

Die Zeit fährt Auto*

Die Städte wachsen. Und die Kurse steigen.
Wenn jemand Geld hat, hat er auch Kredit.
Die Konten reden. Die Bilanzen schweigen.
Die Menschen sperren aus. Die Menschen streiken.
Der Globus dreht sich. Und wir drehn uns mit.

Die Zeit fährt Auto. Doch kein Mensch kann lenken.
Das Leben fliegt wie ein Gehöft vorbei.
Minister sprechen oft vom Steuersenken.
Wer weiß, ob sie im Ernste daran denken?
Der Globus dreht sich und geht nicht entzwei.

Die Käufer kaufen. Und die Händler werben.
Das Geld kursiert, als sei das seine Pflicht.
Fabriken wachsen. Und Fabriken sterben.
Was gestern war, geht heute schon in Scherben.
Der Globus dreht sich. Doch man sieht es nicht.

* Erich Kästner: »Die Zeit fährt Auto«, aus: *Herz auf Taille* © Atrium Verlag, Zürich 1928 und Thomas Kästner.

Dass hohe Abgaben, auch für Unternehmen, und die vollmundige Ankündigung einer Steuersenkung offenbar schon vor 100 Jahren Thema waren, ist zwar ein schwacher, aber aus Kästners Mund ein humorvoller Trost.

Fangen wir an, der Dynamik der sich rasant wandelnden Welt wieder eine klarere Richtung zu geben, die Orientierung schafft und Halt gibt.

Das Gedicht enthält überdies einen durchaus versöhnlichen Kern. Denn so schlimm die Dinge auch zu sein scheinen, »der Globus dreht sich,« schreibt Kästner, »und geht nicht entzwei«. Diese Zuversicht wünschte man heutzutage auch jenen jungen Menschen, die eigentlich Optimisten sein müssten (zumal nach all dem Leid des 20. Jahrhunderts), sich aber – oft leicht egozentrisch – als »die letzte« aller vorangegangenen Generationen bezeichnen.

Mein Vorschlag lautet darum: Fangen wir an, der Dynamik der sich rasant wandelnden Welt wieder eine klarere Richtung zu geben, die Orientierung schafft und Halt gibt. Beginnen wir damit, wieder in den Fahrersitz zu kommen, zumindest hinsichtlich jener Herausforderungen, die wir selbst beeinflussen können. Und beginnen wir, die Erfolgsgeschichte der Bundesrepublik Deutschland und der sie tragenden sozialen Marktwirtschaft inmitten der Globalisierung wiederzubeleben. Niemand ist aus meiner Sicht besser dafür geeignet als ein starker, regional verankerter Mittelstand!

Vom so behaupteten zum echten »Wir«

Noch ein letzter Punkt: Wer so tut, als führe nur ein einziger rettender Weg in die Zukunft, als gebe es eine für alle gültige einzige Vernunft und definiere sich diese über ein gemeinsames »Wir«, handelt nicht im Sinne freiheitlicher Werte, sondern erstickt jeden Widerspruch.

Dieses sogenannte »Wir«, das einem heutzutage ständig entgegengeschleudert wird, wenn in den Diskussionen über Klima-, Verkehrs-, Wärmewendeziele Einwände erhoben werden, schließt nicht ein, sondern grenzt aus.

Wollen *wir* wirklich dieses »Wir«? Welche Sprache sprechen wir? – ein Thema, das mir auch als Philologin am Herzen liegt. Ist es noch die Sprache freier Individuen, wenn wir uns möglichst konform mit politischen Vorgaben zeigen?

Dass jede Technologiefirma heute nachhaltig produzieren will, sowohl aus Überzeugung als auch aus Wettbewerbsgründen, ist eine pure Selbstverständlichkeit und passt in die Kategorie: Eulen nach Athen tragen. Oder das Sparbuch nach Stuttgart. Aber das gebetsmühlenartige Mantra auch der Industrie, dass man die »Wende meistern« werde, obwohl viele Zahlen Anlass zu Zweifeln geben, demonstriert einen Mangel an Souveränität, wirkt anbiedernd und lässt diese Unternehmen klein aussehen.

Im Sinne von Herta Müllers Sentenz: »Es beginnt mit der Sprache« darf man die Wirkung dieser Worte nicht unterschätzen: Wo sich das Bürgertum einst auf seine Eigenverantwortung besann, übernimmt es heute immer öfter ein kollektives »Du musst«, ein Diktum, das mit angeblich unverrückbaren und nicht mehr zur Diskussion stehenden globalen Herausforderungen gerechtfertigt wird. Dabei scheint man geflissentlich zu übersehen, dass auch der Klimaschutz am Ende technologieoffene Innovationen benötigt, die wiederum Investitionen erfordern.

Mit anderen Worten: Wir brauchen, pardon, keine *industrielle Identitätspolitik*, sondern wieder mehr Kritikfähigkeit und Offenheit – sowohl hinsichtlich neuer technischer Möglichkeiten als auch künftiger Technologien.

Auch dafür, eine eigene Meinung zu haben und diese selbstbewusst zu vertreten, steht der deutsche inhabergeführte Mittelstand wie kaum ein anderer Wirtschaftsbereich.

Hören wir also damit auf, ständig Verzicht zu predigen und zu sagen, dass wir nicht mehr fliegen dürfen, wenn wir eine bessere Welt wollen. Oder dass es im Angesicht des Klimawandels nur noch darum gehen kann, auf Teufel komm raus erneuerbare Energien auszubauen, ohne Rücksicht auf verfügbare Flächen oder Zielkonflikte mit dem Naturschutz. Eine derart hermetische Debatte verbietet sich, wenn wir individuelle Freiheit und intellektuelle Redlichkeit noch für das Maß aller Dinge halten.

Denn, um mit dem Schriftsteller Max Bense zu schließen: »Man entgeht nicht der Technik, indem man die Physik verlernt.«

Visionen wagen

Digitalisierung, künstliche Intelligenz, Quantencomputing, GreenTech – in wichtigen Zukunftsbereichen droht Deutschland abgehängt zu werden. Einige Vorschläge, wie wir unsere Innovationskraft erneuern und unsere Technologieführerschaft zurückgewinnen können

Von Holger Hanselka

Deutschland in einer globalisierten Welt

Drei Weltregionen – China, die USA und Europa[1] – generieren heute zu ungefähr gleich großen Anteilen knapp die Hälfte des globalen Bruttoinlandsprodukts (BIP).[2] Deutschland ist zwar ein rohstoffarmes Land, gehört aber als Produzent hochwertiger Hightechwaren zu den Profiteuren des Welthandels und ist trotz beachtlicher Abhängigkeit von Energie- und Rohstoffimporten hinter China und den USA die drittgrößte Exportnation.[3] Allerdings mit abnehmender Kraft. Noch 2008 konnte Deutschland den Titel als Exportweltmeister verteidigen, musste ihn dann aber an China abtreten und wurde 2010 auch von den USA überholt.[4] Sogar im traditionell deutschen Metier, dem Maschinenbau, ging der Titel inzwischen an China. Hier punktet die Volksrepublik insbesondere mit ihrer inzwischen bewährten Strategie »80 Prozent der Qualität für 60 Prozent des Preises«[5] im Vergleich zu Hochwertprodukten. Eine Devise, die inzwischen für viele ökonomisch aufstrebende Länder attraktiv ist.

Welthandel in der Krise

Disruptive Ereignisse wie die Coronapandemie, der Krieg in der Ukraine oder Spannungen im Südchinesischen Meer, die sich kaskadenhaft aufschaukeln und in eine »Polykrise«[6], also in zeitgleich mehrere große Konflikte münden können, wirken wie ein Katalysator. Die Schattenseiten der Globalisierung, des Welthandels und der wirtschaftlichen Interdependenzen gerieten dadurch stärker in den Blick.

Die deutsche Volkswirtschaft ist vor allem durch ihre starke Abhängigkeit von Rohstoffimporten und die internationale Arbeitsteilung betroffen. Gerät der Fluss von Waren und Rohstoffen ins Stocken, sind Produktionsstillstand, Gewinneinbußen und Wohlstandsrückgang die Konsequenz. Was folgt daraus? Nach Jahrzehnten der Globalisierung zeichnet sich sowohl ein deutlicher Trend zu mehr Protektionismus, zum Ausbau von inländischen Produktionskapazitäten und Binnenmärkten als auch ein steigendes Interesse an größerer Selbstversorgung ab. Diese Wende spiegelt sich insbesondere in zwei chinesischen Initiativen wider: »Made in China 2025« und die »Politik der zwei (Wirtschafts-)Kreisläufe«. Beide dienen dem Ziel, Chinas Binnenkonjunktur zu stärken und Exportabhängigkeiten zu reduzieren. Und sie sind als Gegenstück zum US-amerikanischen »Inflation Reduction Act« zu sehen, der in den Vereinigten Staaten unter anderem die inländische Produktion grüner Technologien fördern soll.

Verstärkung der Abhängigkeiten

Deutschland steckt inzwischen in einer prekären Lage, was sich vor allem an unserer Rohstoffabhängigkeit von China und der IT-Abhängigkeit von den USA ablesen lässt. Mittlerweile müssen deutsche Unternehmen 39 von 46 technologisch wichtigen Rohstoffen importieren, allein 94 Prozent der benötigten Seltenerdmetalle Scandium und Yttrium kommen aus China.[7] Die Extraktion und Verarbeitung von Seltenerdmetallen ist jedoch extrem umwelttoxisch, was unter anderem einen hohen Innovationsbedarf erfordert, um einerseits geeignete Alternativen für diese kritischen Rohstoffe zu finden, und um andererseits die Kreislaufwirtschaft so zu optimieren, dass diese Metalle, anstatt sie jedes Mal neu zu importieren, möglichst vollständig für hochwertige Anwendungen wiederbenutzt werden können.

Aber nicht nur bei Rohstoffen ist die deutsche Volkswirtschaft in große Abhängigkeit geraten. In China werden inzwischen 98 Prozent der weltweiten Wafer für Solarpanels produziert, und knapp 77 Prozent der weltweiten Kapazitäten für Batteriefertigungen liegen ebenfalls dort.[8] In der Chipfertigung dominiert mit der taiwanesischen TSMC weltweit ein einziges Unternehmen. In Zahlen: 60 Prozent aller Halbleiter werden in Taiwan gefertigt, bei den fortschrittlichsten Mikrochips sind es sogar 90 Prozent.[9]

Das Innovationspotenzial Deutschlands – Chancen und Defizite

Immerhin: 2021 exportierte Deutschland Hochtechnologiewaren im Wert von 209 Milliarden US-Dollar und belegte damit nach China (einschließlich Hongkong) den zweiten Platz.[10] Der vom deutschen Unternehmen BioNTech entwickelte mRNA-Impfstoff hat einen entscheidenden Beitrag zur globalen Bewältigung der Coronapandemie geleistet. 35 Prozent der chinesischen Unternehmen nutzen ERP-Software der baden-württembergischen Firma SAP. Damit will die Volksrepublik insbesondere ihre Initiative »Made in China 2025« vorantreiben, deren Ziel es ist, die eigene Fertigungsindustrie nach dem Vorbild »Industrie 4.0« auszubauen.[11]

Alle Rankings attestieren Deutschland einerseits Stärken in der akademischen Ausbildung und bei Patenten, andererseits Schwächen rund um die Digitalisierung sowie bei der finanziellen Unterstützung von Start-ups und Technologieinnovationen in Unternehmen.

Auch andere Rankings attestieren Deutschland nach wie vor Innovationskraft. Beim World Competitiveness Index des Schweizer International Institute for Management Development belegte Deutschland 2022 Rang 15. Damit lag es zwar hinter den USA (Rang 10), aber vor China (Rang 17). Dieses Ranking bewertet die Kompetenzen eines Landes bei der Erzielung langfristiger Wertschöpfung im Hinblick auf Wirtschaft, Business, Institutionen und Infrastruktur.[12] Während Deutschland hier zwischen 2018 und 2022 ziemlich konstant die Plätze 15 und 17 belegte, verzeichneten insbesondere die USA einen Abstieg von Platz 1 auf Platz 10, und auch China verschlechterte seine Ausgangsposition und fiel von Platz 13 auf zwischenzeitlich Platz 20.

Beim Global Innovation Index (GII), einer Rangliste der Innovationsfähigkeit von 132 Ländern, stand Deutschland 2022 sogar auf Platz 8, der höchste Wert seit 2009. Es punktete insbesondere bei Humankapital und Forschung.[13] Alle Rankings attestieren Deutschland einerseits Stärken in der akademischen Ausbildung und bei Patenten, andererseits Schwächen rund um die Digitalisierung sowie bei der finanziellen Unterstützung von Start-ups und Technologieinnovationen in Unternehmen.

Allerdings würde Deutschland ohne diese Schwächen in den Vergleichen noch deutlich weiter oben liegen, man darf diese Schwächen deshalb nicht kleinreden. Insbesondere die Mängel bei der Umsetzung, der Eigenproduktion und der Kommerzialisierung in vielen Bereichen der Digitalisierung erhöhen die Gefahr, dass Deutschland bei wichtigen Zukunftstechnologien den Anschluss verlieren könnte. Der aktuelle Index zur Digitalen Dependenz (DDI), erhoben von der Konrad-Adenauer-Stiftung, attestiert Deutschland zum Beispiel eine sehr hohe Abhängigkeit von ausländischen Digitaltechnologien, die in den vergangenen Jahren immer größer geworden ist.[14] Deshalb ist es wichtig, ja geradezu essenziell für Deutschland, seine Kompetenzen im Bereich der Digitalisierung und ihrer Umsetzung massiv zu verbessern – und zwar in allen Bereichen. Nur so bleibt das Land innovativ und wettbewerbsfähig.

Was aber sind Zukunftstechnologien? Vor allem solche wissenschaftlichen Anwendungen und Technologien, die einen hohen Neuheitsgrad aufweisen oder erst in Zukunft realisiert werden können, aber deren (Weiter-)Entwicklung unsere (Um-)Welt, Gesellschaft und Wirtschaft stark prägen wird. Der nächste Technologiezyklus wird vor allem die sogenannte »Deep Tech« in den Blick nehmen, das heißt die besonders forschungsintensiven Technologien sowie die Bereitstellung von nachhaltigen, resilienten und bezahlbaren Systemlösungen, die eine Antwort auf besonders drängende wissenschaftliche und technische Herausforderungen geben sollen.

So galten einst PC-, Informations- und Kommunikationstechnologien (IKT) als Zukunftstechnologien, inzwischen gehören sie zu den wichtigsten Grundlagen der modernen Welt und sind der Schlüssel für künftige Innovationen, etwa auf den Gebieten der Energietechnik, Materialwissenschaften, Agrarforschung oder Medizin. Und was für Deutschland besonders wichtig ist: Keine relevante Zukunftstechnologie wird mehr ohne ein starkes Digitalisierungsfundament auskommen. Dazu zählen vor allem künstliche Intelligenz (KI), Cybersicherheitslösungen, Cloud- und Plattformdienste sowie Hochleistungsrechner.

Zukunftsfähige KI muss noch ihren Weg finden – Chancen für Europa

Gerade die neuesten KI-Entwicklungen zeigen, dass ein Richtungswechsel in der Technologieentwicklung erforderlich ist. Diesen notwendigen Wandel unterstreicht auch die jüngste Kritik an der sogenannten generativen KI, beispielsweise im Hinblick auf die Qualitätssicherung der Ergebnisse sowie den Datenschutz und Energieverbrauch bei ChatGPT. Bei generativer KI werden sogenannte Deep-Learning-Algorithmen eingesetzt, also eine spezielle Methode der Informationsverarbeitung als Teilbereich des maschinellen Lernens (ML), um mit ihrer Hilfe aus einem großen Datensatz automatisch neue Outputs in Form von authentisch wirkenden Text-, Bild- oder Audioinhalten zu generieren. Mit der richtigen Datengrundlage kann das Prinzip von ChatGPT beispielsweise auch eine Grundlage für die Protein- und Materialforschung bieten, da linguistische und chemische Strukturen logische Ähnlichkeiten aufweisen.[15]

Worauf erstreckt sich also die Kritik an der generativen KI? Eine der Hauptgefahren liegt darin, dass nur sehr schwer überprüft werden kann, wie die Ergebnisse zustande gekommen sind, das heißt, ob sie von Menschen oder KI-Systemen erstellt wurden und wie hoch ihr faktischer Wahrheitsgehalt ist. Angesichts heutiger Praktiken der Informationsverbreitung können sich Falschinformationen, sogenannte

»Fake News« und »alternative Fakten«, sehr schnell unkontrolliert global verbreiten und sogar politische Geschehnisse beeinflussen. Deshalb sind von überragender Bedeutung auch solche Technologien, die erstens für eine hohe Qualität und Rechtskonformität der verwendeten Daten sorgen, zweitens Informationen auf ihren faktischen Wahrheitsgehalt überprüfen und drittens die Entstehung der Daten und Information zurückverfolgen sowie gesicherte Fakten und Naturgesetze in die Erstellung der Ergebnisse einbeziehen. Das alles sind wichtige Themen, für die sich insbesondere Europa stark engagiert und die bei Akteuren aus den USA und China bislang eher weniger Beachtung fanden.

Twin Transition – die zukünftige Einheit von IKT und Green Tech

Substanzielle Innovationen werden auch für den Kampf gegen den Klimawandel benötigt, insbesondere im Bereich der Energieerzeugung und des Energiemanagements, aber auch auf Feldern wie den Agrarwissenschaften, der Biotechnologie, der industriellen Fertigung und Mobilität. Hier nimmt die Informations- und Kommunikationstechnologie (IKT) eine ebenso zentrale Rolle ein, etwa bei hochkomplexen Berechnungen, Simulationen und Analysen. Eine Studie des Branchenverbands Bitkom schätzt, dass durch eine gezielte und beschleunigte Digitalisierung hierzulande bis 2030 die CO_2-Emissionen um 152 Megatonnen CO_2-Äquivalent reduziert werden könnten. Diese Menge entspräche bereits 41 Prozent der notwendigen Einsparungen, die erforderlich wären, um die selbst gesteckten Klimaziele zu erreichen.[16]

Genau an diesem Punkt setzt das von der Europäischen Kommission verabschiedete Konzept der Twin Transition (doppelte Transformation) an. Es will Digital- und Nachhaltigkeitstechnologien miteinander verzahnen – und zwar mit dem Ziel einer gleichzeitigen Beschleunigung der grünen und der digitalen Wende.[17] Um im gleichen Atemzug sowohl mehr Klimaschutz, eine größere Ressourceneffizienz als auch eine Skalierung der Rechenkapazitäten zu erzielen, ist es unbedingt notwendig, die Energieeffizienz sowohl von Mikroelektronik, KI-Lösungen, ML-Trainingsprozessen und Algorithmen als auch von Datenspeicherung, Datenverarbeitung und Datentransfer zu steigern.

Vorbild Gehirn: neuromorphes Computing

Wann immer es um die Entwicklung von Zukunftstechnologien geht, dient das menschliche Gehirn als Vorbild. Im Bereich der Computingtechnologien werden zum Beispiel neuromorphe und quantenbasierte Architekturen als besonders zukunftsträchtig angesehen. Neuromorphe Hardware ist der Struktur des menschlichen Gehirns nachempfunden, das mit einer Leistungsaufnahme von 20 Watt im Gegensatz zu jenen zehn Megawatt eines Supercomputers extrem energieeffizient arbeitet. Auch wenn neuromorphes Computing (NC) wohl nicht an die Fähigkeiten des biologischen Vorbilds heranreichen wird, bietet es doch die Möglichkeit eines enorm leistungsfähigen und energieeffizienten Trainings von tiefen neuronalen Netzwerken. Damit kann beispielsweise eine Datenverarbeitung bereits direkt am oftmals kleinen Sensor stattfinden, ohne dass die Daten erst zu einer Cloud oder einem Großrechner zur Verarbeitung geleitet werden müssen. Das würde zu signifikanten Energieeinsparungen führen.

In diesem zukunftsträchtigen Bereich der NC verfügt Deutschland durchaus über beachtliche wissenschaftliche Kompetenzen und ein breites Forschungsportfolio. Doch bei der Umsetzung dieser Technologie in Marktprodukte liegen US-Akteure weit vorn. Einer der Gründe dafür ist der weit bessere Zugang der US-Amerikaner zu eigenen Chipproduktionen. Topinhaber von NC-Patenten sind derzeit überwiegend Unternehmen aus den USA und Ostasien. Deshalb ist es so wichtig, die Strategien des European Chips Act, demzufolge die EU ihre Produktionskapazität von Halbleitern bis 2030 von derzeit neun auf 20 Prozent des Weltmarkts steigern will, auch auf Zukunftsthemen wie NC zu erweitern.

Aber auch beim Supercomputing gewinnt die Verringerung des CO_2-Fußabdrucks eine immer stärkere Bedeutung. Damit eröffnen sich gerade für Deutschland und Europa ungeahnte Chancen.

Hochleistungsrechnen wird grün

Geht man strikt nach der Anzahl der Rechenanlagen, dominieren China und die USA das Feld des Supercomputings. Aber auch bei diesem Hochleistungsrechnen gewinnt die Verringerung des CO_2-Fußabdrucks eine immer stärkere Bedeutung. Damit eröffnen sich gerade für Deutschland und Europa ungeahnte Chancen, weil sie bei der Entwicklung energieeffizienter Technologien weltweit führend sind. So stammen unter den »Green500«, also den besonders energieeffizienten Supercomputern, fünf der zehn Besten aus Europa, davon zwei aus Deutschland. Von jenen Supercomputern, die zu den Top 20 sowohl beim Green500-Ranking gehören als auch beim Top500-Ranking, das den Fokus auf die Geschwindigkeit legt, kommen drei aus Europa, einer aus den USA, aber keiner aus China.[18]

Quantencomputing – die nächste Computingrevolution

Ein weiteres großes Zukunftsthema ist das Quantencomputing. Denn selbst Supercomputer-Cluster stoßen inzwischen im Zuge immer komplexerer Aufgabenstellungen, etwa für molekulare Analysen in der Chemie-, Material- und Pharmaforschung oder für die effiziente Koordination globaler Logistikströme, an ihre Leistungsgrenze. Quantencomputer könnten hier einen Paradigmenwechsel einleiten, da sie – im Gegensatz zum klassischen Computer – mit sogenannten Qubits als kleinste Informationseinheit nicht nur die Zustände $|0\rangle$ und $|1\rangle$ codieren können, sondern auch jegliche sich hieraus ergebenden Linearkombinationen. So lassen sich Berechnungen, für die ein »klassischer« Computer mehrere Arbeitsvorgänge nacheinander ausführen muss, bereits mit einer einzigen Abfrage durchführen. Das heißt, es werden Anwendungen möglich, die mit klassischen Computern nicht realisierbar sind. Die USA, Kanada und China haben bereits eigene kommerzielle Quantencomputer entwickelt, Israel und Japan verfügen über entsprechende Vorrichtungen aus Eigenentwicklungen an Forschungsinstituten.

Weil die Europäer bei der Entwicklung des Internets, von Software und IT-Plattformen den USA das Feld überließen, haben sie eigene Kompetenzen eingebüßt. Dennoch ist Deutschland im Bereich der Energie- und Umwelttechnologien führend und besitzt fundiertes Know-how.

Bislang arbeiten Quantenrechner noch auf einer recht rudimentären 100-Qubit-Skala. Europa jedoch will bis 2030 einen eigenen Quantencomputer mit 1000 Qubits entwickeln und fertigstellen. 28 Unternehmen und Forschungseinrichtungen aus neun europäischen Ländern und Israel wirken daran mit. Auch Deutschland ist stark beteiligt, hat sich doch auf diesem Technologiefeld mittlerweile eine vielseitige und kompetente Start-up-Szene formiert. Allerdings erschwert der Mangel an finanzstarken großen IT-Tech-Konzernen, die es hingegen in den USA oder Ostasien zuhauf gibt, die Umsetzung.

Deutschlands Stärken: Green Tech, Energie- und Wasserstofftechnologien

Weil die Europäer bei der ersten digitalen Technologiewelle, also der Entwicklung des Internets, von Software und IT-Plattformen den USA das Feld überließen, haben sie wichtige eigene Kompetenzen eingebüßt. Dennoch ist Deutschland im Bereich der Energie- und Umwelttechnologien führend und besitzt fundiertes Know-how.

Wie einst die Einführung moderner IKT werden jetzt die globale Energiewende und das notwendige Umdenken hinsichtlich des Umgangs mit Ressourcen und Abfällen eine weltweite Revolution auslösen – und zwar in so gut wie allen Bereichen. Damit einhergehen wird ein exponentieller Bedarf an neuen Technologien, an Infrastrukturen, Forschungszweigen, Produktdesigns und Fachkompetenzen. Ist heute die IKT ein zentraler Pfeiler der unternehmerischen Wettbewerbsfähigkeit, wird es morgen die Green Tech sein.

Schon jetzt ist Green Tech, also Umwelt- und Umweltschutztechnologien, erneuerbare Energien sowie Lösungen für eine größere Ressourcen- und Energieeffizienz, ein weltweiter Wachstumsmarkt, in dem Deutschland mit führend ist. Bei diesen Technologien haben deutsche Unternehmen derzeit schon einen Anteil von 14 Prozent des Weltmarktes. Bis 2030 könnte dieser Markt schätzungsweise ein Volumen von über neun Billionen Euro erreichen.[19] Und gerade hier zahlen sich Deutschlands traditionelle Stärken aus, vor allem im Maschinen- und Anlagenbau, im Bereich großtechnischer Systeme, aber auch bei der Materialforschung, Chemie und Biotechnologie. Auch sind deutsche Unternehmen auf einem guten Weg, sich international auf dem Feld grüner IKT und energieeffizientem Hochleistungsrechnen zu behaupten.

<u>Damit Deutschland seinen Vorsprung bei Green Tech nutzen und hier als »First-Mover« internationale Akzente setzen kann, kommt es entscheidend darauf an, Ideen und Entwicklungen schnell am Markt umzusetzen und entsprechende Geschäftsmodelle zur Reife zu bringen.</u>

Mehr noch: Im Bereich der internationalen Patentfamilien zum Thema Wasserstoff liegt Europa mit einem Anteil von 28 Prozent (Datenlage 2011 bis 2020) weltweit vorne, gefolgt von Japan und den USA; innerhalb Europas führt Deutschland mit elf Prozent.[20] Auch im größeren Spektrum der Elektrik und Energietechnik (inklusive Stromversorgung und elektrischer Energieversorgungssysteme) liegt Deutschland im EPO-Patentranking mit einem weltweiten Anteil von 14,4 Prozent (Stand 2022) knapp hinter Japan an zweiter Stelle.

Damit Deutschland seinen Vorsprung bei Green Tech nutzen und hier als sogenannter »First-Mover« internationale Akzente setzen kann, kommt es entscheidend auf zweierlei an: Ideen und Entwicklungen schnell am Markt umzusetzen und ebenso schnell entsprechende Geschäftsmodelle zur Reife zu bringen. Doch werden derartige komplexe Transformationen kaum im Alleingang erfolgreich sein. Dafür braucht es geeignete Partnerschaften, insbesondere mit europäischen Staaten, aber auch mit Ländern des Globalen Südens. Europäische oder gar weltweite Wasserstoffnetzwerke sind dafür bereits ein gutes Beispiel. Doch müssen diese Geschäfte zwischen den Staaten auf gleicher Augenhöhe getätigt werden. Mit anderen Worten: Der Globale Süden darf dabei nicht in erneute Abhängigkeit geraten.

Außerdem müssen Fertigungskompetenzen und Fertigungskapazitäten für solche neuen Energietechnologien, insbesondere im Bereich der Solar-, Batterie- und Brennstoffzellen, wieder verstärkt nach Deutschland und Europa geholt werden, denn hier liegen große Potenziale für die Industrie. Es geht dabei nicht nur darum, die Produktionskapazität bereits bestehender Technologien zu erhöhen, sondern zugleich sollte auch die Hochskalierung der nächsten Generationen wirksamerer grüner Energietechnologien vorangetrieben werden. Denn Ziel muss es sein, Europas und Deutschlands Vorreiterstellung als Exporteur grüner Technologien auszubauen. Dank seiner exzellenten Wissensbasis in den Bereichen Forschung und Entwicklung (F&E) besitzt unser Kontinent dafür die besten Voraussetzungen. So bricht zum Beispiel die deutsche Photovoltaikforschung regelmäßig ihre eigenen Weltrekorde, die sie hinsichtlich des Wirkungsgrades dieser Technologie selbst aufstellt.

Auch mal Visionen wagen

Um Deutschlands Zukunftsfähigkeit müsste man sich keine großen Gedanken machen, würde man auch die Akzeptanz und konstruktive Auseinandersetzung mit längerfristigen, visionären Themen und weiter in die Zukunft reichenden Ideen stärken. Ein Beispiel dafür ist die Fusionstechnologie. Darunter versteht man die Energiegewinnung in Anlehnung an die Sonne durch das Verschmelzen zweier leichter Atomkerne zu einem schwereren Kern. Um diese Verschmelzung zu ermöglichen, müssen extreme Temperaturen und ein extremer Druck erzeugt und über eine bestimmte Zeit aufrechterhalten werden. Das kann entweder mittels Plasmaeinschlusses durch Magnetfelder oder mittels Trägheitseinschlusses geschehen.

Auch wenn eine kommerzielle Energiegewinnung auf diese Art vor 2050 nicht erwartet wird, gelang es im Dezember 2022 erstmals an der US National Ignition Facility (NIF), mehr Energie aus einer lasergetriebenen Fusionsreaktion zu gewinnen, als Energie durch die Laser für Kompression und Aufheizung des Plasmas aufgewendet werden musste, kurzum, das Plasma wurde gezündet. Dieser Durchbruch nach mehr als 60 Jahren Forschung und Entwicklung wäre nicht möglich gewesen ohne die Zusammenarbeit von zahlreichen Institutionen und Wissenschaftlerinnen und Wissenschaftlern aus der ganzen Welt mit einer gemeinsamen Vision. Neben den FuE-Aktivitäten wissenschaftlicher Einrichtungen arbeiten weltweit inzwischen auch mehrere Start-ups – unter anderem in Deutschland – an Lösungen zur Nutzung der Fusionstechnologie. Insbesondere durch seine Stärken in den Bereichen der Laser- und Target-Technologie, Materialforschung und Produktionstechnik kann Deutschland hier essenzielle Beiträge leisten, die – wie es beispielsweise in vielen Bereichen der Weltraumforschung der Fall ist – über die Fusionstechnologie hinaus Innovationen und neue Hightech-Absatzmärkte schaffen können.

Was muss getan werden, damit Deutschland und Europa im globalen Technologiewettbewerb bestehen können?

(a) Innovationssysteme ganzheitlich denken

Angesichts sowohl der wachsenden wissenschaftlichen, technologischen und sozioökonomischen Komplexität als auch der Notwendigkeit, Lösungen für drängende globale Herausforderungen wie etwa den

Klimawandel und Umweltfragen zu finden, sind Alleingänge nicht zielführend. Ebenso wenig wie die oft fragmentierten Vorgehensweisen zwischen Forschungszweigen und Forschungsausrichtungen. Entscheidend ist darum die Förderung komplementärer Zusammenarbeit sämtlicher Akteure des Innovationssystems, denn nur so wird Deutschland im harten globalen Wettbewerb um Zukunftstechnologien erfolgreich bestehen können.

Das heißt, außeruniversitäre Forschungseinrichtungen, Hochschulen und Wirtschaft müssen ihre Anstrengungen bündeln und synergetische Partnerschaften eingehen. Denn Ziel muss es sein, ganzheitliche Innovationsansätze zu entwickeln. Sie umfassen den gesamten Prozess, von der Ideenfindung und Validierung über die Entwicklung und den Transfer bis zur Geschäftsmodellentwicklung und Kommerzialisierung. Darum sollten außeruniversitäre Forschungseinrichtungen dabei unterstützt werden, ihre Zusammenarbeit auszubauen und die Kooperation mit Universitäten und Hochschulen zu vertiefen. Derartige Partnerschaften sind essenziell. Einerseits überwinden sie die gedanklichen Mauern zwischen »angewandter« und »Grundlagen«-Forschung, andererseits fördern sie das Zusammenspiel zwischen erkenntnis- und wirtschafts- beziehungsweise marktorientierter Forschung. Auf diese Weise ließen sich ganzheitliche Lösungen weit schneller als bisher entlang aller Technologiereifegrade erschließen.

Was müsste dafür weiter geschehen? Um den erfolgreichen Transfer von Forschungsergebnissen, also die Umsetzung von Innovationen in Marktprodukte, sicherzustellen, sollten Unternehmen in das Innovationsökosystem einbezogen werden. Zum Beispiel indem man die Errichtung von Innovations- und Kommerzialisierungshubs strategisch vorantreibt, also Knotenpunkte schafft, in denen Erfindungen und deren unternehmerische Umsetzung gezielt zusammenkommen.

So könnten Cluster aus mittelständischen Betrieben, Großunternehmen und Forschungsorganisationen Keimzellen für die Entwicklung skalierbarer Forschungslösungen bilden – mit der Folge, dass sich Innovationszyklen verkürzen und Produkte oder Dienstleistungen schnellere Marktreife erreichen würden.

Bei alledem sollten jedoch nicht nur Einzeltechnologien im Mittelpunkt stehen, sondern das Augenmerk auch zunehmend auf Systemlösungen im Sinne einer ganzheitlichen Transformationsstrategie gelegt werden. Dies setzt jedoch in der frühen Phase des Transfers von der Forschung in die Anwendung eine erhöhte Risikobereitschaft gepaart mit einer späteren Phase der Stringenz aufseiten der Unternehmen voraus, um tatsächlich auch radikal neue Innovationen implementieren und besetzen zu können. Mit anderen Worten: Man sollte nicht vorzeitig aufgeben, sondern auf neue Entwicklungen setzen und konsequent deren Umsetzung verfolgen, selbst wenn sich der Wert der Investitionen erst zeitverzögert realisiert. Wenn dabei gezielt und visionär die bereits beschriebenen Stärken des deutschen Innovationssystems in den Vordergrund rücken, dient dies der Sicherung künftiger Geschäftsfelder.

(b) Innovationsallianzen und Partnerschaften zwischen Wirtschaft und öffentlicher Hand ausbauen und stärken

Wichtig für die Zukunftsfähigkeit des Forschungs- und Industriestandorts Deutschland wäre auch eine weitere Stärkung von Public-Private Partnerships (PPP), also der Zusammenarbeit zwischen öffentlicher Hand und privaten Unternehmen. Derartige PPP-Initiativen, wie etwa die gemeinschaftliche Forschung im Vorfeld unternehmerischen Wettbewerbs, könnten ein geeigneter Anreiz für die Ansiedlung von Produktionsbetrieben im Bereich der Zukunftstechnologien sein. So ließen sich auch Produktions-Know-how und hochwertige

Arbeitsplätze in Deutschland halten. Das heißt, sowohl der vorwettbewerbliche Charakter von PPP-Initiativen als auch die staatliche Beteiligung würden einen gemeinsamen Innovationsanreiz bieten und damit auch für Unternehmen, die bei Innovationen als sogenannte »First-Mover« vorangehen, das Risiko verringern, dass sie sämtliche Forschungs- und Entwicklungskosten alleine tragen müssen.

Wichtig für die Zukunftsfähigkeit des Forschungs- und Industriestandorts Deutschland wäre auch eine weitere Stärkung von Public-Private Partnerships (PPP), also der Zusammenarbeit zwischen öffentlicher Hand und privaten Unternehmen.

Das PPP-Format erlaubt also ein gemeinsames ziel- und innovationsorientiertes Vorgehen von Wissenschaft, Forschung und Politik. Damit wird zugleich sichergestellt, dass übergeordnete gesellschaftliche Ziele wie Klimaneutralität, technologische Souveränität und Resilienz berücksichtigt werden und nicht dem rein auf Gewinn ausgerichteten Wettbewerbsdruck zum Opfer fallen. Und dank der Beteiligung der Industrie wird auch von Anfang an eine privatwirtschaftliche Übernahme entstehender Produktionsstätten attraktiver und das finanzielle Risiko für die öffentliche Hand gesenkt.

Die Lösung großer Herausforderungen und der Erhalt globaler Innovations- und Wettbewerbsfähigkeit sind eine gesamtgesellschaftliche Aufgabe. Hieran sollten sich Akteure sowohl aus Forschung als auch aus Bildungseinrichtungen, Unternehmen, Politik und Zivilgesellschaft beteiligen und in sogenannten Innovationsallianzen zusammenarbeiten. Dann kann es gelingen, neue Ideen schnell und nachhaltig in Produkte umzusetzen – und zwar zum Vorteil sowohl der Menschen als auch der Umwelt und der Wirtschaft.

Im Vergleich zu China und den USA sind die europäischen Staaten klein. Umso wichtiger sind darum ihr Zusammenschluss und Zusammenhalt in der Europäischen Union (EU) – dem größten Binnenmarkt der Welt. Das gilt insbesondere für die drängenden Fragen unserer Zeit wie Klimaschutz, Wirtschaft, Sicherheit und die Gewährung gemeinsamer Grundwerte, alles Themen, bei denen die EU inzwischen eine globale Vorreiterrolle einnimmt. Es ist eine uralte Taktik, eine starke Gemeinschaft zunächst durch Säen von Zwiespalt und Anheizen interner Rivalitäten zu schwächen und dann letztendlich zu übernehmen. Das Konstrukt und die Idee der EU sind jedoch viel zu bedeutend, um sie aufs Spiel zu setzen. Deshalb ist es jetzt besonders wichtig, die Europäische Union zu stärken und trotz aller internen Differenzen das große Gemeinsame und Verbindende in den Blick zu nehmen. Gemeinsam sollten wir Europäer uns den großen Herausforderungen der Gegenwart und Zukunft stellen und ein globales Vorbild sein.

(c) Innovationsfreundliche Rahmenbedingungen schaffen

Für Innovationssysteme ist die Agilität ein zentraler Erfolgsfaktor. Deswegen müssen staatliche Regulierungen insgesamt wissenschafts- und industriefreundlicher werden. Überregulierungen sollten darum verringert und Bürokratie abgebaut werden. Andernfalls drohen weitere Einbußen unserer internationalen Konkurrenzfähigkeit. Aber auch unzulängliche Möglichkeiten für die Finanzierungen von Innovationsprozessen, der Fachkräftemangel und hohe Energiekosten wirken sich nachteilig auf unsere Wettbewerbsfähigkeit aus. Was also sollte geschehen? Vier Vorschläge:

1. Anpassung des Vergabe- und Förderrechts: Öffentliche Förderprogramme müssen so gestaltet werden, dass sie die Möglichkeiten für

unternehmerisches Handeln verbessern und Anreize für eine Kooperation zwischen Partnern in regionalen Innovationssystemen bieten.

2. Schaffung von innovationsfreundlichen Freiräumen, damit neue Technologien (weiter-)entwickelt werden können: Ein hervorragendes Hilfsmittel dafür sind beispielsweise sogenannte Reallabore. Solche Testräume für neue Technologien und regulatorisches Lernen sind eine gute Möglichkeit, um den praktischen Einsatz ohne Innovationshemmnisse zu erproben. Sie geben auch dem Staat die Gelegenheit, diese Testphase zu begleiten und den Rechtsrahmen entsprechend der neuen Erkenntnisse flexibel anzupassen oder neu zu zimmern. Wichtig dafür wäre die politische Verankerung einer gesetzlich geregelten Experimentierklausel.

3. Die erfolgreiche Marktumsetzung einer Innovation erfordert Gesetze, die diesen Transfer fördern oder gar verpflichtend einfordern. Voraussetzung dafür wäre ein Grundstock an staatlichen Rahmenbedingungen, die Veränderungsprozesse begünstigen, etwa im Rahmen eines »Transferfreiheitsgesetzes« für das gesamte Innovationssystem. Darunter würde zum Beispiel fallen, dass man die Förderung von Ausgründungen als gemeinnützig anerkennt oder Förderbescheide entsprechend ausgestaltet, sodass diese den Transfer auch für die »letzte Meile« zulassen (etwa indem Unternehmen die geförderten Infrastrukturen nutzen können).

4. Erleichterungen bei der Gründung erfolgreicher Start-ups: Diese Unternehmen bringen Innovationen und oftmals radikal neu gedachte Produkte, Dienstleistungen und Geschäftsmodelle auf den Markt, mit denen sich Kundenbedürfnisse auf eine neue Weise befriedigen lassen. Start-ups schaffen außerdem Arbeitsplätze, kurbeln die Wirtschaft an und können sich manchmal sogar zu großen Firmen entwickeln oder die Innovationsfähigkeit bereits etablierter Unternehmen verbessern.

Im Gegensatz zu anderen Staaten ist die Gründerquote für Start-ups in Deutschland jedoch vergleichsweise gering und liegt weit hinter jener in Nordamerika, aber auch in Großbritannien, den Niederlanden und Frankreich. Obwohl hierzulande in den vergangenen Jahren auch von staatlicher Seite Anstrengungen unternommen wurden, die Start-up-Szene sowohl finanziell als auch mit Beratungs- und Vernetzungsprogrammen zu unterstützen, sehen viele Gründerinnen und Gründer noch starken Verbesserungsbedarf beim Bürokratieabbau, im komplizierten Steuerrecht und beim schnelleren Zugang zu öffentlichen Fördermitteln und privater Finanzierung. Hinderlich sind außerdem die mangelnde Digitalisierung, insbesondere im ländlichen Raum, sowie Unsicherheiten bei der Existenzfinanzierung.[21]

Das öffentliche Fördersystem könnte den Transfer von Technologien in marktreife Lösungen maßgeblich ankurbeln, indem es beispielsweise Transferziele gleichauf mit wissenschaftlichen Zielen bewertet und bewusst wie systematisch Unterstützung für geeignete Transfermaßnahmen gewährt. Insgesamt gilt es, klassische Stärken des deutschen Innovationssystems nicht aus den Augen zu verlieren. Neben Start-up-Gründungen und sogenannten Sprunginnovationen, also Innovationen mit besonders starker und positiver Tragweite für die Wirtschaft und Gesellschaft wie etwa die Entwicklung des mRNA-Coronaimpfstoffes, bleibt die kontinuierliche Stärkung des Mittelstands durch Auftragsforschung ein weltweites Alleinstellungsmerkmal.

(d) Standards und Normen als wirtschafts- und innovationspolitisches Instrument verankern

Unsere Erfolge bei der globalen Durchsetzung von Normen und Standards haben einen entscheidenden Beitrag geleistet, dass Deutschland sich zum Exportweltmeister entwickeln konnte. Doch diese Spitzenstellung ist stark gefährdet und in einigen Bereichen kaum noch zu halten. Das ist vor allem deshalb problematisch, weil entsprechende Standardisierungsaktivitäten nicht mehr nur der Qualitätssicherung dienen, sondern immer öfter auch als ein strategisches Mittel eingesetzt werden mit dem Ziel, sich im wirtschaftlichen und geopolitischen Wettbewerb durchzusetzen und die Oberhand zu gewinnen.

So betreibt gerade China in letzter Zeit die gezielte Ausweitung seiner Normierungsaktivitäten, indem es zum Beispiel systematisch Personen in Gremien platziert, die dafür sorgen, dass sich insbesondere in Zukunftstechnologien wie KI, Multimedia, 5G-/6G-Mobilfunkstandards, Robotik und autonomem Fahren chinesische Innovationen verbreiten. Dies erleichtert zudem chinesischen Unternehmen, sich auf den neuen Märkten des Globalen Südens und in Zentralasien zu etablieren. Die deutsche Regulatorik sollte hier ihre Möglichkeiten vollends ausschöpfen, indem sie das Setzen von Standards und Normen als einen strategischen Pfad für den Transfer von Technologien in marktreife Lösungen begreift und das so auch in ihren Förderprogrammen verankert. Natürlich brauchen diese Normierungsarbeiten Zeit und Ressourcen. Dieser nicht geringe Aufwand muss ebenso berücksichtigt werden wie die Tatsache, dass IP-Entwicklung und Portfoliogestaltung – insbesondere bei Patenten, die für die Standardsetzung essenziell sind – ein strategischer Innovations- und Standortfaktor sind und darum einer gezielten Förderung bedürfen.

(e) Staatliche Anreize schaffen und Innovationsnachfrage generieren

Vom Staat gesetzte Anreize spielen ebenso eine zentrale Rolle bei der Beschleunigung von Zukunftstechnologien. Sie umfassen nicht nur Forschungsförderrichtlinien und -programme, sondern auch Instrumente einer innovationsorientierten Finanz- und Industriepolitik. Ein besonders positives Beispiel dafür ist die Einführung der steuerlichen Forschungsförderung im Jahr 2019. Eine ähnliche Zielrichtung verfolgt der Inflation Reduction Act, mit dem die USA vor allem die Produktion heimischer grüner Technologien stärken wollen – und zwar vor allem mithilfe von Steuererleichterungen und Subventionen.

Wichtig ist außerdem, dass Anreize für lediglich inkrementelle Weiterentwicklungen im Rahmen althergebrachter Lösungen vermieden werden, denn letztendlich sind sie ein Innovationshindernis. Ein klassisches Negativbeispiel dafür ist das Steuerprivileg für Dieselkraftstoff. Hilfreich wären hingegen der Abbau transformationsschädlicher Subventionen und ein Umbau des Steuersystems zur Förderung nachhaltiger Technologien. Sie böten einen technologieoffenen Anreiz, um private Investitionen der Unternehmen zu bündeln, und würden zugleich zukunftsträchtige und transformationsförderliche Innovationen motivieren.

Um Zukunftstechnologien schneller auf den Markt zu bringen, könnte die Bundesregierung das Instrument der innovativen öffentlichen Beschaffung öfter gezielt einsetzen. Die öffentliche Hand als Vorreiterin bei der Einführung von Zukunftstechnologien – das wäre nicht nur ein weithin sichtbares positives Signal für die deutsche Wirtschaft, sondern würde im gleichen Atemzug die Effizienz der öffentlichen Hand steigern. Gerade mit Blick auf die aktuellen Entwicklungen in der KI, der Digitalisierung im Gesundheitswesen oder der Cybersicherheit sollte der öffentliche Sektor statt Schlusslicht erster Anwender sein. Insbesondere für junge Unternehmen und Start-ups könnten staatliche Beschaffungen – jenseits der nach wie vor notwendigen Risikofinanzierung – große Dynamik entfalten.

Wichtig ist, dass Anreize für lediglich inkrementelle Weiterentwicklungen im Rahmen althergebrachter Lösungen vermieden werden, denn sie sind ein Innovationshindernis. Ein Negativbeispiel dafür ist das Steuerprivileg für Dieselkraftstoff.

Für die Wettbewerbsfähigkeit künftiger Schlüsseltechnologien wären auch eine größere inländische innovationsfreundliche Nachfrage und Verbreitung dieser Produkte erforderlich. Denn sie würden im Markt sofort Sogwirkungen für weitere Investitionen erzeugen. Außerdem könnten Deutschland und Europa neben der eben erwähnten direkten staatlichen Nachfrage auch mithilfe einer Transformationsagenda Anreize für Produktinnovationen erzeugen. Beispiele dafür gibt es zuhauf, wie unter anderem die Kreislaufvorgaben der EU, das Klimaschutzgesetz mit dem Ziel der Klimaneutralität bis 2045 oder das Aus für neue Autos mit Verbrennungsmotor ab 2035. Um Technologien, Produkte und Dienstleistungen möglichst klimaneutral, energieeffizient und nachhaltig zu gestalten, könnten auch eine CO_2-Besteuerung und zertifizierte Nachhaltigkeitslabels zusätzliche Wettbewerbsanreize liefern.

(f) Technologische Souveränität in internationalen Wertegemeinschaften erreichen

Zur Stärkung der technologischen Souveränität Deutschlands und Europas sollte der Blick nicht nur nach innen gerichtet werden. Denn Souveränität bedeutet nicht Autarkie, sondern Weiterentwicklung kritischer Technologien in einer globalen Wertegemeinschaft von Staaten – allerdings ohne die einseitige strukturelle und quasi erzwungene Abhängigkeit von anderen Wirtschaftsräumen. Eine Gemeinschaft verlässlicher Partnerstaaten sollte zudem auf einer gemeinsamen gesellschaftlichen und ethischen Wertebasis beruhen. Für Deutschland halten Europa und die Europäische Union bereits ein natürliches Partnernetzwerk samt Wertefundament bereit. Beides sollte konsequent gestärkt und ausgebaut werden. Doch auch über die europäischen Grenzen hinaus bestehen vielfältige Möglichkeiten für eine engere Zusammenarbeit im Dreieck aus Wissenschaft, Wirtschaft und Politik.

Deshalb sollte der Technologiestandort Deutschland den Aufbau europäischer und internationaler Kooperationen intensivieren. Um auf dem Gebiet digitaler Zukunftstechnologien eine nachhaltige Souveränität zu erlangen, ist der Ausbau europäischer Plattformen, Forschungszentren und Infrastrukturen in großen, hochkomplexen Bereichen wie KI, Quantencomputing, Hochleistungsrechnern und souveränen Datenräumen von immenser Bedeutung. Und was für dieses Feld zutrifft, gilt für die viel beschworene Energiewende allemal: Ohne den Auf- und Ausbau globaler, resilienter Wasserstoffnetzwerke ist ein weltweites erneuerbares Energiesystem nicht denkbar.

Um unilaterale Abhängigkeiten in Schlüsseltechnologien zu vermeiden, sollten wir darum die Lehre aus der zu einseitigen Versorgung mit Erdgas unbedingt auch auf unsere Versorgung mit weiteren kritischen Rohstoffen übertragen. Dazu gehören vor allem seltene Erdmetalle für Windkraftanlagen, Graphit und Lithium für Batterien oder Platingruppenmetalle für Elektrolyseure. Rohstoffe, die in Deutschland und Europa zutage gefördert werden können, werden unsere Versorgungslücke nicht schließen. Und trotz großer Innovationen bei der Effizienzsteigerung von Solar- und Windkrafttechnologien wird es kaum möglich sein, den heimischen Bedarf an grüner Energie künftig gänzlich selbst zu generieren. Deutschland und Europa sollten daher eine gemeinsame Strategie für den Import von Rohstoffen und grünen Energien, etwa von grünem Wasserstoff, anstreben – eine Strategie, die sowohl auf einer Diversifizierung der Zulieferländer als auch auf gezielten Partnerschaften mit Staaten beruht, die soziopolitisch möglichst gleichgesinnt sind. Darüber hinaus müssen wir technologische Verfahren entwickeln, die einerseits aus Industrieabfällen so viele Wert- und Rohstoffe wie möglich energieeffizient und wirtschaftlich für einen weiteren Einsatz in neuen Hochwertprodukten wiedergewinnen und andererseits Rohstoffkreisläufe schließen und in der Region halten.

Fazit

Klar ist, dass der nächste Technologiezyklus auf besonders forschungsintensiven Technologien basieren wird, in denen Hardware (im weiteren Sinne) eine deutlich größere Rolle spielen wird. Das erfordert zwar lange Vorlaufzeiten und einen hohen Kapitalbedarf, profitiert aber zugleich von traditionell deutschen Stärken wie einem guten, ausdifferenzierten Forschungs- und Wissenschaftssystem, ausgefeilter Engineering-Kompetenz und einem langfristig denkenden, kapitalstarken Mittelstand.

Um die vorhandenen Potenziale schnell und rechtzeitig zu heben und im globalen Technologiewettbewerb zu bestehen, ergeben sich aus Sicht der wirtschaftsorientierten Forschung für Deutschland und Europa drei zentrale Handlungserfordernisse:

1. **Die massive Beschleunigung der Digitalisierung und Hochskalierung von Schlüsseltechnologien mithilfe von Automatisierung und dem Ausbau entsprechender Fertigungskapazitäten.**
   Zusätzlich braucht Deutschland eine klare Strategie, um in diesem Prozess kritische Ressourcenabhängigkeiten zu reduzieren. Eine zentrale Rolle wird außerdem die systematische Aus- und Weiterbildung sowie die Gewinnung von Fachkräften spielen.

2. **Innovationsfreundliche Rahmenbedingungen, um ganzheitliche Kooperationen zwischen Forschungsinstitutionen und Industrie entlang aller Technologiereifegrade zu intensivieren.**
Um globale Technologieführer und sogenannte »Hidden Champions« von morgen zu schaffen, sollte es unser Ziel sein, Innovationsprozesse zu beschleunigen und insbesondere den Technologietransfer zu fördern. Dafür muss Bürokratie abgebaut und die Transferfreiheit und Schaffung dynamischer Innovationsökosysteme gestärkt werden.
3. **Technologieführerschaft durch internationale Allianzen in einer Wertegemeinschaft.**
Das betrifft sowohl gemeinsame Strategien zum Energie- und Rohstoffimport als auch die systematische F&E-Zusammenarbeit, die Kooperation von Forschung und Entwicklung, um komplementäre Kompetenzen zusammenzuführen.

Mit anderen Worten: Ein konsequenter Schulterschluss von Forschung, Wirtschaft, Politik und Gesellschaft kann Deutschlands Innovationskraft und seine internationale Wettbewerbsfähigkeit langfristig stärken. Chinas Technologieentwicklung ist weitgehend dem US-amerikanischen System mit seinem starken Fokus auf Kommerz und Verteidigung gefolgt. Deutschland und Europa hingegen können bei Technologien und Produkten weltweit neue Akzente und Standards setzen – Maßstäbe, die Nachhaltigkeit, Qualitätssicherung und die Ausrichtung an den zentralen Bedürfnissen der Menschen und ihrer Umwelt in den Vordergrund stellen.

Anmerkungen

1 Russland wird hier nicht zu Europa gerechnet.
2 Aktuellste vergleichbare Werte des kaufkraftbereinigten Bruttoinlandsprodukts (BIP) von 2021: China: 27,3 Billionen USD; USA: 23 Billionen USD, EU (ohne Großbritannien): 21,8 Billionen USD. Quelle: Weltbank 2023 (Website; Stand: 01.09.2023) (https://data.worldbank.org/indicator/NY.GDP.MKTP.PP.CD).
3 Die 20 größten Exportländer weltweit im Jahr 2022 (in Milliarden US-Dollar) via Statista und WTO (Website; Stand: 18.04.2023) (https://de.statista.com/statistik/daten/studie/37013/umfrage/ranking-der-top-20-exportlaender-weltweit/#:~:text=Gr%C3%B6%C3%9Fte%20Exportl%C3%A4nder%20weltweit%202022&text=China%20ist%20im%20Jahr%202022,das%20gr%C3%B6%C3%9Fte%20Exportland%20der%20Welt).
4 Bundeszentrale für politische Bildung (bpb): Deutschland: Entwicklung des Außenhandels. Export, Import und Exportüberschuss in absoluten Zahlen, 1997 bis 2022 (Website; Stand: 13.04.2023) (https://www.bpb.de/kurz-knapp/zahlen-und-fakten/globalisierung/52842/deutschland-entwicklung-des-aussenhandels/).
5 Kroeber, A. R. (2016). *China's Economy: What Everyone Needs to Know*. Oxford University Press.
6 World Economic Forum: This is why »polycrisis« is a useful way of looking at the world right now (Website; Stand: 07.03.2023) (https://www.weforum.org/agenda/2023/03/polycrisis-adam-tooze-historian-explains/).
7 Statistisches Bundesamt: Januar bis November 2022: 66 Prozent der importierten Seltenen Erden kamen aus China (Daten für 2022; Abruf der Website: Juli 2023) (https://www.destatis.de/DE/Presse/Pressemitteilungen/Zahl-der-Woche/2023/PD23_04_p002.html).
8 Stand 2020, gemessen in GWh.
9 *The Economist:* Taiwan's dominance of the chip industry makes it more important (Website; Stand: 6.3.2023) (https://www.economist.com/special-report/2023/03/06/taiwans-dominance-of-the-chip-industry-makes-it-more-important).
10 Hierzu zählen Güter aus den Bereichen Luft- und Raumfahrt, Computer, Pharmazeutika, wissenschaftliche Instrumente und elektrische Maschinen. Vgl.: Daten der Weltbank zu »High-technology exports (current US$) 2007–2021« (Abruf der Website: Juli 2023) (https://data.worldbank.org/indicator/TX.VAL.TECH.CD?end=2021&most_recent_value_desc=true&start=2019).
11 SAP Community: The ERP Market In China (Webblog von Christian Schuster; Stand: 16.03.2023) (https://blogs.sap.com/2023/03/16/the-erp-market-in-china/).
12 Die Plätze 1, 2 und 3 belegten 2022 Dänemark, die Schweiz und Singapur. Vgl. International Institute for Management Development (IMD): World Competitiveness Ranking 2022 (Abruf der Website: Juli 2023) (https://www.imd.org/centers/wcc/world-competitiveness-center/rankings/world-competitiveness-ranking/).

13 Die Plätze 1, 2 und 3 belegten 2022 die Schweiz, die USA und Schweden. Vgl. WIPO: Global Innovation Index 2022 – Germany (Abruf der Website: Juli 2023) (https://www.wipo.int/edocs/pubdocs/en/wipo_pub_2000_2022/de.pdf).
14 Konrad-Adenauer-Stiftung (2022): Europa hat die Konsequenzen seiner digitalen Abhängigkeit noch kaum erkannt (Stand: 03.05.2022; Abruf der Website/pdf: Juli 2023) (https://www.kas.de/documents/252038/16166715/Europa+hat+die+Konsequenzen+seiner+digitalen+Abh%C3%A4ngigkeit+noch+kaum+erkannt.pdf/664c8d2d-48e4-e864-fafa-a16bfa5bdc37?version=1.3&t=1651564960080).
15 Lin, Z. et al. (2023). Evolutionary-scale prediction of atomic-level protein structure with a language model. *Science* 379, 1123–1130 (2023). DOI:10.1126/science.ade2574
16 Vgl.: bitkom: Klimaschutz (Abruf der Website: Juli 2023) (https://www.bitkom.org/Klimaschutz) und bitkom: Klimaeffekte der Digitalisierung. Studie zur Abschätzung des Beitrags digitaler Technologien zum Klimaschutz (Stand: 2021; Abruf der Website/pdf: Juli 2023) (https://www.bitkom.org/sites/main/files/2021-10/202110 10_bitkom_studie_klimaeffekte_der_digitalisierung.pdf).
17 Europäische Kommission: The twin green & digital transition: How sustainable digital technologies could enable a carbon-neutral EU by 2050 (Stand: 29.06.2022; Abruf der Website: Juli 2023) (https://joint-research-centre.ec.europa.eu/jrc-news-and-updates/twin-green-digital-transition-how-sustainable-digital-technologies-could-enable-carbon-neutral-eu-2022-06-29_en).
18 Vgl. TOP500: GREEN500 List – November 2022 (Abruf der Website: Juli 2023) (https://www.top500.org/lists/green500/list/2022/11/).
19 BMUV: Umwelttechnologie-Atlas für Deutschland (Stand: 06.05.2021; Abruf der Website: Juli 2023) (https://www.bmuv.de/themen/nachhaltigkeit/wirtschaft/umwelt technologien/umwelttechnologie-atlas).
20 Europäisches Patentamt: Zunehmend Wasserstoffpatente auf Umwelttechnologien – Europa und Japan an der Spitze (Stand: 10.01.2023; Abruf der Website: Juli 2023) (https://www.epo.org/de/news-events/news/zunehmend-wasserstoffpatente-auf-umwelttechnologien-europa-und-japan-der-spitze#:~:text=Der%20Bericht%20macht%20deutlich%2C%20dass,ebenfalls%20ein%20erhebliches%20Wachs tum%20vorweisen).
21 Vgl. DIHK: DIHK-Report Unternehmensgründung 2022 (Stand: Juni 2022; Abruf der Website/pdf: Juli 2023) (https://www.ihk.de/regensburg/fachthemen/gruendung/gruenderreport-2021-5254296).

»Wir brauchen in Deutschland wieder mehr Menschen mit Tatendrang«

Ein Gespräch mit der Unternehmerin Judith Dada und Christian Miele, Investor und Chef des deutschen Startup-Verbands, über die Chancen und Potenziale der deutschen Start-up-Kultur

Das Gespräch führte Martin Klingst

Frau Dada, Herr Miele, würden Sie, wenn Sie den Standort wählen könnten, nach wie vor ein Start-up-Unternehmen in Deutschland gründen?

Judith Dada: Ganz klar: Ja. Nehmen Sie mein Beispiel, ich bin Kind von Einwanderern, habe in den USA und in England studiert, habe in Irland gearbeitet, wo man im europäischen Vergleich unternehmerisch große Freiheiten genießt, und habe mich bewusst entschieden, in Deutschland, in Berlin, ein Unternehmen aufzubauen, zwar kein Start-up, aber einen Venture-Fonds für Start-ups.

Was hat Sie dazu bewogen?

Dada: Ich bin passionierte Europäerin und hänge auch sehr an meiner Heimat Deutschland. Wir haben viele Talente, Deutschland bietet zahlreiche Vorzüge und mir eröffneten sich hierzulande großartige Chancen. Obwohl ich immer noch viel Zeit im Mekka der Start-ups, im kalifornischen Silicon Valley, verbringe und oft in London und Paris bin, zwei für Start-ups ebenfalls verheißungsvolle Standorte, würde ich mich immer wieder dafür entscheiden, hier in Deutschland ein Unternehmen aufzubauen.

Ist Deutschland also ein perfekter Standort für Neugründungen?

Dada: Nein, selbstverständlich müssen wir vieles besser machen, uns noch mehr anstrengen. Auch müssen wir höllisch aufpassen, dass wir wichtige technologische Entwicklungen nicht weiter verschlafen und dadurch den Anschluss an die Weltspitze verlieren. Doch ich bin fest überzeugt, dass es nach wie vor möglich ist, in Deutschland nicht nur ein erfolgreiches Start-up zu gründen, sondern ein Unternehmen, das zu den besten der Welt gehören kann. In meinem Venture-Fonds sagen wir immer, unser Ziel muss es sein, dass innerhalb der nächsten Dekade zwei oder drei der größten und erfolgreichsten globalen Unternehmen aus Europa oder Deutschland kommen sollten.

Christian Miele: Ich stimme zu und finde auch, dass Deutschland viele Vorteile hat. Wie Sie wissen, bin ich Vorsitzender des Startup-Verbands. Jedes Jahr vergeben wir auf einer großen Veranstaltung die German Startup Awards als Auszeichnung für besonders kreative Köpfe in Deutschland, für Visionärinnen und Visionäre, Macherinnen und Macher. Im vergangenen Jahr sprach Tatjana Kiel als Gastrednerin bei der Preisverleihung.

Sie arbeitet für die Klitschko-Brüder, die seit 2007 in Hamburg eine Vermarktungsagentur betreiben?

Miele: Ja, sie verantwortet für die Familie Klitschko, insbesondere für die beiden Brüder, den Bereich der Start-up-Investitionen im Unternehmen Klitschko Ventures. In ihrer Rede sprach Tatjana Kiel davon, dass Deutschland ein demokratisches, ein freiheitliches und zugleich innovatives und soziales Land sei. Eine Auffassung, die ich voll und ganz teile. Aber wie Judith bin ich der Meinung, dass wir vieles anders und weit besser machen müssen – zufrieden kann man mit unserer gegenwärtigen Lage in Deutschland nicht sein. Gleichwohl würde ich mir für eine so wichtige Lebensentscheidung wie die Gründung eines Start-ups immer Deutschland aussuchen.

Ist eine freiheitliche, soziale Demokratie tatsächlich ein Standortvorteil, beflügelt sie im besonderen Maß den Gründergeist? In einem totalitären Staat wie China entstehen auch am laufenden Band erfolgreiche Start-ups.

Dada: Ich glaube nicht, dass ein guter Gründergeist nur in einer sozialen Demokratie gedeihen kann. China ist in der Tat das Gegenbeispiel. Nebenbei bemerkt: Ich mag das Wort Gründergeist nicht besonders gerne. Es klingt zwar toll und tiefgründig wie Zeitgeist, aber am Ende geht es für mich vor allem um den Gründerdrang, um die Kraft, den Gestaltungswillen, die zupackende Art, die man braucht, um ein Unternehmen aufzubauen. Ich habe vor einiger Zeit einen Unternehmer aus dem Bereich der grünen Technologie getroffen. Der war sich gar nicht sicher, ob er Leuten überhaupt noch empfehlen würde, den, wie er ihn nannte, verdammt harten Job des Gründers zu wählen. Damit traf er, finde ich, den Nagel auf den Kopf. Denn ein Start-up aus dem Boden zu stampfen, hat in der Regel weniger mit einem herausragenden Gründergeist zu tun, als vielmehr mit der starken Ambition, unbedingt etwas anpacken, umsetzen und in seinem Leben schaffen zu wollen.

Es geht also vor allem darum, die Ärmel hochzukrempeln, und weniger darum, kluge Ideen in die Welt zu setzen?

Dada: In der Tat, wenn wir uns außerhalb Deutschlands in der Welt umschauen, sind viele Start-up-Gründer eher zupackende Menschen, haben keinen Uni-Abschluss und sind keineswegs wohlhabend, manche entstammen sogar eher prekären Lebensverhältnissen.

Miele: Start-up braucht beides: gute Ideen und Tatkraft. Mein Ziel ist es, noch mehr Leuten Bock auf Gründen zu vermitteln. Gründen ist Selbstverwirklichung – es macht Spaß, die eigene Schaffenskraft zu aktivieren. Die Botschaft muss lauten: »Hey Leute, jedem und jeder von euch wohnt eine Gründerkraft inne. Egal, ob ihr kleine oder große Projekte habt, wir als Gesellschaft bringen euch und euren Vorhaben Wertschätzung entgegen.« Und dann müssen wir uns natürlich anschauen, was Menschen vom Gründen abhält. Laut KfW-Gründungsmonitor sind das finanzielle Risiko und bürokratische Hürden die zentralen Barrieren auf dem Weg zur Gründung. Da müssen wir ran, um das in Deutschlands Köpfen schlummernde Potenzial zu wecken!

Dada: Ich stimme Christian zu, die alles überdachende Frage muss lauten: Wie schaffen wir es als Gesellschaft, Talente zu entdecken und die so vielen Menschen eigene Urkraft, ihren Tatendrang zu wecken und zu fördern? Denn vor allem diese Eigenschaften sind unabdingbare Voraussetzungen für eine erfolgreiche Unternehmensgründung. Aber das Schöne ist ja, dass Start-ups grundsätzlich überall auf der Welt und in jedem Regierungssystem möglich sind, außer vielleicht in Staaten wie Nordkorea oder vergleichbaren extremen Diktaturen.

Miele: Das ist im Grundsatz richtig, dennoch glaube ich, dass unser Modell einer Demokratie gepaart mit sozialer Marktwirtschaft eine besonders gute Basis für Start-ups ist, weil sie gute Wirtschaftsbedingungen und einen weiten Freiraum für Ideen, Initiativen und Gestaltung bietet. Diese Errungenschaft sollten wir um jeden Preis verteidigen.

Dada: Das stimmt, unser System hat ganz eindeutig Vorteile, und ich möchte auch in keinem anderen leben. Was aber nicht heißt, dass nicht auch in China oder anderswo erfolgreiche Unternehmen gegründet werden können.

Können sich auch Start-ups, die sich nicht in erster Linie dem technologischen Fortschritt, sondern sozialen und kulturellen Innovationen widmen, in jedem politischen System entfalten? Setzt Kreativität nicht größtmögliche Freiheit voraus?

Dada: Das ist ein berechtigter Einwand, zumal wir uns ganz aktuell den Kopf darüber zerbrechen, wie wir Chinas Rolle im globalen Wettkampf um die beste künstliche Intelligenz besser einschätzen können. KI-Modelle werden ja auf der Grundlage riesengroßer Datensätze trainiert, die man im Internet finden kann. Da in der Volksrepublik jedoch das Internet stark zensiert wird, ist dort ein großer Teil dieser Daten nicht verfügbar. Gut möglich also, dass sich die Chinesen mit ihrem Kontrollzwang ins eigene Bein schießen und bei der KI-Entwicklung zurückfallen. Ich bin jedenfalls sehr gespannt, wie sie mit diesem Problem in Zukunft umgehen wollen. Werden sie aus politischem Kalkül an der Einschränkung der Informationsfreiheit festhalten? Und nehmen sie dafür in Kauf, dass ihre KI-Modelle womöglich schlechter sein werden? Aber statt uns über Start-ups in China den Kopf zu zerbrechen, sollten wir uns lieber unseren eigenen Schwierigkeiten widmen.

Das heißt konkret?

Dada: Mindestens ebenso wichtig wie die Entfaltung einer tollen Idee und die Aussicht, der nächste Einstein eines neuen Geschäftsfeldes zu werden, ist es, dass sich Menschen bis an die Schmerzgrenze für die Umsetzung einer Idee ins Zeug legen. Das fällt umso schwerer, je weniger Menschen es geben wird, die so viel und so entbehrungsvoll arbeiten wollen wie die Gründergenerationen vor uns, die es eben nicht vorziehen, ihr Leben mit Dingen zu verbringen, die weniger anstrengend und aufreibend sind.

Miele: In der Tat brauchen wir in Deutschland mehr Menschen mit Tatendrang. Wir brauchen mutige Gründer, die Innovation voranbringen und mit ihren Ideen die großen Probleme unserer Zeit lösen. Unser Land braucht diese Innovation und die damit verbundene Wertschöpfung. Wohlstand entsteht nicht automatisch, sondern ist auch eine Leistung. Judith und ich sind privilegiert, wir sind in einer Zeit wirtschaftlichen Aufschwungs groß geworden. Aktuell muss Deutschland den Gürtel enger schnallen. Man muss aufmerksam analysieren, wie viel Geld unser Staat für Sozialleistungen ausgibt, gerade angesichts der an anderen Stellen bitter benötigten Investitionen.

Aber sorgen diese staatlichen Leistungen nicht gerade für den sozialen Frieden, der Voraussetzung für gute Leistungen ist?

Miele: Aber da besteht ein immer größer werdendes Ungleichgewicht. Ich verteidige die soziale Marktwirtschaft mit Haut und Haaren. Ich halte sie nach wie vor für das beste und für alle Bürgerinnen und Bürger gerechteste Wirtschaftssystem, gerade auch im Vergleich zu den Vereinigten Staaten und China. Aber wir vergessen oft, dass unsere soziale Marktwirtschaft aus zwei Teilen besteht, aus dem Sozialstaat *und* aus der Marktwirtschaft. Der zweite Teil, die auf Leistung fußende Ökonomie, erfährt meines Erachtens zu wenig Aufmerksamkeit. Das muss sich dringend ändern, wenn wir all die Vorteile und Privilegien, die unser Gemeinwesen in den vergangenen Jahrzehnten geschaffen und genossen hat, an unsere Kinder und Enkelkinder weitergeben wollen.

Mit anderen Worten: Das größte Problem für Start-ups sind also gar nicht unsere wirtschaftlichen Rahmenbedingungen, sondern liegt in unserer Arbeitshaltung? Gibt es ein deutsches Mentalitätsproblem?

Miele: In Deutschland planen weniger Menschen, ein Unternehmen zu gründen, als im internationalen Vergleich, auch unsere Selbstständigenquote ist unterdurchschnittlich. Dabei sind wir doch im Prinzip alle Gründerinnen und Gründer. Wir gründen Familien, WhatsApp-Gruppen, Sportvereine, politische Parteien, wir gründen den Foodtruck vor dem Fußballstadion und die Lerngruppe in der Schule. So gut wie jeder Mensch trägt diese Gründungsenergie in sich. Im Zeitalter der Industrialisierung und nach den Verheerungen des Zweiten Weltkriegs hat uns dieser Schaffensdrang stark gemacht und Bahnbrechendes hervorgebracht. Heute fehlt mir der Wille für wirklich Großes. Diesen Gründergeist müssen wir wieder wecken.

Jede Generation hat andere Ziele. Die Kriegsgeneration lebt größtenteils nicht mehr, die Babyboomer gehen in Rente, die Jüngeren wollen andere Arbeitszeitmodelle, wünschen sich eine bessere Work-Life-Balance. Ließe sich der von Ihnen geforderte Gründerdrang mit einem besseren Gleichgewicht zwischen Berufs- und Privatleben vereinbaren?

Miele: Ich persönlich finde, dass der Begriff Work-Life-Balance auf eine falsche Fährte führen kann – so, als kämpften Arbeitswelt und Privatleben erbittert gegeneinander und wäre jeder Mensch gezwungen, permanent zwischen den zwei Fronten auszugleichen. Als mein Vater noch lebte, habe ich ihn einmal gefragt, wie es ihm damit in meinem Alter – also irgendwann in den 1960er-, 1970er-Jahren – gegangen sei. Sein Vater, so seine Antwort, habe ihm nicht den Rat gegeben: »Werde glücklich, sei immer zufrieden!« In seiner Zeit ging es allein darum, hart zu arbeiten. So vermodert ich dieses Lebenskonzept finde, so offen sollten wir uns eingestehen, dass unsere Freiheit, über eine Viertagewoche und völlig unterschiedliche Arbeitskonzepte nachdenken zu können, ein großes Privileg und in erster Linie unserem Sozialstaat zu verdanken ist. Das Geld, das der Sozialstaat ausgibt, muss aber zunächst einmal verdient werden.

Also keine Work-Life-Balance als gesellschaftliches Grundkonzept?

Miele: Wenn wir weiter an der Weltspitze mitspielen wollen, brauchen wir mehr Leute, die bereit sind, Zugpferd zu sein und sich über Gebühr anzustrengen. Dabei ist es völlig egal, ob sie eine IT-Firma leiten oder eine Bäckerei, in der ohnehin wahnsinnig viel gearbeitet wird, bis zu 80 Stunden die Woche. Als Gesellschaft müssen wir wieder dahin kommen, dass es nicht nur völlig okay ist, sondern auch honoriert wird, wenn Menschen unter größten Anstrengungen Spitzenleistungen erbringen wollen.

Dada: Ich stimme Christian voll und ganz zu. Wenn ich ein Unternehmen aufbauen möchte, das innerhalb der nächsten zehn Jahre zu den weltweit zehn erfolgreichsten gehören soll, muss ich über eine Work-Life-Balance gar nicht erst nachdenken. Wir müssen uns nur mal außerhalb von Deutschland umschauen. Der Wettbewerb da draußen ist krass und wird angesichts neuer Produktionstechnologien und globaler werdender Belegschaften immer heftiger. Es gibt massenhaft ausländische Unternehmen, deren Mitarbeiterinnen und Mitarbeiter sehr hart arbeiten wollen.

Miele: Im Sport haben wir kein Problem damit, im Fußball wollen wir Weltmeister sein und es ist keine Anstrengung auf dem Weg dorthin groß genug. Doch im Bereich der Wirtschaft ist uns dieser Ehrgeiz merkwürdigerweise ein wenig abhandengekommen.

Dada: Nicht jedes Unternehmen muss das Ziel haben, riesengroß zu werden. Das ist auch absolut in Ordnung. Nur fußen, wie auch Christian schon sagte, unser Wohlstand und unsere soziale Absicherung nicht allein darauf, dass ich meinen eigenen kleinen Onlineshop gründe, 30 Stunden in der Woche arbeite und damit völlig zufrieden bin. Den Sozialstaat tragen vor allem die vielen Unternehmen, die es schaffen, groß zu werden, und viele Beschäftigte einstellen. Groß werden sie aber nur, wenn genügend Menschen bereit sind, sich mit ganzer Kraft in ihren Job einzubringen, besonders in der Aufbauphase.

Wenn sich dafür hierzulande nicht mehr genügend Menschen finden, sollten dann mehr Einwanderer angeworben werden, die womöglich eine andere Arbeitseinstellung mitbringen?

Dada: Unbedingt. Und nicht nur, um die vielen freien Stellen zu besetzen, sondern auch um mit ihrem Eifer und Tatendrang unsere Wirtschaft anzukurbeln. Die meisten Migranten wünschen für sich und ihre Familie ein besseres Leben und sind bereit, sich dafür gewaltig anzustrengen. Dieser unbedingte Wille ist eine starke Triebfeder, Einwanderer sind oft besonders ehrgeizig und ambitioniert. Mein Vater zum Beispiel kam vor knapp 40 Jahren als nigerianischer Flüchtling nach Deutschland, meine Arbeitsmoral habe ich weitgehend von ihm geerbt. Wir brauchen nur in die USA zu schauen, dort prägen immer neue Migrationswellen die Unternehmenskultur, sorgen für eine anhaltende große Dynamik der amerikanischen Wirtschaft. Viele Einwanderer kommen mit so gut wie nichts ins Land, arbeiten in mehreren Schichten sechs Tage die Woche, damit es ihre Kinder einmal besser haben. Ich will hier nicht das amerikanische Wirtschaftsmodell propagieren, es hat viele Schattenseiten, vor allem im Hinblick auf das Soziale. Aber den Ehrgeiz der Migranten können wir gut gebrauchen.

Lässt sich das in Zahlen messen?

Miele: Ja, der Startup-Verband veröffentlicht regelmäßig den »Migrant Founders Monitor«. Danach haben hierzulande inzwischen 21 Prozent der Start-up-Gründerinnen und -Gründer einen Migrationshintergrund. Besonders spannend: Migrant Founders haben ambitionierte Wachstumspläne. Bei den nicht in Deutschland geborenen Gründern streben 30 Prozent einen Exit von einer Milliarde Euro oder mehr an! Zum Vergleich: Nur 13 Prozent der gesamten deutschen Gründerszene haben ein derart hoch gestecktes Ziel. Was können wir daraus schließen? Menschen mit Migrationshintergrund sind in der Regel ambitionierter, dieses Mindset tut uns gut. Darum ist die Frage, wie wir Deutschland für Einwanderer attraktiver machen können, entscheidend für unsere Zukunft als Wirtschaftsnation und wird uns noch sehr lange beschäftigen.

Ist nicht ebenso entscheidend, dass mehr Frauen Gründerinnen werden? Die Vereinbarkeit von Beruf und Familie geht noch immer zulasten der Frauen. Kann hier eine bessere Work-Life-Balance nicht für Ausgleich sorgen? Müssen wir unser Land und unsere

Arbeitswelt nicht nur für Einwandererinnen und Einwanderer, sondern auch für Frauen und Familien attraktiver machen?

Dada: Absolut, ich habe gerade ein Kind bekommen, das Problem steht darum bei mir ganz oben an. Leider werden zur Lösung fast immer nur die Frauen, die Mütter, in Anspruch genommen, dabei gibt es in dieser Gleichung in der Regel zwei erwachsene Menschen. Bei uns nimmt mein Mann Elternzeit, denn ich habe gerade ein Unternehmen mitaufgebaut, einen neuen Fonds ins Leben gerufen. Ich kann nicht sagen, entschuldigt bitte, ich ziehe mich jetzt sechs Monate aus meinem Berufsleben zurück und bleibe mit unserem Baby zu Hause.

Welche Konsequenz fordern Sie?

Dada: Als Gesellschaft müssen wir uns dringend der Frage widmen: Wenn Paare Kinder kriegen und gleichzeitig ein Start-up gründen, welche praktischen und finanziellen Entlastungen bieten wir ihnen, damit sie sowohl ihrer Verantwortung als Eltern gerecht werden können als auch zugleich die bestmögliche Arbeitsleistung erbringen? In puncto Kitaplätze sind wir in Deutschland zwar ganz ordentlich versorgt, aber noch weit davon entfernt, top aufgestellt zu sein. Die Betreuungszeiten am Tag sind oft begrenzt, und auch die steuerliche Absetzbarkeit etwa einer privaten Babysitterin lässt nach wie vor zu wünschen übrig. Ich verlange keine weitere Erhöhung des Kindergelds, nur sollte der Staat Eltern nicht finanziell bestrafen, wenn sie wieder arbeiten gehen und parallel irgendeine Form von privater Kinderbetreuung brauchen.

Mit Verlaub, selbst bei einer besseren steuerlichen Absetzbarkeit können sich eine private Nanny nur die wenigsten Eltern leisten. Ist das nicht ein bisschen zu sehr von der Warte der elitären Start-up-Szene aus gedacht?

Dada: Deshalb brauchen wir ganz unterschiedliche Modelle und auf jeden Fall flächendeckend mehr Kitas mit längeren Öffnungszeiten. In der Tat kann sich ein großer Teil unserer Gesellschaft, wahrscheinlich sogar der größte, nicht aussuchen, welchen Job er machen möchte. Meine Eltern gehören dazu, sie konnten nie wirklich wählen. Es gibt viele Menschen, die extrem hart arbeiten müssen, um über die Runden zu kommen, die sich für ihre Kinder kein privates Betreuungsmodell leisten können. Ich habe osteuropäische Freundinnen, in deren Ländern es völlig normal ist, dass Frauen acht Wochen nach der Geburt eines Kindes wieder Vollzeit arbeiten. Viele nehmen dann für die Kinderbetreuung die Großeltern in Anspruch. In Nigeria, wo ich auch verwurzelt bin, gibt es gerade in ländlichen Gebieten viele Frauen, die ihren eigenen Acker bewirtschaften und es sich nicht leisten können, sechs Monate zu Hause zu bleiben. Die müssen sich auch Modelle ausdenken, die es ermöglichen, eine Familie zu gründen und zugleich weiterzuarbeiten. Da springen Verwandte und das ganze Dorf mit ein.

»It takes a village to raise a child.« Aber dieses afrikanische Modell lässt sich doch kaum auf uns übertragen.

Dada: Das will ich damit auch nicht sagen. Aber es muss meiner Meinung nach auch hierzulande um eine bessere Vereinbarkeit von Familie und Beruf gehen und nicht um das Entweder-oder, um Familie oder Beruf. Wir haben zweifellos Fortschritte gemacht, aber es geht noch immer zu langsam voran.
Miele: Auch das lässt sich an den Zahlen ablesen. Der Startup-Verband erstellt nicht nur den jährlichen »Migrant Founders Monitor«, son-

dern auch den »Female Founders Monitor« – und der zeigt inzwischen einen leicht positiven Trend. Der Anteil an Gründerinnen liegt mittlerweile bei 20 Prozent, 2020 waren es nur 16 Prozent. Selbstverständlich müssen wir die Rahmenbedingungen wie Kinderbetreuung, Flexibilisierung der Elternzeit, steuerliche Absetzbarkeit bei den Betreuungskosten und so weiter ganz dringend verbessern. Zum Beispiel die fehlenden Kitaplätze sind immer sofort ein Thema, wenn wir für unsere Start-ups Mitarbeiterinnen und Mitarbeiter aus dem Ausland nach Deutschland holen wollen. Aber ungeachtet dieser Herausforderungen gibt es für Familien leider auch Probleme, die sich selbst bei besseren Rahmenbedingungen nicht so einfach lösen lassen.

Welche Probleme meinen Sie damit?

Miele: Ich muss nur auf meine eigene kleine Familie schauen. Meine Frau und ich hatten keine Eltern vor Ort, wir mussten unsere beiden Kinder allein, ohne diese Unterstützung, aufziehen. Hinzu kam, dass sich uns natürliche Hindernisse stellten, die eine gleichberechtigte Betreuung erschwert haben. Unsere Kinder waren sogenannte Clusterfeeder, sie wollten alle 60 Minuten essen. Ich stand dann oft ein wenig verloren da, wollte meiner Frau die Kinder abnehmen, doch die wollten andauernd gestillt werden. Manches Mal dachte ich: »Was für eine Scheiße, jetzt will ich ein moderner Mann sein und meine Frau entlasten, aber das funktioniert nicht wirklich. Ich habe, verdammt noch mal, als Vorbild komplett versagt.« Jetzt ist es anders, die Kinder sind inzwischen zwei und vier Jahre alt und wir können uns die Erziehung viel besser aufteilen. Meine Frau kehrt nach vier Jahren zurück ins Arbeitsleben, baut sich etwas Neues auf, ist jetzt auch wirklich mal dran, und ich bin derjenige, der sich verstärkt um die Kinder kümmert.

Sie haben also Zweifel, dass es immer möglich ist, dass beide Eltern sich um die Kinder kümmern und zugleich voll in ihre Arbeit stürzen?

Miele: Ich habe jedenfalls Zweifel, dass der Aufbau einer Familie mit dem Gründen eines Start-ups immer kompatibel ist, dass beide Eltern sozusagen gleichermaßen auf beiden Wellen reiten. Ein Tag hat nur 24 Stunden, und wir Menschen haben auch nur begrenzte körperliche und seelische Kräfte. Darum sollten diejenigen, die sich entscheiden, einstweilen für die Familie beruflich zurückzustehen, mindestens genauso viel gesellschaftliche Wertschätzung und Respekt erhalten wie jene, die sich voll auf ihr Unternehmen konzentrieren. Wir wollen doch alle eine Gesellschaft mit Kindern.

Was braucht es denn neben einer anderen Einstellung, einem anderen Mindset, und mehr Kitaplätzen für Rahmenbedingungen, um Menschen zu ermutigen, ein Unternehmen zu gründen?

Dada: Da gehört ganz oben auf die Liste ein dichtes Netzwerk an Kontakten, ein allgemein zugänglicher Pool an Erfahrungen und Wissen, gefolgt von mehr Kapital und besseren Standortfaktoren. Ich fange mal mit den Standortfaktoren an. In erster Linie geht es hier um weniger Bürokratie, um Möglichkeiten, ohne allzu große Hürden, Talente aus dem In- und Ausland anzuwerben. Die USA, das Silicon Valley oder New York, sind da meiner Meinung nach ziemlich vorbildlich aufgestellt, jedenfalls weit besser als wir. Und selbst für Paris gilt das, was manche erstaunen mag. Noch vor zehn Jahren hätte ich laut gelacht, wenn mir jemand gesagt hätte, dass in Frankreich Bürokratie und freies Unternehmertum in Einklang zu bringen seien. Aber inzwischen geht das Hand in Hand, tut sich in Paris unternehmerisch verdammt viel.

Das Allerwichtigste aber für ein neues Start-up – und das sage ich aus eigener Erfahrung – ist ein dichtes Netzwerk von Gründern, enge Kontakte zu anderen Menschen mit Unternehmergeist.

Beziehungen zu Leuten wie Jeff Bezos von Amazon und Eric Schmidt von Google?

Dada: Ach Quatsch, nein, ich glaube nicht, dass sich eine Frau oder ein Mann entscheidet, ein Unternehmen zu gründen, weil er oder sie in der Zeitung einen Artikel über Mark Zuckerberg gelesen hat und nun sagt: »Ich will unbedingt so sein wie er.« Viel wichtiger ist ein Netzwerk aus jenen zehn, 15 Menschen, mit denen wir beruflich, aber oft auch privat die meiste Zeit verbringen. In diesem Kreis wird nämlich die Latte für Ambitionen, für Tatendrang, Schaffenskraft und Umsetzungswillen gelegt. Ebenso wichtig ist es, den Unternehmergeist in die Fläche zu tragen, aber da stehen uns der deutsche Föderalismus und die europäische Kleinstaatlichkeit oft im Weg.

An welchen Stellen hakt es da besonders?

Dada: Im Silicon Valley zum Beispiel gibt es ein extrem dichtes und weitgespanntes Netzwerk. Jeder und jede kennt irgendeinen, der irgendetwas mit einem anderen Menschen zu tun hat, der wahnsinnig wichtig für eine gerade geborene Idee oder irgendeine Expertise ist. Dieser Erfahrungsschatz und die Möglichkeit, dass man darauf jederzeit zurückgreifen kann, sind von unschätzbarem Wert. In Europa und in Deutschland bauen wir uns derartige Netzwerke gerade erst auf. In Paris, das ich gerade so gepriesen habe, ist man schon einen Schritt weiter, was auch daran liegt, dass Frankreich zentralistisch organisiert ist und die meisten Talente deshalb in Paris sitzen. Darum fällt es dort leichter, die Fäden zusammenzuziehen und einen großen Pool an Erfahrungen und Wissen zu bilden.

Miele: Über die Attraktivität eines Standorts für Start-ups entscheiden Talente, Kapital und fairer Wettbewerb. Um die Stärkung dieser drei Säulen sollten sich auch alle politischen Anstrengungen drehen. Das reicht von besseren Regeln für eine finanzielle Beteiligung der Belegschaft am unternehmerischen Erfolg über schnelle digitalisierte Prozesse bei der Anwerbung ausländischer Fachkräfte bis hin zu Börsengängen und dem Digital Markets Act.

Was bewirkt dieses Gesetz?

Miele: Der Digital Markets Act ist ein Gesetz für die digitalen Märkte und soll insbesondere Start-ups im Technologiebereich ermöglichen, im Umfeld von Onlineplattformen zu konkurrieren, ohne ständig unfairen Bedingungen ausgesetzt zu sein, die eine Entwicklung bremsen. Wir hoffen außerdem, mit einem Zukunftsfinanzierungsgesetz die Rahmenbedingungen für Mitarbeiterbeteiligungen zu verbessern. Das Gesetz ist dringend notwendig, damit deutsche Start-ups im internationalen Wettbewerb durch Toptalente gestärkt werden. Gerade angesichts der aktuell angespannten wirtschaftlichen Situation sind diese Strukturreformen wichtiger denn je. Die Regelungen müssen an der gängigen Start-up-Praxis ausgerichtet werden, damit das Gesetz Anwendung finden kann. Im parlamentarischen Verfahren erwarten wir eine Klarstellung, dass die gängige Anteilsvergabe bei Start-ups (sogenannte vinkulierte Anteile) berücksichtigt wird. Was vielen leider nicht klar ist: Start-ups sind Treiber der Innovation. So sichern sie unsere wirtschaftliche Zukunft – deshalb brauchen wir in Deutschland auch mehr Bock auf Gründen.

Wo beginnen Sie mit diesem Wandel, bereits im Schulalter?

Miele: Ja, ich fände es wirklich cool, wenn jedes Kind in Deutschland in der weiterführenden Schule mal eine App programmieren müsste oder an einem Wettbewerb teilnehmen würde, in dem es darum geht, den besten Businessplan zu erstellen. Oder wenn »Gründen« ein Schulfach wäre, das alternative Karrierewege aufzeigt und ein paar gesellschaftliche und historische Zusammenhänge erklärt. Zum Beispiel indem man Schülerinnen und Schülern vor Augen führt, dass ihre Kleidung, ihr Essen, ihre Getränke, vieles, was sie in den Händen halten, womit sie ihre Freizeit verbringen, in der Regel in Firmen hergestellt werden, die irgendwann einmal aus dem Boden gestampft wurden. Egal, ob es sich um Coca-Cola oder das iPhone handelt, am Anfang steht meist ein einzelner Mensch, der eine Idee hat, die dank seines Tatendrangs irgendwann Produktionsreife erreicht. Der Weg dahin ist oft lang und mühsam und erfordert große Ausdauer.

Sie, Herr Miele, wurden in eine alte Gründerfamilie hineingeboren. Hatten Sie es da nicht einfacher?

Miele: In der Tat wurde bei uns am Essenstisch morgens, mittags und abends über unser Familienunternehmen Miele gesprochen und was es heißt, einen Betrieb zu führen, der für seine Mitarbeiterinnen und Mitarbeiter Verantwortung trägt und sich sowohl der Marktwirtschaft als auch der sozialen Demokratie verpflichtet fühlt. Ich bin also früh geprägt worden. Doch sind solche Gründergeschichten nicht exklusiv, sie sollten weitergetragen werden und Thema in den Schulen und darüber hinaus sein. Wir brauchen Vorbilder und eine gesellschaftliche Erzählung übers »Gründen« – auch da setzen wir beim Startup-Verband an.

Ich höre immer wieder die Klage, dass es in Deutschland nicht an guten Ideen mangele, sondern daran, dass daraus keine Produkte entstehen. Müssten Wissen und Wirtschaft nicht viel enger miteinander verknüpft werden?

Dada: Absolut, wir leben noch immer zu sehr im Elfenbeinturm der Wissenschaft. Ich wollte auch mal promovieren, habe mich aber dagegen entschieden, weil ich dachte: »Mensch, vier Jahre lang allein, ich, mein Thema und mein Laptop im stillen Kämmerlein, da liegt kein Segen drauf, das ist nicht meine Lebensvorstellung.« Nichtsdestotrotz habe ich eine große Passion für die Wissenschaft und finde es super, dass wir in den vergangenen Jahrhunderten so stark in sie investiert haben und nach wie vor so tolle Wissenschaftler und Wissenschaftlerinnen und Institutionen in Deutschland und Europa haben.

Worin liegt das Problem?

Dada: Dass wir, wenn ich uns mit den USA vergleiche, immer noch zu stark trennen zwischen der reinen Wissenschaft und dem, was an den Business Schools passiert. Beides muss zusammengeführt werden, aber das haben wir bis auf wenige Ausnahmen noch nicht erreicht. Wir sollten uns ein Beispiel am Münchner Center for Digital Technology and Management, kurz CDTM, nehmen. Dort kommen Studierende aus technischen wie auch aus eher humanistisch orientierten Universitätsinstituten zusammen. Die Besonderheit: Am Ende des Bachelors oder zu Beginn des Masters absolvieren sie parallel zu ihrem Curriculum einen Kurs, der sich mit Innovation und Unternehmertum befasst. Und siehe da, von den paar Hundert Teilnehmern und Teilnehmerinnen, die dieses Programm in den vergangenen zehn Jahren durchliefen, hat ein erheblicher Teil Start-ups gegründet.

Auch erfolgreiche?

Dada: Manche wurden sogar sehr erfolgreich, wie etwa das Softwareunternehmen Personio. Was dieser Kurs am CDTM leistet: Elektrotechniker wie Informatikerinnen, Wirtschaftsstudenten wie Sozialwissenschaftlerinnen beschäftigen sich gemeinsam mit dem Thema Innovation und Firmengründung. Ich war dort auch Studentin. Einige von uns sind wie ich Unternehmerin geworden, andere Professorin oder Professor, manche sogar an so renommierten Unis wie dem MIT und Stanford. Diese gegenseitige Beflügelung, das Wecken von Ambitionen, ist, glaube ich, ein enorm wichtiger Katalysator. Das Münchner Beispiel sollte in ganz Deutschland Schule machen. Wir haben tolle technische Unis, aber wir schaffen es noch nicht, sie ausreichend mit wirtschaftlichen und sozialwissenschaftlichen Bildungseinrichtungen zu vernetzen.

Miele: Sowohl als Start-up-Lobbyist als auch in meiner Rolle als Investor ist es für mich ein riesiges Anliegen, dass wir diese Verknüpfung besser hinbekommen. Die Mainzer Firma BioNTech, die den Coronaimpfstoff entwickelt hat, ist da immer mein Lieblingsbeispiel, weil sie unterschiedliche Herausforderungen zugleich erfüllt, fairerweise gesagt auch einige Klischees: Eine Frau und ein Mann haben BioNTech gemeinsam gegründet, sie sind verheiratet, haben ein Kind und obendrein noch einen Migrationshintergrund. Dann investiert BioNTech nicht nur erheblich in die Grundlagenforschung, sondern entwickelt und produziert zugleich eine Immuntherapie, setzt also Wissenschaft in Produkte um …

Und wird zudem noch von der Privatwirtschaft finanziert …

Miele: Ja, das zeigt doch, dass wir nicht nur in puncto wissenschaftlichen Tiefgangs unglaublich gut sind, sondern dieses Potenzial, wenn wir es wollen und uns anstrengen, auch wirtschaftlich erfolgreich umsetzen und nutzen können. Die TU München oder die RWTH Aachen führen vor, wie Grundlagenforschung und Anwendungsentwicklung ineinandergreifen können. Um Weltspitze zu sein, müssen wir dieses Konzept aber weit mehr als bisher in die Breite tragen. Mit dem Programm »Startup Factories« will der Bund Gründerschmieden an Unis nach dem Vorbild des Münchner Projekts UnternehmerTUM fördern. Nach dessem erfolgreichen Startschuss mit mehreren Dutzend interessierten Hochschulen aus dem gesamten Bundesgebiet ist jetzt entscheidend, dass die Bundesregierung die Finanzierung für den kompletten Förderzeitraum gewährleistet. Im Vergleich zu den zugesagten knapp zweistelligen Milliardensubventionen für den Chiphersteller Intel in Sachsen-Anhalt sind das Peanuts. Wir sollten es nicht mehr zulassen, dass wir wie einst zwar die MP3-Technologie entwickeln, aber andere Länder aus unseren Erfindungen lukrative Produkte machen. Wenn die Kassen bei uns klingeln, werden auch die Investoren wach.

Derzeit muss wahnsinnig viel finanziert werden, die Energiewende, die militärische Zeitenwende, die Digitalisierung, um nur drei Beispiele zu nennen. Der Wandel stellt auch viele traditionelle Unternehmen vor große finanzielle Herausforderungen, sie brauchen für ihre Transformation dringend Geld und halten bereits die Hand auf. Haben Sie Sorge, dass Start-ups am Ende den Kürzeren ziehen? Dass für sie nicht mehr ausreichend Risiko- oder Wagniskapital zur Verfügung stehen wird?

Dada: Ein großer Teil der Kapitalbasis für Start-ups stammt nicht aus staatlichen Steuereinnahmen, sondern aus vielen Töpfen. Was mich persönlich jedoch besonders stört: Keins der derzeit fünf größten deutschen Unternehmen, die mit Wagniskapital finanziert werden, hatte in einer der letzten großen Finanzierungsrunden einen führenden deutschen oder europäischen Investor. Sie kamen alle aus Katar, den USA oder den Vereinigten Arabischen Emiraten.

Ist das denn schlecht?

Dada: Selbstverständlich sind wir ein offener Markt und heißen ausländische Investoren willkommen, sie sind neben staatlicher Finanzierung und deutschen Investoren eine weitere wichtige Geldquelle. Aber sie dürfen eben auch nicht, wie sie es in den vergangenen Jahren waren, der einzige oder zumindest der alles beherrschende Geldgeber sein. Auch aufgrund der neuen Weltlage müssen wir strategischer denken, jedenfalls soweit es die großen Unternehmen und Kerntechnologien betrifft. Weil wir sichergehen müssen, dass unsere einheimischen Innovationserfolge nicht ausschließlich von ausländischen Investoren finanziert werden, wünsche ich mir mehr deutsche und europäische Kapitalquellen, staatliche wie privatwirtschaftliche.

Miele: Bei diesem Thema schlagen zwei Herzen in meiner Brust. Der Marktwirtschaftler in mir sagt, der Staat soll sich bitteschön bei der Finanzierung heraushalten, denn sein Eingreifen verzerrt die Preise und macht die Marktdynamik kaputt. Der Realist in mir sieht aber, dass alle unseren globalen Wettbewerber starke Partnerschaften mit staatlichen Finanziers eingegangen sind. Das Silicon Valley hat sich im großen Umfang staatliche Aufträge und staatliche Dollar gesichert. Tesla oder auch SpaceX haben enorm vom amerikanischen Steuerzahler profitiert, da können wir in Deutschland nur vor Neid erblassen. In China, am anderen Ende der Welt, steckt der Staat irrsinnig viel Geld in die Innovationsbranche. Und im Grunde macht es ja auch

Sinn, Finanzmittel für Forschung und Entwicklung bereitzustellen, denn diese Ausgaben können Unternehmen nicht immer aus eigener Kraft leisten. In Europa haben wir das langsam begriffen und beschreiten Schritt für Schritt einen besseren Weg.

Was wird konkret besser?

Miele: Die konsequente Weiterentwicklung des Zukunftsfonds durch die Bundesregierung begrüßen wir ausdrücklich. Das gilt insbesondere für die European Tech Champions Initiative (ETCI), die mit einer Milliarde Euro aus Mitteln des Zukunftsfonds unterstützt wird, und ebenso für den gestarteten Wachstumsfonds. Dadurch wird die Finanzierungssituation von Start-ups in Deutschland insgesamt weiter gestärkt. Das ist gerade angesichts der herausfordernden wirtschaftlichen Situation und rückläufiger Venture-Capital-Investitionen besonders wichtig. Judith hat doppelt und dreifach recht, dass es grundsätzlich gut ist, wenn ausländische Geldgeber in deutsche Unternehmen investieren. Das beweist doch unsere Attraktivität. Was ich bei uns im Vergleich zu anderen schade finde: Wenn in ein amerikanisches oder in ein kanadisches Start-up investiert wird, klingelt im Falle ihres Erfolgs nicht nur bei den Finanzinstituten, sondern auch bei den Feuerwehrleuten in San Francisco oder den Lehrern in Montreal die Pensionskasse. Das ist toll für sie. Unsere Pensionssysteme hingegen profitieren nicht vom Aufschwung deutscher Unternehmen, weil sie nach anderen Regeln operieren. Dabei hat sich gezeigt, dass die Erträge der amerikanischen Pensionskassen über längere Zeit besser sind als die der deutschen. Unterm Strich ist unser Wagniskapitalmarkt wesentlich schwächer als in den USA. Wir müssen Wagniskapital in Deutschland und Europa stärken. Im Kern geht es darum, das Kapital privater institutioneller Investoren für Wagniskapital zu mobilisieren.

Start-ups fehlt nicht nur oft das Kapital, sondern dessen Beschaffung wird aufgrund steigender Zinsen auch immer teurer. Ist das nur schlecht oder könnte man auch sagen, dadurch trennt sich die Spreu vom Weizen, wer gut ist, setzt sich durch?

Dada: Im Kern stimmt das, denn jede Herausforderung, jede Notsituation erzwingt Kreativität. Wenn man sich die vergangenen Jahre vergegenwärtigt, ist zuweilen auch zu viel Geld in einige Start-ups gelaufen, und sie waren am Ende sozusagen überkapitalisiert.

Das heißt?

Dada: Sie sind nicht kreativ genug geworden, um wirklich nachhaltige Innovationen zu bauen. Der Geldsegen hat diese unternehmerischen Herausforderungen bisweilen übertüncht. Aber wie immer ist die Welt nicht schwarz-weiß. Es gibt tolle Start-ups, denen mangels Kapital die Luft ausgeht. Gleichwohl ist das Argument, dass weniger Geld die Spreu vom Weizen trennt, nicht grundsätzlich falsch. Das eine oder andere Unternehmen wird dadurch erfinderischer, widmet sich wirklich bahnbrechenden Innovationen und nicht nur Projekten, die, grob gesprochen, »die deutschen Straßen mit unzähligen E-Scootern vermüllen«.

Ließe sich daraus im Umkehrschluss folgern, dass sich die deutsche Gründerszene mit weniger finanzieller Unterstützung zufriedengeben sollte?

Dada: Nein, da wäre ich völlig missverstanden. Im Gegenteil, sie braucht mehr Kapital, es geht allein darum, das Geld für sinnvolle Innovationen einzusetzen. Zum Beispiel gibt es Technologien, die wie die künstliche Intelligenz gerade raketenmäßig abheben und die Welt radikal verändern werden. Es mangelt also nicht an Ideen für große Innovationen. Bahnbrechende Start-ups zu gründen und aufzubauen, dauert oft lange. Das haben wir in den vergangenen Jahren, in denen Geld so günstig war, ein bisschen außer Acht gelassen und zu häufig nur auf schnelle Erfolge geguckt. Gegenwärtig aber beobachte ich im Markt eine Rückbesinnung auf wirklich wichtige Start-up-Ideen, die Transformation und Innovation nachhaltig möglich machen. Das ist gesund.

Welche Erfahrungen, Frau Dada, machen Sie mit Finanzierungen? Sind Start-ups, die von Frauen oder Menschen mit Migrationsgeschichte geführt werden, auf dem deutschen Kapitalmarkt benachteiligt?

Dada: Ja, diese Finanzierungslücke existiert. Frauen und Menschen mit Migrationshintergrund sammeln bei der Gründung eines Start-ups im Schnitt weniger Kapital ein als Unternehmen, die nur von Männern oder von gemischten Teams geführt werden. Als Frau mit nigerianischen Wurzeln sage ich aber auch, dass die Welt nicht gegen uns arbeitet, jedenfalls nicht in Deutschland. Aus Erfahrung weiß ich, dass da draußen ganz viele Menschen sind, die uns unglaublich viele Türen öffnen und nur darauf warten, Menschen, die so aussehen wie ich, erfolgreich zu machen. Meine Botschaft an alle ist: »Wenn du in einen Raum mit einem Tisch und einem Stuhl kommst, dann betritt diesen Raum bitte in dem Bewusstsein, dass dieser Stuhl für dich und für niemand anderen ist. Andernfalls wirst du dich nicht durchsetzen und keinen Erfolg haben.«

Miele: Für den Erfolg von Menschen mit Migrationshintergrund spricht auch diese Zahl unseres »Migrant Founders Monitor«, nach der sich bei drei von fünf deutschen Unicorns ein Migrant Founder im Team befindet. Unicorns sind Unternehmen, die eine Bewertung von über einer Milliarde US-Dollar aufweisen können und nicht an der Börse notiert sind.

Frau Dada, Herr Miele, Sie haben am Anfang gesagt, Sie würden sich für die Gründung eines Start-ups immer wieder Deutschland als Standort aussuchen. Doch warum stammen nach wie vor die erfolgreichsten Unternehmen aus den USA oder China und hat es bislang kein deutsches Start-up an die Spitze geschafft?

Miele: Diese Frage beschäftigt mich immer wieder. Meine Antwort darauf hat im Kern damit zu tun, was ich mit dem Label »Made in Germany« verbinde. »Made in Germany« ist ein sehr fluides, wandelbares Konzept. Ausgedacht haben sich dieses Label Ende des 19. Jahrhunderts die Briten. Sie wollten damit deutsche Produkte als minderwertig diskreditieren und mit dem Hinweis auf das Herstellerland davor warnen, diese Ware zu kaufen. Wir Deutschen haben den Spieß umgedreht und mit der Zeit aus dieser Warnung »Made in Germany« ein weltweites Qualitätssiegel für unsere Produkte gemacht.

Gilt das nach wie vor?

Miele: Im Augenblick vielleicht noch. Aber die Frage ist: Was wird mit »Made in Germany« in Zukunft passieren? Wie wird die Welt dieses Label in 20, 30, 40 Jahren wahrnehmen? Immer noch als Qualitätssiegel? Um das zu beantworten, sollten wir uns vor Augen führen, auf welche Weise wir es geschafft haben, die ursprüngliche Intention der Briten ins Gegenteil zu verkehren. Das lag und liegt an vielen Dingen, die entscheidend mit unserer Mentalität zu tun haben: harte Arbeit, deutsche Werte, die ich persönlich gut finde, wie Pünktlichkeit, Genauigkeit, Präzision, auch eine gewisse Sturheit, die nicht unbedingt zu Firmen passt, die im Softwarebereich gegründet werden, weil es da meist um Schnelligkeit und Agilität geht, was nicht gerade zu unseren Stärken zählt. Judith erwähnte vorhin, dass deutsche Start-ups sich wieder mehr wirklich wichtigen Innovationsthemen zuwenden, die auf Gründlichkeit und Nachhaltigkeit und nicht in erster Linie auf einen raschen Erfolg und schnelles Geld setzen. Vielleicht ist das eine Entwicklung, die gut zu unseren ursprünglichen deutschen Tugenden passt.

Also Grund für Zuversicht?

Miele: Die Frage, ob »Made in Germany« im Jahre 2050 immer noch ein Qualitätssiegel oder etwas völlig anderes sein wird, bleibt offen. Ich weiß es nicht. Ich weiß nur, dass dieses Label Umdeutungen erfahren hat und damit kein für alle Zeiten feststehender Begriff ist. Und ich weiß, dass es einst geholfen hat, uns dank unserer besonderen Arbeitsweise von der britischen Interpretation zu befreien. Also gehe ich davon aus, dass diese Tugenden, wenn wir sie wieder zum Leben erwecken, uns auch in Zukunft helfen können. Insgesamt jedoch würde ich uns Deutschen mehr »German Mut« und weniger »German Angst« wünschen. Dass wir wieder größer denken, uns von überkommenen engen deutschen Denkmustern befreien. Manche Kulturzuschreibungen, sogenannte Memes, die überwiegend übers Internet verbreitet werden, sind wirklich witzig. Auf Instagram & Co. gibt es Memes nur für uns Deutsche, die »Alman Memes«. Viele sind absolut zutreffend, beschreiben exakt, wie wir leben, wie wir die Dinge sehen und machen. Dank einiger dieser Eigenschaften funktioniert ja auch vieles gut bei uns. Doch wäre es hilfreich, wir »Almans« würden an der einen oder anderen Stelle die ausgetrampelten Pfade verlassen, ein bisschen aus unserer Komfortzone heraustreten und mehr träumen. Andere können das ja auch.

Dada: Völlig einverstanden, Christian. Ich würde allerdings noch eine der Zukunft zugewandte Perspektive hinzufügen. Wir Deutschen müssen begreifen, dass wir wahrscheinlich vor einem epochalen Wandel der Menschheitsgeschichte stehen, den Folgen der künstlichen Intelligenz. Ich sage »wahrscheinlich«, denn keiner kann derzeit das Ausmaß der Veränderungen und Auswirkungen wirklich ermessen.

Haben wir hier den Anschluss verpasst?

Dada: Zumindest haben wir zu lange auf Pump gelebt, haben uns, ohne es uns wirklich leisten zu können, auf den Errungenschaften und Leistungen der Gründergenerationen vor uns ausgeruht. Dabei ist uns so manches durch die Lappen gegangen. Wir haben zum großen Teil die Cloud-Technologie-Welle verpasst, auch die Entwicklung mobiler Plattformen. Nun kommt mit der künstlichen Intelligenz eine neue, umstürzende Trendwende. Sie hat vielfältige Konsequenzen für die Medizin, die Grundlagenforschung, die Biotechnologie, überhaupt für unsere Produktivität, die Art und Weise, wie wir Menschen künftig arbeiten werden. Wenn wir uns die deutschen Versäumnisse schon in der Vergangenheit nicht leisten konnten, dann können wir sie uns im Angesicht der rasanten Fortschritte der künstlichen Intelligenz erst recht nicht mehr leisten.

Das heißt?

Dada: Es wäre fatal, wenn wir Deutsche bei der KI-Entwicklung nicht mitreden können, keinen »seat at the table« haben. Aber ich bin keine

Schwarzseherin. Um dort anzuknüpfen, wo wir in diesem Gespräch begonnen haben, bei dem von Ihnen beschworenen »Gründergeist«: In Deutschland leben mehr als 80 Millionen Menschen. Unter ihnen gibt es sehr viele schlaue Köpfe, die alle Chancen der Welt haben, ein erfolgreiches Start-up zu gründen, das eines Tages sogar zu den Top 3 der Welt gehören könnte. Ihren Gründerdrang, ihre Schaffenskraft nicht zu wecken und nach Kräften zu fördern – das wäre unser allergrößtes Versäumnis.

Bequem gemacht

Die Deutschen sind mit ihrem Leben zufrieden und ruhen sich auf ihren Erfolgen aus. Doch Rezession, Energieknappheit und schwindende Wettbewerbsfähigkeit zwingen zum Umdenken. Einige Vorschläge, was sich ändern muss

Von Martin Schröder

Jeder kennt das Gefühl. Man dreht sich morgens nach dem Weckerklingeln im Bett noch einmal um. Denn man weiß, dass es so gemütlich den ganzen Tag nicht mehr wird. Also drückt man beim Wecker die Snooze-Taste. Trotz schlechten Gewissens. Denn eigentlich gäbe es viel zu tun. Doch ein Gedanke, eigentlich ein Gefühl, ist stärker: Bitte nur noch ein bisschen hindämmern. Nur noch einen Augenblick die Gemütlichkeit genießen, bevor man sich mit den unvermeidlichen Pflichten des Tages auseinandersetzen muss.

Dieses behagliche Snooze-Gefühl mit leicht schlechtem Gewissen ist die derzeitige Gemütslage der Deutschen. Wir wollen uns noch ein wenig in der Behaglichkeit ausruhen, die wir uns mit vergangenen Erfolgen aufgebaut haben. Obwohl wir eigentlich wissen, dass wir allmählich mal wieder anpacken müssten. Doch fangen wir von vorne an. Auf welchen vergangenen Erfolgen konnten wir uns bisher ausruhen?

Die Krise, die wir bewältigt haben

Wer heute eine Handwerkerin, einen Krankenpfleger oder eine Sachbearbeiterin sucht, findet kaum noch jemanden. Viel Arbeit muss erledigt werden, doch niemand will sie mehr machen. Denn kaum jemand sucht noch Arbeit. In der Zeit vor 2006 hatte Deutschland das gegenteilige Problem. Jeder fünfte arbeitssuchende Ost- und jeder zehnte Westdeutsche fand keinen Job. Von 2006 bis 2022 sank dann die Arbeitslosenquote. Und sank. Und sank. Sehen Sie selbst!

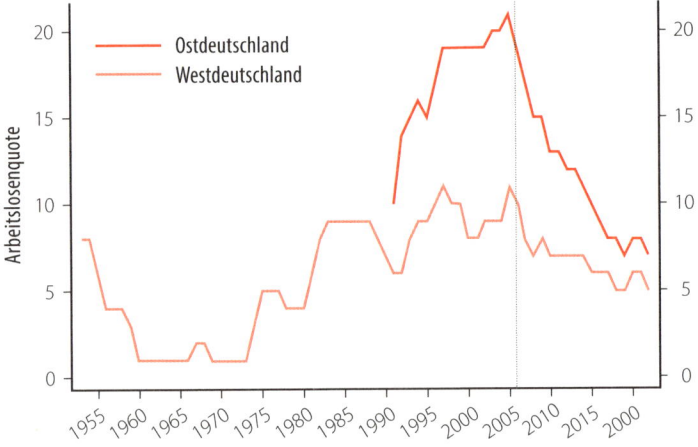

Quelle: Destatis[1]

Nicht nur das Problem der Arbeitslosigkeit hat sich ins Gegenteil verkehrt. Auch galt Deutschland vor 2006 aufgrund seiner geringen Wettbewerbsfähigkeit als kranker Mann Europas. Als renditehungrige Finanzinvestoren damals Unternehmensteile ins wettbewerbsfähigere Ausland verlagerten, bezeichnete der damalige SPD-Vorsitzende Franz Müntefering sie gar als Heuschrecken. Denn Angst vor Unternehmensabwanderungen grassierte.

In den vergangenen fast zwei Jahrzehnten haben sich diese Ängste gründlich umgedreht. In den 2010er-Jahren beklagte alle Welt vielmehr das Gegenteil, nämlich dass südeuropäische Länder keine Chance mehr gegen die wettbewerbsfähige deutsche Konkurrenz hätten. Von der Massenarbeitslosigkeit zur Vollbeschäftigung. Vom kranken Mann zum Exportweltmeister.

Klar ist, dass es fast allen Menschen besser geht, seit Deutschland sich Mitte der 2000er-Jahre neu erfunden hat. Dabei ist beinahe gleichgültig, welchen Indikator man sich anschaut.

Doch geht dieser Trend weiter oder ist er einstweilen gestoppt? So oder so bleibt die Frage, was das mit unserer Psyche gemacht hat. Und hat der Höhenflug der vergangenen Jahre auch Schattenseiten?

Klar ist, dass es fast allen Menschen besser geht, seit Deutschland sich Mitte der 2000er-Jahre neu erfunden hat. Dabei ist beinahe gleichgültig, welchen Indikator man sich anschaut. Denn ab Mitte der Nullerjahre verbesserte sich fast alles. Das lässt sich an einem einzigen Indikator ablesen. Zwischen den 1980er- bis in die 2000er-Jahre sank die Lebenszufriedenheit der in Deutschland ansässigen Menschen fast kontinuierlich, seit 2006 steigt sie wieder an. Und trotz der Coronapandemie zeigten sich diese Menschen, die ich der Einfachheit halber im Folgenden »Deutsche« nenne, in den letzten Befragungswellen des Sozio-oekonomischen Panels[2] sogar zufriedener als je zuvor.

Martin Schröder

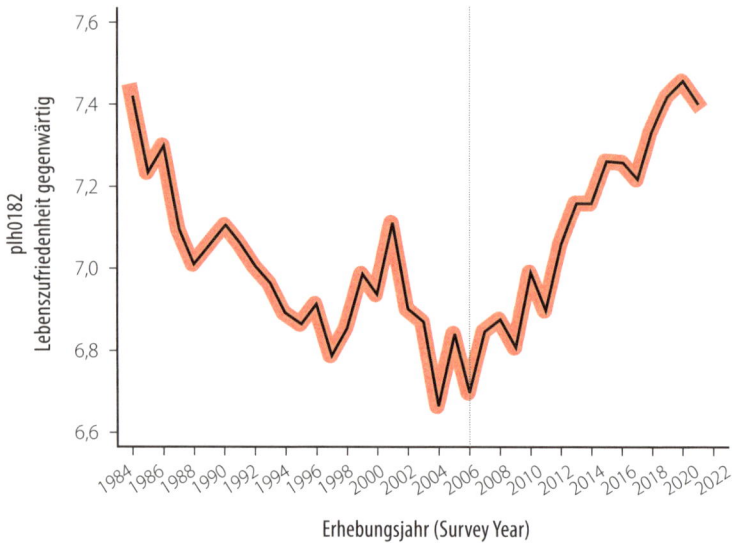

Quelle: SOEP[3]

Zuletzt bewerteten die Deutschen ihre Lebenszufriedenheit im Jahr 2021 mit 7,4 von zehn Punkten. Selbst Corona erzeugte nur einen kurzen Einbruch der seit 2006 langfristig ansteigenden Lebenszufriedenheit. Und nicht nur einige, sondern fast alle sind zufrieden. Zuletzt, 2021, verorteten sich nur noch 13 Prozent der Deutschen in der unteren Hälfte der Zufriedenheitsskala. Unfassbare 57 Prozent bewerteten hingegen ihre Zufriedenheit mit acht, neun oder sogar zehn von zehn möglichen Zufriedenheitspunkten.[4] Ob man es glaubt oder nicht, fast allen geht es nach ihrer Selbsteinschätzung mittlerweile gut und kaum jemandem noch schlecht.

<u>Ob man es glaubt oder nicht, fast allen geht es nach ihrer Selbsteinschätzung mittlerweile gut und kaum jemandem noch schlecht.</u>

Nicht nur werden die Deutschen seit 2006 insgesamt zufriedener. Sie werden auch mit fast jedem Einzelaspekt ihres Lebens zufriedener. So steigt, wie der nächsten Kurve zu entnehmen ist, seit 2006 ebenfalls die Zufriedenheit mit dem Haushaltseinkommen. Damit sind die Deutschen mittlerweile sogar weitaus zufriedener als jemals seit Beginn der Messungen.

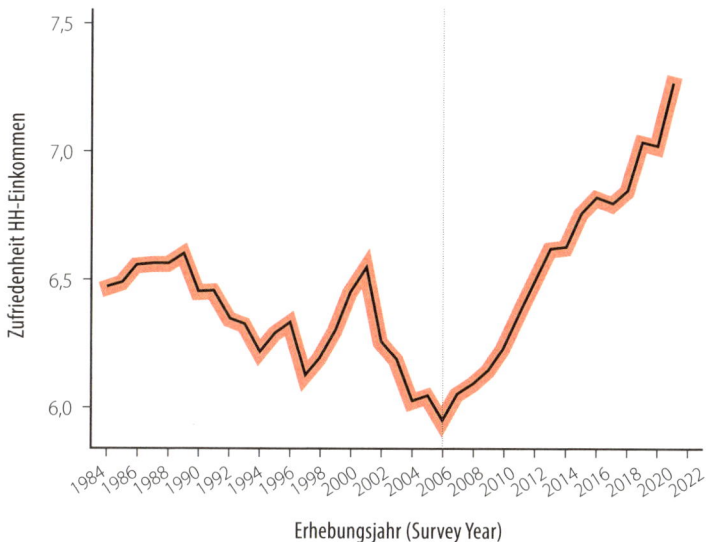

Quelle: SOEP

Diese steigende Zufriedenheit zeigt sich so ähnlich auch für das individuelle Einkommen, für die Arbeit, Haushaltstätigkeit und Gesundheit und für die Zufriedenheit mit der Wohnung. Immer wieder ist 2006 das Jahr der Trendwende, seither geht es in fast jeder Hinsicht aufwärts.[5]

Die Deutschen haben nunmehr deswegen seit fast 20 Jahren an ihrem eigenen Leben immer weniger auszusetzen. Sie haben es sich privat sozusagen kuschelig eingerichtet. Doch so schön das für den Einzelnen ist, was bedeutet es für eine Gesellschaft, wenn fast alle mit fast allem zufrieden sind und materiell immer weniger Probleme für sich sehen? Eine Antwort lautet: Geldverdienen wird unwichtiger.

Die Wünsche und Sorgen der Deutschen

Jährlich werden im Rahmen des Sozio-oekonomischen Panels die Deutschen nach ihrer gewünschten Arbeitszeit befragt. Sehen Sie selbst, wie diese sich über die Jahre entwickelt hat!

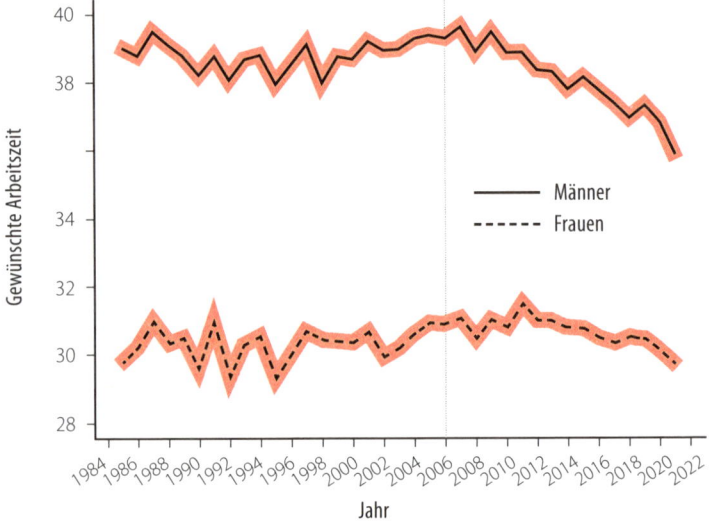

Quelle: SOEP

Während Frauen seit Anfang der Messungen schon immer ungefähr 30 Stunden pro Woche erwerbstätig sein wollen, haben sich die Wünsche der Männer stark verändert. Bis 2006 wollten sie in der Regel noch circa 39 Stunden die Woche arbeiten; mittlerweile wünschen sie sich jedoch weniger als 36 Stunden. Zugleich machen die Deutschen sich seit 2006 immer weniger Sorgen um ihren Arbeitsplatz und um ihre eigene wirtschaftliche Situation.

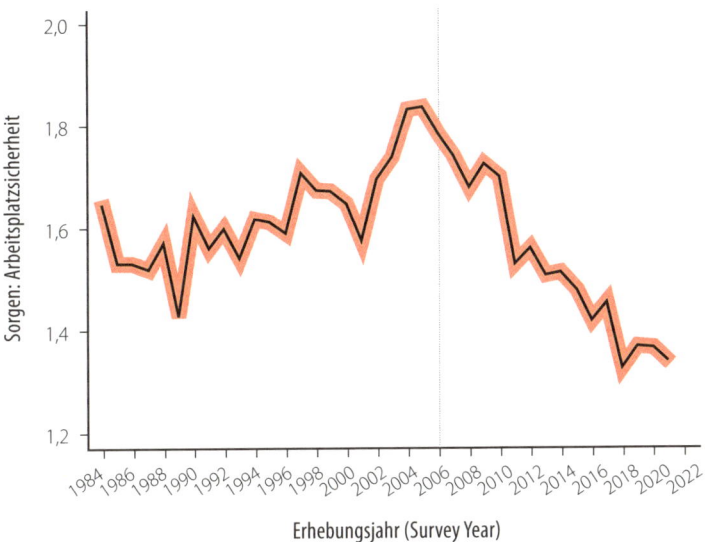

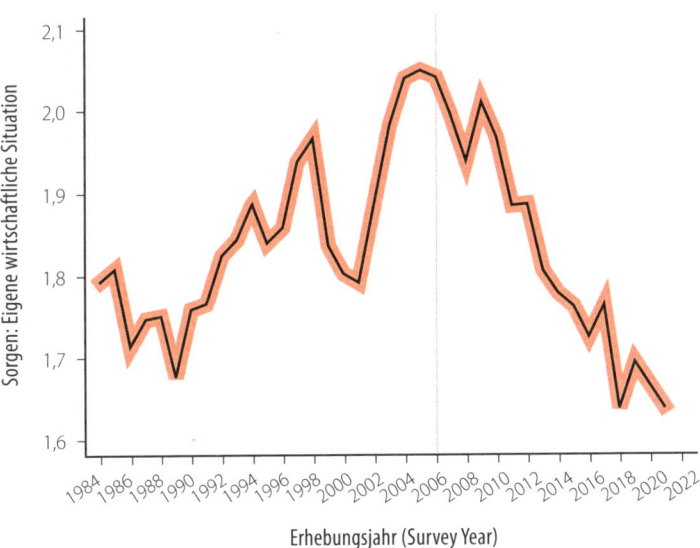

Quelle: SOEP

Die Daten zeigen, dass die Sorge vor Arbeitsplatzverlust und die Sorge um die eigene wirtschaftliche Situation seit 2006 fast kontinuierlich gesunken sind. Diese Entwicklung korrespondiert mit der oben gezeigten extrem niedrigen (tatsächlichen) Arbeitslosigkeit, derentwegen Arbeitnehmer die von ihnen gewünschte kürzere wöchentliche Arbeitszeit auch durchsetzen können. Entsprechend befinden sich die Arbeitsstunden der Männer seit etwa 2006 im Sinkflug. Das liegt übrigens nicht daran, dass Vollzeiterwerbstätige weniger Stunden arbeiten, sondern daran, dass mehr Männer in Teilzeit arbeiten – und wenn sie in Teilzeit arbeiten, dann kürzere Teilzeit als früher.

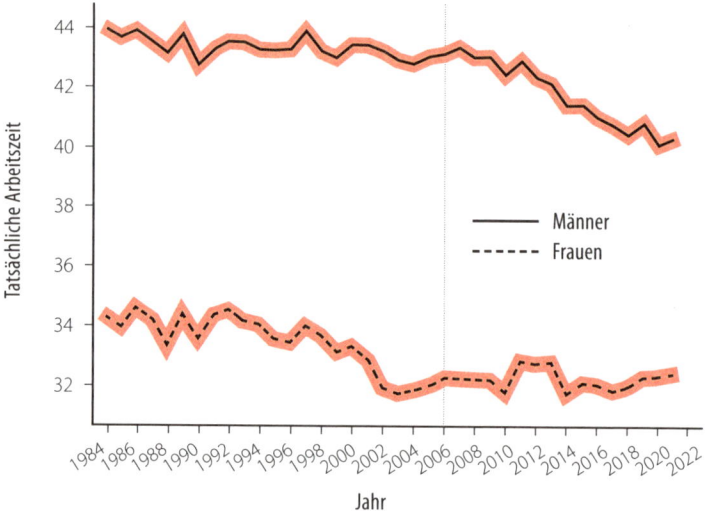

Quelle: SOEP

Aufgrund all der Arbeitszeitreduktionen hat Deutschland nun die niedrigste durchschnittliche Wochenarbeitszeit aller wohlhabenden OECD-Länder. Weil die Arbeitszeit deutscher Erwerbstätiger um 21 Prozent kürzer ist als die des OECD-Durchschnitts, gibt es also kein einziges entwickeltes Land, in dem noch weniger gearbeitet wird als in Deutschland. Die OECD nennt Deutschlands extrem kurze Arbeitszeiten eine »beschäftigungspolitische Herausforderung«. Eine Herausforderung, die die eingangs formulierte These illustriert: »Es gibt viel zu tun. Doch niemand will es mehr machen.«[6] Nicht nur die schrumpfende Arbeitszeit spricht dafür. Laut der Allgemeinen Bevölkerungsumfrage in den Sozialwissenschaften (ALLBUS) 2022 halten Deutsche es auch für immer weniger erstrebenswert, Verantwortung im Job zu übernehmen. Wichtiger wird ihnen hingegen, einen sozial nützlichen Beruf auszuüben. Zudem haben seit 1990 noch nie so wenige Deutsche wie heute der Aussage zugestimmt, es sei wichtig, sich etwas leisten zu können. Geld verdienen wird den Deutschen also immer unwichtiger, denn ihre allgemeine Wahrnehmung ist, dass es ja bereits gut genug läuft.

»Es gibt viel zu tun. Doch niemand will es mehr machen.«

Nicht nur ihre eigene Situation, sondern auch die Wirtschaftslage sahen die Deutschen 2021 positiver als je zuvor. Im Umkehrschluss finden seit 2006 immer weniger Deutsche, dass es »einfachen Menschen« nach wie vor schlecht gehe. Und in den vergangenen fast 40 Jahren waren noch nie so wenige der Ansicht, dass unterschiedliche Gehälter die Arbeitsmotivation überhaupt noch erhöhen können. Mental war Deutschland also noch nie so egalitär. Denn die Deutschen meinen, den Armen gehe es gut, einem selbst sowieso, am besten hätten alle gleich viel Geld und überhaupt sei der Verdienst nicht so wichtig wie die Freizeit. Damit bestätigen die Deutschen alle amerikanischen Vorurteile über abgesicherte und gleichheitsliebende Europäer mit unfassbar vielen Urlaubstagen.

Man kann die Entwicklung hin zu mehr Freizeit gesellschaftlichen Fortschritt nennen. Doch wenn Sie auf die fünf Länder Schweden, Dänemark, Niederlande, Luxemburg und die Schweiz blicken, denken Sie dann eher an Erfolg oder an Niedergang? Fast jeder assoziiert mit ihnen wirtschaftlichen und sozialen Erfolg. Doch nur wenige wissen, dass es diese fünf Staaten sind, die in Europa ihre Wochenarbeitszeit seit 2016 am stärksten erhöht haben. Auch dort gibt es viel zu tun, sodass nun in diesen Ländern zumindest etwas mehr als 35 Stunden in der Woche gearbeitet wird. Dahingegen lag die wöchentliche Arbeitszeit in Deutschland zuletzt bei nur 34,7 Stunden.[7]

Wer erwirtschaftet weiterhin unseren Wohlstand, in dem wir es uns so bequem eingerichtet haben?

Die drängende Frage lautet darum: Wer soll die Arbeit erledigen, wenn immer weniger Deutsche dies noch tun wollen? Wer zahlt in einer rapide alternden Gesellschaft in die Rentenkasse ein? Wer tüftelt an Lösungen, die den Klimawandel bremsen? Wer installiert Wärmepumpen? Wer pflegt die Alten? Kurzum, wer erwirtschaftet weiterhin unseren Wohlstand, in dem wir es uns so bequem eingerichtet haben?

Weder scheinen die Deutschen wegen dieser Fragen besorgt zu sein, noch bereitet ihnen offenbar irgendetwas anderes schlaflose Nächte. Nicht einmal die viel debattierte Zuwanderung. Zwar zeigte sich 2016, während der sogenannten »Flüchtlingswelle«, ein Anstieg der Angst vor Zuwanderung, doch schon 2020 legte sich diese Angst wieder und war 2021 auf dem Stand von vor zehn Jahren. Auch die Sorge vor Kriminalität stieg parallel zur Angst vor Zuwanderung 2016 kurzzeitig an, war aber wenig später schon wieder auf so niedrigem Niveau wie seit fast 30 Jahren nicht mehr. Angst vor Ausländerfeindlichkeit, die korrespondierend mit der Einwanderung und fremdenfeindlichen Übergriffen ebenfalls wuchs, blieb allerdings unverändert bestehen; sie war 2021 noch fast so hoch wie Anfang der 1990er-Jahre. Hingegen ist die Sorge um unsere Umwelt seit 2016 etwas gestiegen, jedoch ist sie immer noch geringer als in den 1980er-Jahren, während klassische Umweltthemen wie schlechte Luftqualität, saurer Regen und Waldsterben die Diskussionen beherrschen. Hinzugekommen ist eine seit 2009 nahezu kontinuierlich ansteigende Sorge wegen des Klimawandels.

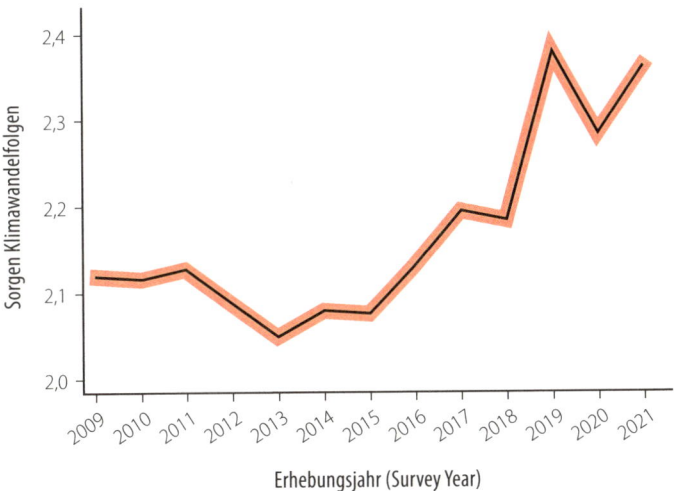

Quelle: SOEP

Doch selbst die Angst vor dem Klimawandel ist nicht allzu groß. Die Sorgen davon erreichten 2021 nur einen Wert von 2,36 auf einer Skala von 1 (keine Sorgen) über 2 (einige Sorgen) bis 3 (große Sorgen).[8] Auch jüngere Menschen sind hier keine Ausnahme. So machen sich unter 25-Jährige keine größeren Sorgen wegen des Klimawandels als der Rest der Gesellschaft. Landläufig wird zwar behauptet, der Klimawandel treibe vor allem junge Menschen um und sei den Älteren gleichgültiger, doch die Daten geben das nicht her. Eher steigt mit zunehmendem Lebensalter die Sorge wegen des Klimawandels, jedenfalls minimal.

Generell zeigen die ALLBUS-Daten, dass die Deutschen heute weniger Auseinandersetzungen zwischen den Generationen sehen als noch zu Beginn der 1980er-Jahre. Ein Generationenkonflikt ist somit eher Hirngespinst als Realität. Wie übrigens auch viele andere vermeintliche Krisen eher herbeigeschriebene als reale Probleme sind.

So reden wir beispielsweise viel über die angebliche soziale Kälte. Doch das Vertrauen der Deutschen in ihre Mitmenschen steigt. Ebenso haben die Deutschen ehrenamtlichem Engagement noch nie einen so hohen Stellenwert beigemessen wie heute. Und immer mehr Deutsche finden es wichtig, für andere da zu sein. Wir werden also keine kältere Gesellschaft, im Gegenteil. Und ob man es glaubt oder nicht, sogar die Zukunftszuversicht war noch nie höher, sie lag zuletzt bei fast drei von vier möglichen Punkten. Lange Zeit meinte eine wachsende Zahl von Deutschen sogar, man sollte angesichts ungewisser Aussichten besser keine Kinder mehr bekommen. Doch auch diese extreme Form des Zukunftspessimismus ist stark zurückgegangen.

Was also wollen die Deutschen? Wie wir gesehen haben, wollen sie immer weniger arbeiten und wünschen sich ansonsten im Wesentlichen das, was sie schon immer wünschten – ein Haus, Kinder, eine glückliche Ehe. Diese Ziele stehen nach wie vor weit oben und variieren kaum in ihrer Wichtigkeit, haben also nichts von ihrem Stellenwert eingebüßt.

Probleme, die sich auftürmen

Doch möglicherweise türmen sich hinter der allgemeinen Zufriedenheit und dem als bequem erlebten Status quo gerade die nächsten Krisen auf. So erlebt Deutschland derzeit die höchste Inflation seit mehr als 50 Jahren. Hohe Inflationsraten kündigten bisher immer Wirtschaftskrisen an.[9] Beim Global Competitiveness Report des World Economic Forums lag Deutschland hinsichtlich seiner Wettbewerbsfähigkeit

2019 zwar immer noch auf dem siebten Platz, gegenüber dem vorherigen Ranking war dies aber ein Abstieg um vier Plätze. Laut dem Ranking des ZEW Mannheim verorteten deutsche Familienunternehmen Deutschlands Wettbewerbsfähigkeit bis zum Jahr 2014 global stets unter den Top Ten, doch inzwischen ist Deutschland hier auf den 18. Platz abgestiegen.[10] Und bis zur Weltfinanzkrise 2008/2009 lag die Entwicklung der deutschen Arbeitsproduktivität noch vor den USA und den restlichen OECD-Ländern. Bis 2019 konnte Deutschland immerhin noch mithalten. Doch seitdem stagniert die Arbeitsproduktivität, während sie in den USA und anderen OECD-Ländern weiter steigt.[11] Was also könnte man tun, damit der Wohlstand nicht verloren geht, auf dem wir es uns in den vergangenen Jahrzehnten so bequem gemacht haben?

Was tun?

In den vergangenen 50 Jahren konkurrierten in gesellschaftlichen Debatten und damit auch in den daraus folgenden politischen Maßnahmen immer zwei gegensätzliche Ziele: Freiheit und Fürsorge. Mal gewann der eine Wert die Oberhand, mal der andere. Weil Freiheit und Fürsorge sich widersprechen, können nicht beide Werte gleichzeitig stark sein. Denn lässt man Menschen mehr Freiheit, kann man sie nicht zugleich »befürsorgen«. Entscheidet man sich hingegen für eine umfassende Fürsorge, muss man diese auch finanzieren. Dazu muss man Menschen besteuern, wodurch man deren Freiheit einschränkt, über ihr selbst verdientes Geld zu verfügen. Man muss sich also entscheiden: Freiheit oder Fürsorge.

Eine Ära der Fürsorge endete hierzulande Mitte der 1970er. Im Zuge eines 30-jährigen Wirtschaftswunders sicherte die Politik Arbeitnehmer immer stärker ab. Doch vor lauter Wohlfahrt geriet aus dem Blick, dass der Kapitalismus sich auch für die Kapitalisten lohnen muss. Als

Verteilungskämpfe zwischen Arbeit und Kapital im Zuge des Ölpreisschocks härter wurden, begann sozusagen ein »Streik der Arbeitgeber«, denn Unternehmen machten dicht. Die Wirtschaftskraft ging zurück, die Arbeitslosigkeit stieg. Weil das nicht ewig so weitergehen konnte, entdeckte die Politik den Wert individueller und unternehmerischer Freiheit wieder. Fürsorge trat in den Hintergrund. 40 Jahre lang senkte die Politik Steuern und soziale Absicherungen, gipfeld in der Agenda 2010 und Hartz IV, mit denen der Staat die dauerhafte Fürsorge für Arbeitslose oberhalb des Sozialhilfeniveaus aufkündigte.

Doch ob wir Quoten einführen, Gruppen ermutigen, ein Fach zu studieren, auf das sie bisher keine Lust hatten, oder anfangen zu »gendern«, wird unseren zukünftigen Wohlstand weder nennenswert steigern noch verringern.

Seit der Finanzkrise 2008/2009 schwingt das Pendel in die Gegenrichtung, von der Freiheit zurück zur Fürsorge. Seitdem wird der freie Markt wieder eher als Problem statt als Lösung gesehen. Allerdings wird Fürsorge seitdem weniger wirtschaftlich verstanden, sondern als Gewährung von Sonderrechten, welche an die eigene Identität geknüpft sind. Diese sogenannte Identitätspolitik machte also genau, wonach sie benannt ist: Politik für Menschen mit bestimmten Identitäten. Sie gestand deswegen immer feiner aufgegliederten Gruppen einen benachteiligten Sonderstatus zu, der daraufhin mit Quoten, selektiven Förderprogrammen und Sprachregeln kompensiert werden sollte. Angesichts vergangenen Unrechts sind die Impulse dieser Identitätspolitik verständlich. Man kann vieles daran auch gesellschaftlichen Fortschritt nennen. Doch ob wir Quoten einführen, Gruppen ermutigen, ein Fach zu studieren, auf das sie bisher keine Lust hatten, oder anfangen zu »gendern«, wird unseren zukünftigen Wohlstand weder nennenswert steigern noch verringern. Vielmehr toben wir uns mit solchen Maßnahmen auf Nebenschauplätzen aus, ohne an den wirklich relevanten ökonomischen, sozialen und politischen Problemen etwas zu ändern. Diese Schattengefechte dürfen und sollten uns darum nicht davon abhalten, auch jene Probleme zu lösen, die unseren Wohlstand dauerhaft gefährden. Diese wirklich relevanten Probleme liegen alle auf dem Tisch, ebenso wie deren Lösungsmöglichkeiten.

Bürokratie abbauen

Wem es gut geht, der will in der Regel keine Veränderung. Schließlich ist man bereits zufrieden mit dem Status quo. Entsprechend könnte die weitverbreitete Zufriedenheit ein Grund sein, warum jede noch so kleine Veränderung mittlerweile mehrfache bürokratische Absicherungen – und damit endlose Zeit – braucht.

Welche absurden Auswüchse dieses Streben nach bürokratischer Absicherung mit sich bringt, zeigt das Beispiel Bundeswehr. Weil man lange dachte, diese werde sowieso nicht mehr ernsthaft gebraucht, hatte man beispielsweise die Muße, an den Feinstaubwerten für den Schützenpanzer Puma so lange zu drehen, bis sie kein Risiko mehr für das Fruchtwasser einer schwangeren Soldatin darstellen. Die Vorschrift verlangt es schließlich. So, wie sie ebenfalls verlangt, dass ein Panzer als »kampfuntauglich« aus dem Verkehr gezogen wird, sobald er gegen die deutsche Straßenverkehrsordnung verstößt, etwa weil ein Blinker ausgefallen ist oder das Warndreieck fehlt.

Solche absurden Vorschriften zu erfüllen, verbraucht Energien und Ressourcen, die an wichtigeren Stellen fehlen. So schaffte es die Bundeswehr trotz eines Etats von über 50 Milliarden Euro in sicherheitspolitisch heiklen Zeiten nicht einmal, einfachste Ausrüstung wie Kampfanzüge oder Taschenlampen anzuschaffen. Soldatinnen und Soldaten mussten sich diese deswegen oft privat besorgen. Man hat also immer komplizierte bürokratische Regeln zu beachten, bis deren Befolgung irgendwann jedes Handeln so aussichtslos macht, dass man die Vorschriften halblegal umgehen muss, um überhaupt noch handlungsfähig zu bleiben. Dies betrifft nicht nur die Bundeswehr, sondern ebenso Unternehmen und den öffentlichen Dienst.

Denn eine Grunderkenntnis lautet, dass mehr Regulierung nicht unbedingt zu besserer Regulierung führt, sondern irgendwann nur noch zu einem immer größeren Aufwand, der schlussendlich darin endet, dass man die Einhaltung von Vorschriften nur noch vorspielen kann. So unterschreibt man zum Beispiel in harmloseren Fällen vorgeschriebene Stundenzettel, deren Richtigkeit man in Wirklichkeit nicht überprüfen kann, man bezahlt seine Dienstreisen lieber aus seiner privaten Geldbörse, statt stundenlang Formulare ausfüllen zu müssen, oder schreibt mit der künstlichen Intelligenz von ChatGPT obligatorische Datenschutz- und Corporate-Social-Responsibility-Pläne, die sowieso niemand liest.

Wer also nur sein ganz normales Leben bewältigen will, bewegt sich aufgrund all der bürokratischen Regulierungen deswegen oft bereits an der Grenze zur Illegalität.

Währenddessen sind Privatpersonen gezwungen, Grundsteuererklärungen mit Daten auszufüllen, die dem Staat längst vorliegen. Trotz größter Wohnungsnot kann niemand mehr ein Haus bauen, ohne sich in immer strengeren Regeln zu verirren, für Windkraft- oder Solaranlagen gilt das erst recht. Und haben Sie als Mieter ein Problem und bitten Ihren Vermieter, einen Handwerker zu beauftragen, darf dieser nach der Datenschutz-Grundverordnung eigentlich nicht einmal Ihre

Telefonnummer an den Handwerker weitergeben, selbst wenn Sie das wollen. Denn Ihre Einwilligung dazu braucht Ihr Vermieter im Zweifelsfall schriftlich. Wer also nur sein ganz normales Leben bewältigen will, bewegt sich aufgrund all der bürokratischen Regulierungen deswegen oft bereits an der Grenze zur Illegalität. Wann haben Sie beispielsweise zuletzt ein Formblatt blind unterschrieben, ohne wirklich zu verstehen, was man von Ihnen will, weil Sie die komplizierte Verwaltungssprache beim besten Willen nicht verstehen konnten?

Und allem Anschein nach bleiben uns die gedruckten Formblätter erhalten. Denn die Verwaltung tut alles, um die Digitalisierung von sich fernzuhalten. Kommunizierten 2016 bereits etwa 70 Prozent der Dänen und Esten digital mit ihren Behörden, waren es in Deutschland weniger als 20 Prozent.[12] Nicht die Bürokratie wird digitalisiert, sondern die Digitalisierung bürokratisiert. So gelten die kleinen Datenschnipsel, die »Cookies« genannt und von Webseiten auf Computern hinterlassen werden, offenbar als derart bedrohlich, dass man mittlerweile kaum noch eine Internetseite öffnen kann, ohne vorher Cookie-Warnungen wegzuklicken. Und das, obwohl sich diese Cookies, falls sie einen überhaupt stören, mit Schließen des Browsers auch automatisiert löschen lassen.

Nicht die Bürokratie wird digitalisiert, sondern die Digitalisierung bürokratisiert.

Einen ungleich höheren Stellenwert als die reibungslose Nutzung des Internets hat jedoch anscheinend die Datenschutz-Grundverordnung, welche diese endlosen Warnhinweise nötig macht. Die dahinterstehende Devise der Regelungsfanatiker lautet offenbar: Kann man sich der Digitalisierung schon nicht erwehren, sollte man sie wenigstens so umständlich gestalten, dass sie das Leben nicht vereinfacht. Ein weiteres Beispiel liefern die Universitäten. Da es ihren Verwaltungen irgendwann nicht mehr gelang, die Wissenschaftler zur weiteren Nutzung der Hauspost zu zwingen, müssen diese jetzt ein digitales Formular zunächst ausdrucken, dann mit dem Stift unterschreiben, wieder einscannen und per E-Mail an die Verwaltung schicken, die diese E-Mail wiederum ausdruckt.

Das ist nicht nur schlimm, weil es produktive Arbeitszeit zerstört; es erschwert auch – im Vergleich zu anderen Ländern – die Gründung neuer Unternehmen.[13] Langfristig lähmt uns diese Bürokratie nicht nur, sie zerstört sogar staatliche Legitimation. Denn wenn Datenschutz, Gefahrenminimierung und der Staat ihretwegen nur noch als Verhinderer wahrgenommen werden, verlieren wichtige Prinzipien und Institutionen an Akzeptanz. So droht ein ausufernder Datenschutz die Bürger zum Feind eines eigentlich richtigen Grundsatzes zu machen.

Es gibt einen kleinen Lichtblick. Immerhin sinkt der vom Statistischen Bundesamt seit 2012 erfasste Bürokratiekostenindex, wenn auch nur in kleinen Schritten. So hatte er 2023 noch 98 Prozent des Wertes von 2012[14], auch wenn 2022 immer noch 79 Prozent der Unternehmen ihren bürokratischen Aufwand mit der öffentlichen Verwaltung als groß oder sehr groß bezeichneten.[15]

> **Langfristig lähmt uns diese Bürokratie nicht nur, sie zerstört sogar staatliche Legitimation. Denn wenn Datenschutz, Gefahrenminimierung und der Staat ihretwegen nur noch als Verhinderer wahrgenommen werden, verlieren wichtige Prinzipien und Institutionen an Akzeptanz.**

Wie wäre es also, bei jeder neuen bürokratischen Vorschrift erst eine Effizienzprüfung dahingehend zu machen, ob diese mehr Arbeitskraft bindet, als sie an anderer Stelle Nutzen schafft? Wie wäre es mit einer »Schweigen-ist-Zustimmung«-Regel, nach der eine Genehmigung automatisch erteilt ist, wenn eine Behörde innerhalb einer zuvor festgesetzten Frist nicht Stellung genommen hat?[16] Und warum bündelt man nicht alle Behördengänge für eine Unternehmensgründung an einem Ort?[17]

Die wahrscheinliche Antwort lautet: Weil sich dafür etwas ändern müsste. Und Veränderung will offenbar kaum jemand, schließlich geht es allen Deutschen bislang immer noch recht gut. Doch was, wenn beispielsweise die sicherheitspolitische Lage so brenzlich werden sollte, dass selbst Panzer ohne Warndreieck noch einmal gebraucht werden?

Öffentlich investieren

Eine weitere Lösung könnte heißen, einstweilen für nichts Neues mehr Geld auszugeben, bis das Essenzielle wieder funktioniert. Doch was ist essenziell? Darüber gibt es naturgemäß unterschiedliche Ansichten. Essenziell wäre jedoch sicherlich eine Verwaltung, die in angemessener Zeit handeln und beispielsweise einen Personalausweis ausstellen kann; Krankenhäuser, in denen Menschen nicht sterben müssen, weil kein Arzt da ist; Schulen mit genügend Lehrkräften, die Kinder so unterrichten und fördern, dass sie einen sinnvollen, existenzsichernden Job erlernen können und auf dem Arbeitsmarkt bestehen; ein öffentliches Verkehrssystem, das Menschen zur Arbeit bringen kann; ein Dach über dem Kopf, das man sich auch von einem Durchschnittsgehalt leisten kann; als Mutter arbeiten zu können, wenn man dies möchte.[18]

Bis diese essenziellen Leistungen wieder funktionieren und finanziert sind, könnte man ein Moratorium einlegen, das bestehende Sozialleistungen nicht über das derzeitige Niveau anhebt und keine neuen einführt, wenn diese uns als Nebeneffekt ärmer machen. Ein Beispiel dafür ist ein früherer Renteneintritt, welcher für eine alternde

Gesellschaft immer problematischer wird und noch absurder ist angesichts dessen, dass selbst Menschen in Rente geschickt werden, die gerne weiterarbeiten möchten und dringend gebraucht werden. Etwas anderes sind selbstverständlich jene Menschen, die aufgrund ihres Alters oder ihrer gesundheitlichen Verfassung nicht mehr erwerbstätig sein können. Vielleicht lässt sich all das unter einem neuen gesellschaftlichen Leitbild zusammenfassen: »Für ein Deutschland, das funktioniert.«

Kinderbetreuung verbessern

Essenziell für ein funktionierendes Deutschland wäre, Frauen die Möglichkeit zur Erwerbstätigkeit zu bieten. Nur 6,5 Prozent der wichtigsten Patente kommen hierzulande von Frauen. Unter 40 untersuchten Ländern liegt Deutschland damit auf einem beschämenden drittletzten Platz.[19] Woran liegt das? Erstens verhindert das Ehegattensplitting die Arbeitsmarktpartizipation von Frauen, indem es ihnen dieselbe Steuerlast auferlegt wie ihren meist besser verdienenden Ehepartnern. Zweitens behindern eine unzureichende Kinderbetreuung und fehlende Ganztagsschulen die Erwerbsarbeit von Müttern.[20]

Was für Eltern gilt, stimmt für Alleinerziehende (und das sind meist Frauen) ganz besonders. Ohne Kinderbetreuung können sie kaum berufstätig sein. Warum also setzt sich Deutschland nicht die beste Kinderbetreuung der Welt zum Ziel? Warum strebt man nicht an, dass alle Eltern sich beruflich so engagieren können, wie sie es selbst wünschen? Und solange die dafür nötige Kinderbetreuung nur ein Angebot ist, sollte sie politisch auch von rechts bis links unumstritten sein. Der Blick ins Nachbarland Frankreich zeigt, dass die Entscheidung zwischen Kind und Karriere bei guter Kinderbetreuung kaum nötig ist. Warum also nicht kopieren, was jenseits der Grenze bereits gut funktioniert?

Eine gute Kinderbetreuung erhöht nicht nur kurzfristig Deutschlands Wettbewerbsfähigkeit. Sie schafft auch langfristig die Vorbedingung für Produktivität. Denn Alleinerziehende können, ebenso wie Eltern in schwieriger ökonomischer und sozialer Lage, ihren Kindern oft keine optimalen Startchancen fürs Schul- und spätere Berufsleben ermöglichen. Sie sind deswegen in besonderem Maße auf eine ausreichende Kinderbetreuung und ein gutes öffentliches Bildungssystem angewiesen. Wer hier gut versorgt wird, kann sich auch gut entwickeln. Eine der sozialsten Maßnahmen ist damit auch eine der wirtschaftlich sinnvollsten.

Eine gute Kinderbetreuung erhöht nicht nur kurzfristig Deutschlands Wettbewerbsfähigkeit. Sie schafft auch langfristig die Vorbedingung für Produktivität.

Einwanderung vereinfachen

Obwohl wir dringend Fachkräfte benötigen, erschweren wir mit unserer kafkaesken Bürokratie nicht nur inländischen Fachkräften die Arbeitsaufnahme, sondern schrecken besonders qualifizierte ausländische Fachkräfte ab. Will beispielsweise eine lateinamerikanische Ärztin in Deutschland arbeiten, muss sie ihr Abschlusszeugnis, eine Auflistung aller Studienfächer und einen Bescheid über deutsche Sprachkenntnisse einreichen. Alle Kopien jedoch bitte nicht nur beglaubigt, das wäre zu einfach, sondern mit einer sogenannten Apostille versehen, welche bestätigt, dass derjenige, der etwas ausgestellt hat, dazu auch wirklich berechtigt ist.

Dieses Dokumentenpaket muss an eine deutsche Behörde verschickt werden, welche sich je nach Bundesland unterscheidet. Auch reicht nicht eine englische Übersetzung aller Zertifikate. Stattdessen muss alles von einem im deutschen Rechtssystem vereidigten Übersetzer in die deutsche Sprache übertragen werden, was in der Regel mehr als 500 Euro kostet. Doch selbst dann werden die übersetzten Schriftstücke von der Behörde gerne abgelehnt, weil zum Beispiel nicht die korrekte Anzahl Kopien beigelegt wurde, wobei niemand sagen kann, wie viele Kopien denn tatsächlich nötig sind. Das Dokumentenpaket wird dann unbearbeitet an die Antragstellerin zurückgeschickt, und die ganze Prozedur beginnt von vorne, wofür schnell wieder 500 Euro fällig werden.

Der nächste Schritt ist so verrückt, dass man ihn sich kaum ausdenken kann. Sollten schließlich doch alle Unterlagen in Ordnung sein, erhält die ausländische Fachkraft nicht etwa ein Willkommensschreiben mit überschwänglichem Dank dafür, dass sie Deutschland ihre Arbeitskraft anbieten möchte. Stattdessen ergeht ein tatsächlich sogenannter »Defizitbescheid«. Dieser klärt sie darüber auf, welche Mängel sie noch auszugleichen hat. Beispielsweise muss die Antragstellerin ein sogenanntes Sperrkonto einrichten, um nachzuweisen, dass sie über ein Guthaben von 10 000 Euro verfügt. Da sie zur Arbeitsaufnahme erst dann nach Deutschland darf, wenn sie ihre Defizite angegangen hat, muss sie sich bereits aus dem Ausland für einen Deutschkurs angemeldet und vor der Einreise eine Bleibe organisiert haben, was wiederum schriftlich nachzuweisen ist. Zudem ist gemäß »Defizitbescheid« meist eine Fachkenntnisprüfung fällig. Entsprechende Vorbereitungskurse werden zwar vom BAMF bezahlt. Doch das teilt einem niemand mit. Die Folge ist, dass die Ärztin aus Lateinamerika aus eigener Tasche oft 4000 bis 8000 Euro für einen solchen Kurs zahlen muss.

So schaut das Prozedere für die dringend benötigten Fachkräfte aus, und das auch nur, wenn alles mehr oder minder reibungslos verläuft. Doch wie motiviert wären Sie, sich aus dem Ausland heraus mit einem »Defizitbescheid« in der Hand eine Wohnung in Deutschland zu organisieren, wenn Sie auch nach Kanada auswandern könnten?

Warum also fällt es Deutschland nur so schwer, ausländische Fachkräfte anzulocken? Könnte es etwas mit Defizitbescheiden, Bürokratiewirrwarr und horrenden Kosten zu tun haben, die wir jedem zumuten, der in Deutschland arbeiten, Steuern zahlen und unseren Wohlstand mehren will? Auch deswegen stecken wir in einem Pflegenotstand, der sich dadurch auszeichnet, dass immer weniger Ärzte, Ärztinnen, Pfleger und Krankenschwestern immer mehr Patienten betreuen.

Doch auch diese Misere ist bei den meisten Deutschen bislang kaum angekommen. Nach wie vor ist das Vertrauen in das Gesundheitssystem so hoch wie seit 30 Jahren nicht mehr. Denn irgendwie funktioniert ja noch alles. Dabei wissen wir, dass dies angesichts einer älter werdenden Bevölkerung und weniger qualifiziertem medizinischen Personal nicht so bleiben wird. Schon darum sollte Frauen durch eine bessere Vereinbarkeit von Beruf und Familie die Rückkehr in ihren Beruf ermöglicht werden. Und deshalb sollten wir auch ausländischen Fachkräften den roten Teppich ausrollen.

Warum fällt es Deutschland so schwer, ausländische Fachkräfte anzulocken? Könnte es etwas mit Defizitbescheiden, Bürokratiewirrwarr und horrenden Kosten zu tun haben?

Ideen dafür gibt es in Hülle und Fülle. So hat zum Beispiel das Institute of Labor Economics (IZA) vorgeschlagen, dass eine Arbeitsgenehmigung erhalten sollte, wer ein Jobangebot eines deutschen tarifgebundenen Unternehmens vorliegen hat – und zwar unabhängig von der formalen Anerkennung des Abschlusses in Deutschland.[21] Auch könnte es staatliche Berater, sogenannte Lotsen, geben, die sämtliche Formalitäten für all jene erledigen, die uns den unglaublichen Gefallen tun möchten, hierzulande zu arbeiten.

Leistung belohnen

An sich ist eine gewisse soziale Ungleichheit nicht schlecht. Denn hätten unabhängig von der eigenen Anstrengung alle gleich viel, würde sich Anstrengung für niemanden mehr lohnen. Soziale Ungleichheit liefert also positive Anreize, aber nur wenn man durch mehr Leistung die Chance erhält, auch mehr zu verdienen. Reichtum als Folge einer Erbschaft untergräbt diese produktive Funktion sozialer Ungleichheit. Denn soziale Ungleichheit belohnt dann nicht mehr Leistung, sondern den Zufall der Geburt in die richtige, nämlich wohlhabende Familie.

Hierzulande werden jedes Jahr etwa 200 bis 400 Milliarden Euro vererbt. Im Durchschnitt wären das 2500 bis 5000 Euro für jeden Deutschen. Doch Erbschaften sind sehr ungleich verteilt. Die gesamte untere Hälfte der Gesellschaft erbt fast nichts.[22] Dahingegen geht ungefähr die Hälfte des Erbschaftsvermögens an die ohnehin schon reichsten zehn Prozent, denen es also sowieso schon gut geht und die aufgrund einer Erbschaft, wenn sie wollen, weniger arbeiten müssen.

An sich ist eine gewisse soziale Ungleichheit nicht schlecht. Denn hätten unabhängig von der eigenen Anstrengung alle gleich viel, würde sich Anstrengung für niemanden mehr lohnen.

Würde man Erbschaften stärker besteuern, würde der Staat deswegen nicht nur mehr einnehmen. Es würde zugleich auch das Prinzip der Leistungsgesellschaft stärken, weil die sowieso schon Bessergestellten sich nicht noch zusätzlich auf ihrem Erbe ausruhen könnten. Dieser Effekt lässt sich sogar beziffern. Für jeden Euro, den der Staat mit zusätzlichen Erbschaftssteuern einnähme, erhielte er zusätzlich neun Cent durch Steuern auf Arbeit, die viele Erben nun verrichten müssten, weil sie weniger von ihrem Erbe leben könnten.[23] Bisher besteuern wir Erbschaften jedoch kaum.

Grob beträgt die durchschnittliche Steuerlast auf Erbschaften in Deutschland ungefähr drei Prozent.[24] Arbeit wird dahingegen grosso modo zehnmal so stark besteuert wie unverdientes Vermögen. Wer seinen Lebensunterhalt selbst erwirtschaftet, muss also einen Großteil seiner Wertschöpfung abgeben. Wer von ererbtem Vermögen lebt, muss kaum etwas davon abgeben. Will man jedoch, dass Menschen produktiv sind, sollte man Arbeit entlasten und Erbschaften belasten. Alle würden dann stärker von dem leben, was sie selbst erwirtschaftet haben, statt von der Leistung ihrer Eltern.

Das ist keine Utopie. Korea, Belgien, Frankreich und Japan generieren jeweils mehr als doppelt so viel Staatseinkommen aus Erbschaftssteuern wie Deutschland.[25] Hohe Freibeträge könnte man beibehalten. Es geht ja nicht darum, Erben das kleine Häuschen ihrer Eltern wegzunehmen, sondern jene zu besteuern, die wegen einer Erbschaft kaum noch arbeiten müssen, weil sie zufällig in eine reiche Familie geboren wurden, während andere trotz harter Arbeit kaum von ihrem Verdienst leben können.

Löhne erhöhen

Obschon die meisten Deutschen materiell immer noch zufrieden sind, wären Lohnerhöhungen in vielerlei Hinsicht eine gute Idee. Zunächst aus dem einfachen Grund, dass Arbeit attraktiver werden muss, wenn zu wenige Menschen arbeiten. Und das geht am besten, indem man Arbeit besser bezahlt. Denn eine Ursache für das bereits erwähnte geringer werdende Interesse an Erwerbsarbeit kann auch sein, dass Arbeitnehmerinnen und Arbeitnehmer bemerken, wie ihr Verdienst weniger wert wird. Zwar können sich viele mehr leisten als früher. Doch der Sprung beispielsweise zum Kauf eines neuen Autos oder Eigenheims ist wesentlich größer geworden. Das mag dazu führen, dass man sich vom Arbeitsmarkt abwendet und mehr dem Privatleben frönt. Denn für die normalen Ausgaben, wie etwa Miete, Essen und Urlaub, reicht womöglich auch eine Dreiviertel- oder Vierfünftelstelle. Insofern kann der gesunkene Wert der Arbeit auch Ausdruck eines Fatalismus sein nach dem Prinzip: Warum viel Zeit in Arbeit investieren, wenn es sich nicht auszahlt?

Das beste Gegenmittel wäre, dass Arbeit sich wieder stärker lohnt. Und das geht am besten mit einem kräftigen Gehaltsaufschlag. Soziale Berufe würden durch Lohnzuwächse attraktiver, was einen Exodus aus diesen Berufsgruppen aufhalten könnte. Finanzierte man soziale Arbeit durch höhere Erbschaftssteuern, würde das auch nicht die Inflation anheizen. Denn dadurch flösse nicht mehr Geld ins System, sondern Erbschaftsvermögen würden zur Bezahlung von Lehrern, Ärzten und Sozialarbeitern herangezogen.[26]

Das beste Gegenmittel wäre, dass Arbeit sich wieder stärker lohnt. Und das geht am besten mit einem kräftigen Gehaltsaufschlag.

Das zweite klassische Gegenargument gegen hohe Lohnzuwächse lautet, dass sie die Leistungskraft einiger Unternehmen überfordern und zu steigender Arbeitslosigkeit führen. Doch bei niedriger Arbeitslosigkeit ist das eher ein Vor- als ein Nachteil. Denn Unternehmen, die pleitegehen, weil sie höhere Löhne nicht zahlen können, lassen ihre Arbeitnehmer bei einer niedrigen Arbeitslosenquote dorthin ziehen, wo es produktivere Beschäftigung gibt. Lohnerhöhungen schaffen also unproduktive Arbeit ab, die sowieso schon auf der Kippe stand. Das ist in Zeiten des Arbeitskräftemangels kein Nachteil, sondern ein Segen. Denn im Gegenzug bleibt jene Arbeit übrig, die am lukrativsten oder im öffentlichen Dienst am erhaltenswertesten ist. In fast jeder Hinsicht wären darum höhere Löhne von Vorteil. Ganz zu schweigen von dem vielleicht wichtigsten Aspekt: Wir sollten moralisch darauf bestehen, dass Menschen in einem reichen Land von ihrer Arbeit auch angemessen leben können.

Diskurse zivilisieren

Doch statt diese sozialen und wirtschaftlichen Probleme anzugehen, verstricken wir uns in Scheindiskussionen und verkämpfen uns damit auf Nebenschauplätzen, indem wir weitgehend symbolische Debatten darüber führen, ob weiße Künstler mit Dreadlocks kulturelle Aneignung betreiben, Kinder in Indianerkostümen rassistisch sind und geschlechtergetrennte Toiletten Sexismus befördern. Doch ob man weiße Künstler mit Dreadlocks ächtet, an Karneval ein Indianerkostüm trägt, öffentliche Toiletten nach Geschlechtern trennt, hat keinen Einfluss darauf, ob Menschen in Zukunft ausreichend Arbeit und Einkommen, eine zufriedenstellende Kranken- und Altersversorgung und eine gesunde Umwelt haben.

Wir sollten also solche identitätspolitischen Diskurse etwas runterkochen. Denn das Einteilen in Gruppen nützt in erster Linie den extrem Linken und den extrem Rechten. So fordern Rechte, dass Deutschen als Gruppe gegenüber Ausländern größere Sonderrechte zugebilligt werden. Linke wollen dahingegen benachteiligten oder vermeintlich benachteiligten Gruppen weitere Sonderrechte einräumen. Beide Seiten nehmen Menschen jedoch nicht zuallererst als Menschen wahr, sondern reduzieren sie auf ihre Gruppenzugehörigkeit. Beide Seiten betonen also nicht unsere Gemeinsamkeiten als Menschen, sondern unsere vermeintlichen Unterschiede als gesellschaftliche Gruppen, was unsere Gesellschaft in »diese und jene« spaltet.

Das Merkwürdige daran ist, dass extreme Parteien dadurch Zulauf bekommen, obwohl noch nie so wenige Menschen rassistisch, homophob oder sexistisch waren wie heute. So haben sich viele der damit verbundenen Einstellungen in den vergangenen 20 Jahren in etwa halbiert.[27] Mitte des 20. Jahrhunderts sahen nur etwa vier Prozent der Deutschen Homosexualität als natürlich an, heute sind es über 80 Prozent. Dass gleiche Arbeit unabhängig vom Geschlecht gleich bezahlt werden sollte, finden mittlerweile neun von zehn befragten Männern und Frauen.[28] Und während 2008 nur 14 Prozent der Bevölkerung äußerten, sehr am Thema Gleichbehandlung benachteiligter Gruppen interessiert zu sein, waren es 2022 etwa doppelt so viele. Ebenso hielten nicht mehr nur 37, sondern 54 Prozent der Deutschen es für sehr wichtig, gleiche Bildungs- und Berufschancen für alle zu schaffen, unabhängig von Alter, Geschlecht, Herkunft und Hautfarbe.[29]

Es bringt also wenig, Menschen vorzuhalten, sexistisch, rassistisch oder homophob zu sein. Denn messbar sind sie es weniger als früher. Nötig wäre hingegen ein Diskurs, der Positionen nicht danach beurteilt, ob sie moralisch falsch oder richtig sind, sondern der darüber streitet, welche Sichtweisen sich mit Daten und Studien belegen und verteidigen lassen. Dabei kann man Gegenmeinungen zwar durchaus als sachlich falsch kritisieren, jedoch nicht deren Vertreter als schlechte Menschen brandmarken. Denn viele lassen sich durchaus sagen, dass man ihre Meinung nicht teilt. Doch kaum jemand lässt sich vorwerfen, er sei wegen seiner Haltung ein schlechter Mensch.

Das ist vielleicht auch ein Grund, warum manche Bürgerinnen und Bürger für die etablierte Politik kaum noch erreichbar sind. Die AfD erreicht mit der Linkspartei in einigen ostdeutschen Bundesländern annähernd die absolute Mehrheit. Da Parteien der Mitte an diese Ränder, vor allem an die rechtsextreme AfD, verlieren, droht die Gefahr einer Spaltung, wie man sie aus den USA mit desaströsen Folgen kennt. Sozial scheint diese extreme Spaltung noch nicht zu existieren, wenn man sich die oben genannten Zahlen für das steigende Vertrauen der Menschen zueinander und das steigende ehrenamtliche Engagement vor Augen führt. Im Wahlverhalten jedoch scheint sich diese Spaltung tatsächlich zunehmend zu offenbaren.

Um diese Kluft nicht weiter aufzureißen, sollten wir öfter jenseits schablonenartiger linker und rechter Positionierungen denken. So könnten beim Klimaschutz Parteien rechts der Mitte einsehen, dass es ernste Probleme gibt, welche große Veränderungen nötig machen. Parteien links der Mitte könnten anerkennen, dass nicht staatliche Verbote, sondern Marktmechanismen diese Probleme am effizientesten lösen. So würde etwa ein hoher Preis auf ausgestoßenes CO_2 dafür sorgen, dass CO_2 dort eingespart wird, wo es zu den geringsten Kosten ersetzt werden kann. Und eine gleichmäßige Ausschüttung der Einnahmen aus solch einer CO_2-Steuer würde jenen am stärksten helfen, die am wenigsten CO_2 verbrauchen und in der Regel ärmer sind. Nichts müsste verboten werden. Doch da derartige Ideen jenseits von links und rechts stehen, kann man deren Protagonisten nicht so verführerisch leicht als »moralisch« oder »unmoralisch« einordnen. Vielleicht kommen sie gerade deswegen in unseren polarisierten politischen Diskursen kaum vor.

Schluss

Die Eule der Minerva, schreibt Hegel, beginnt ihren Flug erst bei einsetzender Dämmerung. Beobachten und einordnen kann man Prozesse also erst, wenn sie schon fast abgeschlossen sind. Über neueste Entwicklungen lässt sich deswegen nur spekulieren. Während dieser Text entsteht, prognostiziert das ifo Institut bereits ein um 0,4 Prozent sinkendes Bruttoinlandsprodukt. Auch der Internationale Währungsfonds sieht eine Reduzierung der Wirtschaftskraft um 0,3 Prozent. Schockierend ist, dass laut der Prognose weltweit keine andere große Volkswirtschaft derart schrumpfen wird. Selbst Russlands Wirtschaft soll 2023 wachsen. Überall gibt es also Wirtschaftswachstum, nur in Deutschland nicht.[30] Die Rezession kündigt sich hierzulande nicht mehr nur an, sie ist wohl bereits da.[31] Vielleicht wird 2023 deswegen das Jahr, in dem Deutschlands neue Strukturschwäche sich auch in ausbleibendem Wirtschaftswachstum zeigt. Vielleicht endet deswegen die hier beschriebene deutsche Gemütlichkeit ausgerechnet in dem Moment, in dem man sie aufgrund der vorhandenen Zahlen als historische Phase ausmachen und beschreiben kann.

Doch für den Augenblick besagen die Daten, dass wir uns auf vergangenen Erfolgen ausruhen und uns die Zeit mit Debatten über recht spezielle kulturelle Fragen vertreiben. Darüber vergessen wir, die Weichen zu stellen, um auch in Zukunft in dem großen Wohlstand leben zu können, welcher unser derzeitiges kuscheliges Lebensgefühl erst ermöglicht hat.

Vielleicht endet die hier beschriebene deutsche Gemütlichkeit ausgerechnet in dem Moment, in dem man sie aufgrund der vorhandenen Zahlen als historische Phase ausmachen und beschreiben kann.

Jenseits aller Missstände existieren durchaus Gründe, optimistisch zu bleiben. Bislang gab es noch keine Krise, aus der demokratische, freie und marktwirtschaftliche Länder nicht demokratischer, offener und wohlhabender herausgekommen sind. Langfristig wurde das Leben in Deutschland deswegen in den vergangenen Jahrzehnten stetig besser.[32] Menschlicher Erfindungsgeist und Arbeit waren die Gründe dafür. Legen wir beidem nicht zu viele Steine in den Weg.

Anmerkungen

1 Grafik erstellt nach Daten: https://www.destatis.de/DE/Themen/Wirtschaft/Konjunkturindikatoren/Lange-Reihen/Arbeitsmarkt/lrarb003ga.html
2 Alle Daten sind gewichtet mit der Variable phrf1, spiegeln also einen repräsentativen Querschnitt aller Deutschen wider. Die erste Befragungswelle jedes Befragten wird dabei exkludiert, weil diese unzuverlässige Antworten gibt.
3 Grafik, wie alle folgenden SOEP-Grafiken, erstellt nach Daten: SOEP-Core v38, EU-Edition. 2023. DOI: 10.5684/soep.core.v38eu
4 Die zuletzt erhobenen Daten stammen aus 2021, da die SOEP-Daten immer erst mit ungefähr zwei Jahren Verzögerung erscheinen. Entsprechend ist der Effekt des dritten Coronajahres ebenso wenig enthalten wie Effekte durch den Ukrainekrieg.
5 Vgl. dazu Schröder 2021.
6 https://www.oecd-ilibrary.org/sites/32baccb0-en/index.html?itemId=/content/component/32baccb0-en
7 https://www.destatis.de/DE/Themen/Arbeit/Arbeitsmarkt/Qualitaet-Arbeit/Dimension-3/woechentliche-arbeitszeitl.html
8 Im Original waren einige Skalen invertiert, sodass beispielsweise 1 »große Sorgen« bedeutete. Dies habe ich, wenn nötig, so gedreht, dass höhere Zahlen höhere Werte bedeuten.
9 https://www.destatis.de/DE/Presse/Pressemitteilungen/2023/06/PD23_N032_81.html
10 https://www.familienunternehmen.de/laenderindex-familienunternehmen
11 https://data.oecd.org/chart/78ye
12 Yashiro/Lehmann 2018: 18.
13 Yashiro/Lehmann 2018: 17.
14 https://www.destatis.de/DE/Themen/Staat/Buerokratiekosten/Erfuellungsaufwand/buerokratiekostenindex.html#110148
15 Allensbach 2022: 23. Befragungsbasis sind die Führungskräfte privatwirtschaftlicher deutscher Unternehmen mit mindestens zehn Beschäftigten oder mehr als zwei Millionen Euro.
16 Yashiro/Lehmann 2018: 17.
17 Yashiro/Lehmann 2018: 33.
18 Vgl. dafür beispielsweise die OECD-Vorschläge für Deutschland: https://www.oecd.org/global-forum-productivity/country-profiles/germany.htm
19 https://data.oecd.org/chart/797z
20 Yashiro/Lehmann 2018: 16.
21 Barisic et al. 2023.
22 Letztere Gruppe teilt sich etwa sieben Prozent der gesamten Erbschaften, Baresel et al. 2021.
23 Kindermann, Mayr, Sachs 2020: 16.

24 https://www.diw.de/de/diw_01.c.862135.de/nachrichten/wir_brauchen_eine_an dere_erbschaftssteuer.html
25 https://www.oecd.org/tax/tax-policy/inheritance-estate-and-gift-taxes-could-play-a-stronger-role-in-addressing-inequality-and-improving-public-finances.htm
26 Für diesen und viele weitere Punkte danke ich Moritz Rehm und Martin Ulrich. Alle Fehler und Verkürzungen sind natürlich einzig und allein dem Autor geschuldet.
27 https://www.fes.de/referat-demokratie-gesellschaft-und-innovation/gegen-rechts extremismus/mitte-studie
28 Schröder 2023: 144, 202.
29 Einschränkend muss man hierzu sagen, dass es sich um eine Onlineumfrage handelt, die nur begrenzt repräsentativ sein könnte. https://www.bertelsmann-stiftung. de/fileadmin/files/Projekte/Migration_fair_gestalten/DZ_Diskriminierung_in_ der_Einwanderungsgesellschaft_2023.pdf: S. 22 ff.
30 https://www.imf.org/en/Publications/WEO/Issues/2023/07/10/world-economic-outlook-update-july-2023
31 *Frankfurter Allgemeine Zeitung*, 05.07.2023, Nr. 153: 15.
32 Schröder 2018.

Literatur

ALLBUS, 2022: *Allgemeine Bevölkerungsumfrage der Sozialwissenschaften. ALLBUS 2021*: GESIS, Köln. ZA5280 Datenfile Version 2.0.0, https://doi.org/10.4232/1.14002

Allensbach, 2022: *Moderner Staat? Wie Unternehmen die Infrastruktur und die öffentliche Verwaltung in Deutschland beurteilen. Ergebnisse einer Unternehmensbefragung im Sommer 2022*. https://issuu.com/bdi-berlin/docs/20220927_bericht_bdi_ga_ifd-allens bach_moderner_st

Baresel, Kira et al., 2021: Hälfte aller Erbschaften und Schenkungen geht an die reichsten zehn Prozent aller Begünstigten. In: *DIW Wochenbericht* 88: 63–71.

Barisic, Manuela et al., 2023: *IZA Standpunkt Nr. 105: Einwanderung klug, einfach und fair gestalten: Ein Vorschlag mit doppelter Dividende*. http://ftp.iza.org/sp105.pdf

Kindermann, Fabian/Lukas Mayr/Sachs, Dominik, 2020: Inheritance taxation and wealth effects on the labor supply of heirs. In: *Journal of Public Economics* 191, S. 104-127.

Schröder, Martin, 2018: *Warum es uns noch nie so gut ging und wir trotzdem ständig von Krisen reden*. Salzburg: Benevento.

Schröder, Martin, 2021: *Wann sind wir wirklich zufrieden? Überraschende Erkenntnisse zu Arbeit, Liebe, Kindern, Geld. Mit neuen Daten und einem Kapitel zur Zufriedenheit in der Pandemie.* München: Penguin.

Schröder, Martin, 2023: *Wann sind Frauen wirklich zufrieden? Überraschende Erkenntnisse zu Partnerschaft, Karriere, Kindern, Haushalt – auf der Basis von über 700.000 Befragungen.* München: C Bertelsmann.

SOEP-Core v38, EU-Edition. 2023. DOI: 10.5684/soep.core.v38eu

Yashiro, Naomitsu/Lehmann, Stephanie, 2018: *Boosting productivity and preparing for the future of work in Germany.* https://doi.org/10.1787/df877b3e-en

Nur mit mehr Menschen hat Deutschland eine Zukunft

Uns gehen die Arbeitskräfte aus. Damit wir im globalen Wettbewerb bestehen und unseren Wohlstand erhalten können, müssen künftig weit mehr Frauen, mehr ältere Menschen und mehr Einwander*innen mit anpacken.

Von Janina Kugel

Unsere Zeit ist geprägt von gewaltigen politischen und ökonomischen Herausforderungen. Erst eine weltweite Pandemie mit massiven Folgen für die globale Wirtschaft, dann Russlands Angriff auf die Ukraine, ein Krieg, der Europa und weite Teile der Welt in Mitleidenschaft zieht. Beide Ereignisse demonstrieren in aller Deutlichkeit die Abhängigkeit, die Interdependenz von geopolitischen Entscheidungen und Weltwirtschaft.

Nicht erst seit dem Ukrainekrieg besteht der Trend, globale ökonomische Abhängigkeiten zu reduzieren. Dazu zählen eine wachsende protektionistische Handelspolitik und Unternehmen, die ihre Lieferketten entweder geografisch diversifizieren oder Teile ihrer Wertschöpfung zurück ins Land holen. Massiv gestiegene Preise für Energie und Rohstoffe, Schwierigkeiten in den Lieferketten und sinkende Exporte zeigen, wie groß auch die Abhängigkeit der deutschen

Wirtschaft vom Weltgefüge ist. Rezession und Inflation sind nicht nur Thema in Expert*innen-Runden, sondern erfüllen alle, Unternehmen wie Bürger*innen, mit großer Sorge. Manche sprechen bereits von einer Globalisierungskrise.

Mehr noch: Einige schon seit Langem bekannte, aber bislang unzureichend gelöste Probleme erschweren die Lage. Dazu gehören die notwendige ökologische Transformation der Wirtschaft, der wachsende Kostendruck im internationalen Wettbewerb sowie die vielen und weitreichenden Folgen der Digitalisierung.

Digitalisierung heißt nicht nur, Daten zu sammeln und bereitzustellen, sondern auch, Prozesse und Geschäftsmodelle datenbasiert zu steuern, digitale Produkte, Dienstleistungen und Vertriebskanäle anzubieten und vieles mehr. All diese Facetten werden im jährlichen deutschlandweiten Digitalisierungsindex gemessen. 2022 zeigte er leider Stillstand statt Fortschritt an.[1] Auch die Digitalisierung der Verwaltung erfolgt zu langsam, dabei ist es höchste Eisenbahn.

Die wichtige Umgestaltung der Wirtschaft hin zu größerer Treibhausgasneutralität und Nachhaltigkeit verläuft ebenso nur äußerst schleppend. 2015 verpflichteten sich 196 Staaten im Pariser Klimaabkommen, den Klimawandel einzudämmen und die Weltwirtschaft klimafreundlich zu gestalten. Konkret: Der weltweite Temperaturanstieg sollte auf 1,5 Grad Celsius, auf jeden Fall aber deutlich unter zwei Grad Celsius im Vergleich zum vorindustriellen Zeitalter begrenzt werden.

Die EU einigte sich 2019 auf den European Green Deal, und Deutschland hat sich das Ziel gesetzt, bis 2045 Treibhausgasneutralität zu erreichen. Doch die Umsetzung der notwendigen Maßnahmen kommt kaum voran. Teure Investitionen werden gescheut, politische Kompromisse verwässern die Effektivität der Maßnahmen. Es ist ein Armutszeugnis, dass das Bundesverfassungsgericht die Bundesregierung auffordern musste, ihre Klimapolitik jetzt nachzubessern, damit dereinst nicht noch weit drastischere Maßnahmen die Freiheitsgrundrechte der nächsten Generation unverhältnismäßig einschränken.

Die Transformation stellt Wirtschaft und Gesellschaft also vor viele Herausforderungen. Überdies verändern der globale Wettbewerb und der technologische Fortschritt sowohl die Beschäftigungsstrukturen als auch die internationale Arbeitsteilung kontinuierlich. Produktionsverlagerungen nach Osteuropa oder Fernost, Softwareentwickler*innen in Indien oder Callcentermitarbeiter*innen auf den Philippinen – diese Arbeitsteilungen kennen wir schon seit Langem. Doch nur wenigen ist bewusst, dass die Weiterentwicklung von Algorithmen zum Beispiel für autonomes Fahren nur gelingt, weil eine große Zahl von Daten-Annotierer*innen in Indien oder Afrika beschäftigt sind. Ihre Aufgabe ist es, die in Videos, Bildern oder Texten vorhandenen Daten zu kennzeichnen. Denn ob ein Objekt am Straßenrand ein Baum oder eine Person ist, ob ein im Internet verbreiteter Text Hass und Gewalt beinhaltet, können Algorithmen nur deshalb erkennen, weil es ihnen zuvor ein Mensch beigebracht hat. Kurzum, auch die Arbeitswelt befindet sich in einem tiefgreifenden Umbruch, nicht nur in Europa, sondern überall auf der Welt.

Der Arbeitsmarkt hat für jede Volkswirtschaft eine herausragende Bedeutung, soll er doch nicht nur einen möglichst hohen Beschäftigungsgrad, sondern auch eine gute Beschäftigungsstruktur erzielen. Denn je höher der Anteil an qualifizierter Arbeit, desto größer das Wachstum und die Leistungsfähigkeit einer Wirtschaft. Arbeit ist nicht nur ein abstraktes Element zum Wohle der gesamten Volkswirtschaft, sondern sie ist auch die Grundlage dafür, dass die Bürger*innen ihren Lebensunterhalt sichern können. Für viele bedeutet Arbeit außerdem Struktur im Alltag, soziale Teilhabe, im besten Fall sogar Freude, Zufriedenheit und persönliche Erfüllung. Alles gute Gründe, um sich in diesem Beitrag stärker mit den vielfältigen Herausforderungen der heutigen Arbeitswelt zu beschäftigen.

Diese Welt wird nicht nur durch die äußeren Kräfte, sondern auch durch innere Faktoren bedrängt. Dazu zählen die wachsende Forderung nach mehr Flexibilität, nach größerer Work-Life-Balance, nach höheren Löhnen, aber vor allem die demografische Entwicklung der Industrieländer. Für Deutschland heißt das: Das Durchschnittsalter der Menschen steigt und steigt, der Anteil der Arbeitskräfte sinkt und sinkt – und stellt uns vor immer größer werdende Probleme.

Nicht alles davon lässt sich im Handumdrehen ändern, manches braucht Planung und Zeit. Doch die Weichen können und müssen jetzt gestellt werden, sonst droht Deutschland seinen Wohlstand, seine Innovationskraft und seine führende Rolle in der Weltwirtschaft zu verlieren.

Das Durchschnittsalter der Menschen steigt und steigt, der Anteil der Arbeitskräfte sinkt und sinkt – und stellt uns vor immer größer werdende Probleme.

Demografie

In den 1950er- und 1960er-Jahren herrschte große Aufbruchsstimmung. Sie bescherte uns nicht nur das sogenannte Wirtschaftswunder, sondern auch die geburtenstarken Jahrgänge der Babyboomer. Allein 1964 wurden in Deutschland 1,4 Millionen Kinder geboren, ein einmaliger Rekord. Heute können wir von solchen Geburtenraten nur träumen. 2021 kamen hierzulande gerade einmal 795 000 Kinder zur Welt, da war der kleine Anstieg durch die »Coronakinder« bereits eingepreist.

Natürlich ist das Kinderkriegen Privatsache, aber ökonomisch betrachtet hat die Zahl der Kinder gleichwohl maßgeblichen Einfluss auf unsere Volkswirtschaft. Denn aus Kindern werden Erwerbstätige, und es sind Letztere, die einen nicht unerheblichen Teil zum Steueraufkommen beitragen. Auch unsere Sozialversicherungssysteme wie etwa die Rente sind bislang darauf ausgelegt, dass ausreichend Kinder geboren werden und später eine Arbeit aufnehmen, wird der Leistungsumfang dieser Systeme doch vor allem aus dem jährlichen Beitragsaufkommen der berufstätigen Einzahler*innen bestritten.

Mit anderen Worten: Es müssen also Jahr für Jahr genügend Menschen ein steuerpflichtiges Einkommen erwirtschaften, damit der Bedarf der Leistungsempfänger*innen gedeckt werden kann. Damit das funktioniert, braucht man eine funktionierende Alterspyramide. Doch die deutsche Bevölkerungsentwicklung gleicht eher einem Bi-Ba-Butzemännchen mit dickem Bauch und ausgestreckten Armen.[2] Während heute noch auf 100 Erwerbstätige 35 Rentner*innen kommen, werden es im Jahr 2035 bereits 48 Rentner*innen sein.[3] Dass dieser Trend sich weiter dramatisch verschärfen wird, wenn alle Babyboomer in Rente sind, ist schon jetzt abzusehen.

Um kein Missverständnis zu erzeugen: Zwar hängt der Wohlstand eines Landes nicht zwingend von seiner Größe und auch nicht allein von der Zahl seiner Einwohner*innen ab. Doch wenn der Anteil der erwerbstätigen Bevölkerung schrumpft, während die Zahl der Rentner*innen wächst, führt dies unweigerlich zu einem Ungleichgewicht. Darum stellt sich die Frage: Wie hoch kann angesichts dieser immer größer werdenden Schieflage die gesamtgesellschaftliche Wirtschaftsleistung noch sein? Und wie wird diese Leistung zwischen den Generationen verteilt?[4] Eine grundlegende Lösung dieses Generationendilemmas wäre dringend notwendig, doch hat sich bislang jede Regierung davor gedrückt.

Für die Wirtschaftskraft eines Landes ist es also enorm wichtig, dass es genügend Menschen im erwerbstätigen Alter gibt. Im Frühjahr 2023 lag die Zahl der Berufstätigen hierzulande noch bei knapp 46 Millionen.[5] Doch angesichts der alternden Bevölkerung werden es kontinuierlich weniger. Wie sehr, wird davon abhängen, welche Gegenmaßnahmen ergriffen werden. Gibt es keine vermehrte Einwanderung ausländischer Arbeitskräfte, würde die Zahl der Erwerbstätigen bis 2050 auf einen dramatischen Tiefstand von rund 35 Millionen sinken. Das sollten sich vor allem jene vor Augen führen, die eine vermehrte Einwanderung schlichtweg ablehnen, um damit ihre politische Agenda zu bedienen.

Zum Gesamtbild gehört auch: Mitte 2022 verzeichneten die größten Industrienationen ein Allzeithoch an unbesetzten Stellen, allein in Deutschland 1,9 Millionen – und zwar nicht nur für qualifizierte Fachkräfte oder Akademiker*innen. 20 Prozent der offenen Stellen bezogen sich nicht auf Jobs, die eine abgeschlossene Berufsausbildung voraussetzen, sondern betrafen die sogenannten Anlern- und Helferbereiche. Wären nicht inzwischen etwa zwei Millionen seit 2015 zugewanderte Menschen in Lohn und Brot, blieben noch mehr Arbeitsplätze unbesetzt. Offene Stellen sind übrigens nicht nur eine bloße Zahl, keine nur abstrakte statistische Größe, sondern haben ganz konkrete wirtschaftliche Folgen: Arbeitsleistungen werden nicht erbracht, Waren nicht produziert und verkauft. Allein Deutschland verlor 2022 dadurch knapp 100 Milliarden Euro an Wirtschaftsleistung.[6]

Bis vor Kurzem war das Problem fehlender Arbeitskräfte nur Thema in Fachdiskussionen, blieb auf einzelne Branchen beschränkt und stieß in der breiten Öffentlichkeit auf wenig Interesse. Akuten Fachkräftemangel kannte man vor allem im IT-Sektor, im Pflegebereich oder im Bausektor. Dieser Ausfall konnte zunächst mit Arbeitskräften aus der EU wettgemacht werden, später brachten die EU-Osterweiterung und die Arbeitnehmerfreizügigkeit weitere Arbeits- und Fachkräfte ins Land.

Inzwischen aber ist überall spürbar: »Die Party ist vorbei!«[7] Der Strom aus Osteuropa verebbt, denn jene ausländischen Kräfte, die in Deutschland arbeiten wollten und konnten, sind längst da, während vielen anderen inzwischen der wirtschaftliche Aufschwung in ihren Heimatländern ein ausreichendes Einkommen beschert.

Die Coronapandemie brachte zusätzliche Verschiebungen im Arbeitsmarkt. Auch wenn hierzulande das Instrument des Kurzarbeitergeldes einige negative Auswirkungen abmilderte, mussten gleichwohl einige Branchen während des Lockdowns Mitarbeiter*innen entlassen. Und längst nicht alle kehrten nach dem Ende der Pandemie in ihre alten Jobs zurück, sondern wanderten in andere Berufe ab, wo sie mehr verdienten oder bessere Arbeitszeiten und Arbeitsbedingungen vorfanden.

Noch immer fehlen in wichtigen Bereichen viele Arbeitskräfte, etwa im Handel, im Handwerk, im Servicebereich oder in den sozialen und medizinischen Berufen. Die Folge: verkürzte Öffnungszeiten in Läden, Cafés und Arztpraxen, lange Wartezeiten im Handwerk. Der Mangel an Erzieher*innen in der Kinderbetreuung ist überall ein leidiges Thema und fordert Eltern fast täglich heraus.

Natürlich gibt es Gegenmittel. Was dringend zu tun wäre, will ich auf den nächsten Seiten herausstreichen. Selbstverständlich gehört dazu auch, dass alle Menschen im erwerbsfähigen Alter die notwendige Ausbildung für eine qualifizierte Arbeit erhalten müssen. Doch da dem Thema Bildung, Aus- und Fortbildung in diesem Band ein eigener Beitrag gewidmet ist, beschränke ich mich diesbezüglich auf einige wenige Bemerkungen, die zum Verständnis meiner Ausführungen wichtig sind.

Natürlich gibt es Gegenmittel.

Bildung und Weiterbildung

Jedes Jahr verlassen rund 50 000 junge Menschen die Schulen ohne einen Abschluss,[8] das sind etwa sechs Prozent der jeweiligen Altersgruppe. Besonders auffällig ist, dass davon junge Menschen mit ausländischer Staatsbürgerschaft dreimal so häufig betroffen sind wie Gleichaltrige mit deutscher Staatsbürgerschaft. Dieser eklatante Missstand zeigt, dass für die Integration zugewanderter Menschen und ihre Familien weit mehr getan werden muss. Denn ohne Schulabschluss kein Ausbildungsplatz oder Studium, ohne Ausbildung keine gut bezahlte Beschäftigung. Kurzum, das Risiko, in einer prekären Beschäftigung zu landen, ist hoch, die Wahrscheinlichkeit, arbeitslos zu werden, sogar sechsmal so hoch wie bei Menschen mit abgeschlossener Berufsausbildung.

Es ist ein Armutszeugnis, dass die viertgrößte Volkswirtschaft der Welt bei der Bildung ihres so wichtigen Nachwuchses im internationalen Vergleich derart hinterherhinkt.

Eine weitere wichtige Zahl: Zwischen 18 und 30 Prozent der Schüler*innen erfüllen nicht einmal den Mindeststandard beim Lesen, in der Rechtschreibung, beim Zuhören und in der Mathematik.[9] Auch hier sind Kinder aus Zuwandererfamilien sowie aus einkommensschwachen Familien besonders benachteiligt. Die Erkenntnisse sind nicht überraschend, doch die Reformen bleiben aus. Es ist ein Armutszeugnis, dass die viertgrößte Volkswirtschaft der Welt bei der Bildung ihres so wichtigen Nachwuchses im internationalen Vergleich derart hinterherhinkt.

So wichtig frühkindliche Erziehung und Schulbildung sind, so relevant ist es auch für Erwerbstätige, kontinuierlich weiter zu lernen.

Digitalisierung, der technologische Wandel sowie die Transformation zu einer klimaneutralen Wirtschaft stellen sie immer wieder vor neue Herausforderungen, und der globale Wettbewerb zwingt Unternehmen, ihre Geschäftsmodelle immer wieder neu anzupassen. Das bleibt nicht ohne Auswirkungen auf den Arbeitsmarkt. Neue Arbeitsplätze und Berufsprofile entstehen, damit ändern sich auch die Anforderungen an die erforderlichen Kenntnisse und Fähigkeiten. Wir sollten darum das Wort »ausgelernt« aus unserem Wortschatz streichen.

Wer wollte es verhehlen: Manche Jobs gehen unweigerlich verloren, vor allem dort, wo automatisiert werden kann, also in der Regel bei Routineaufgaben mit standardisierten Prozessen. Auch verschwinden Berufe, bei denen künstliche Intelligenz, also Algorithmen, die menschliche Arbeitskraft ersetzt. Im Supermarkt übernimmt die Self-Scanning-Kasse, im Callcenter die Sprachanalysesoftware. Auch können bestimmte Algorithmen in der Wissenschaft oder im Journalismus schon mal den ersten Textentwurf schreiben. Doch was man bei diesem Wandel nicht vergessen sollte: Hinter jeder bisherigen Tätigkeit steckt ein bezahlter Job, hinter dem wiederum ein Mensch steht, der seinen Arbeitsplatz nicht verlieren will oder zumindest einen Ersatz finden möchte.

Beispiele dafür gibt es zuhauf. Wenn etwa die SB-Kasse zum Einsatz kommt, gibt es nicht mehr die üblichen Kassierer*innen, sondern allenfalls noch jemanden, der die Kund*innen beim Scannen unterstützt, Fehler behebt und die Abläufe überwacht. Während man in Deutschland oft noch die Wahl hat, seine Ware zu scannen oder bei einem Mitarbeitenden an der Kasse zu bezahlen, gab es bei meinen Einkäufen in den USA nur noch eine einzige Person, die das für alle Kund*innen vorgeschriebene Scannen überwachte.

Ein weiteres Beispiel: Die Chefredakteurin eines Magazins erzählte mir neulich, dass ihre Redaktion für die Texterstellung den Einsatz von

ChatGPT erprobt. Natürlich, sagte sie, hapere es mit dieser Software noch an der einen oder anderen Stelle, aber es seien durchaus einige brauchbare Texte entstanden. Da die Qualität solch KI-gesteuerter Artikel mit der Zeit unweigerlich besser werden wird, überlegt die Chefredakteurin nun, wie ihre Medienbranche langfristig sicherstellen kann, dass auch in der Zukunft noch genügend Journalist*innen ausgebildet werden, die in der Lage sind, diese von Algorithmen erstellten Texte auf ihre Sinnhaftigkeit, ihren Wahrheitsgehalt, ihre Faktizität und ihre Qualität und auch das Problem des Urheberrechts zu prüfen.

Der Wandel ist planbar, zwar nicht in allen Details, aber doch ausreichend für eine strategische Personalplanung und für Überlegungen, welche Folgen daraus für die Belegschaft resultieren.

So gewaltig und grundstürzend diese Veränderungen auch sind, sie geschehen nicht über Nacht. Das heißt: Der Wandel ist planbar, zwar nicht in allen Details, aber doch ausreichend für eine strategische Personalplanung und für Überlegungen, welche Folgen daraus für die Belegschaft resultieren – und wie sich negative Konsequenzen am besten abfedern lassen. Daher ist für eine Schadensminderung vor allem die Weiterbildung ein wichtiges Element. Doch leider sehen manche Unternehmen in ihr noch immer nur einen Kostenfaktor und nicht eine Investition in die Zukunft ihrer Belegschaft und ihrer Firmen. Und leider stagniert seit Jahren auch die Zahl jener Arbeitnehmer*innen, die in einer Weiterbildung eine Chance sehen, beschäftigt *und* beschäftigungsfähig zu bleiben.[10]

Arbeitsmarkt wird Bewerbermarkt

Weiterbildung ist auch deshalb ein absolutes Muss, weil Unternehmen ihren Personalbedarf nicht mehr so leicht wie früher decken können. Die Nachfrage nach Arbeits- und Fachkräften ist heute oft höher als das Angebot. Menschen mit gesuchten und begehrten Qualifikationen sind rar, und wenn man sie findet, werden sie meist zugleich von anderen Unternehmen umworben und mit guter Bezahlung gelockt. Ein Bekannter, ein erfahrener Facharbeiter in der Metallindustrie, erzählte mir kürzlich, dass seine Tochter mit einem Bachelorabschluss in Energietechnik und Klimaschutz schon nach wenigen Berufsjahren mehr verdient als er. Als sie sich seinerzeit für dieses Studium entschied, war er wenig begeistert und zweifelte noch, dass sie damit einen Job finden würde. Doch seine Tochter hatte den richtigen Riecher, heute kann sie sich dank ihres Studiums aussuchen, wo und zu welchen Bedingungen sie arbeiten möchte.

Ganz allgemein gilt: Die klassischen Methoden des Recruitings, der Anwerbung von Arbeitskräften greifen nicht mehr, der alte Weg »Unternehmen schreibt Stelle aus und wartet auf geeignete Bewerber*innen« ist längst an sein Ende gekommen. Andere, völlig neue Ansätze sind gefordert.

Voraussetzung für ein erfolgreiches Recruiting ist heute ein sogenanntes »Employer Branding«, ein aktives Zugehen auf potenzielle Mitarbeitende und die Nutzung unterschiedlichster Kanäle wie etwa einschlägiger Jobportale und sozialer Medien. Wer junge Menschen anheuern will, ist heute auf TikTok unterwegs. Zwar finden Werbeclips, die für die jüngsten Zielgruppen entwickelt werden, auf der Topmanagementebene oft immer noch wenig Anklang, zu groß sind dort die Irritationen über die Sprache und Formate. Doch müssen sich die Führungskräfte umstellen, denn die Clips sind nicht für sie, sondern für die Bewerber*innen gemacht.

Immer öfter spielen auch bei Bewerbungen und für die Attraktivität eines Unternehmens Berichte aus dem Firmenalltag eine wichtige Rolle. »Corporate Influencer*innen« erzählen in Videoclips und Posts, wie es im Betrieb zugeht. Manchmal scheinen diese Einflüster*innen allerdings zu vergessen, dass es, Clickbaits hin oder her, dabei nicht in erster Linie um die Schönheit ihres eigenen Posts geht, sondern um die Qualität des angepriesenen Unternehmens. Denn Auslöser dieses neuen Werbetrends war schließlich die möglichst authentische Darstellung des Arbeitsalltags.

Zufriedenheit im Job ist ein wichtiges Kriterium, doch seit Corona hat sie vielerorts stark gelitten. Immer mehr Arbeitnehmer*innen sind seither offen für eine berufliche Veränderung. Nicht alle suchen aktiv einen neuen Job, sind aber gleichwohl empfänglich für einen Wechsel, sobald sie angesprochen werden. Wer sich heute auf einen Bewerbungsprozess einlässt, erwartet völlige Transparenz des Bewerbungsverfahrens, eine rasche Antwort und eine schnelle Entscheidung.

Mit all diesen Veränderungen tun sich viele Unternehmen und Organisationen immer noch schwer. Doch helfen könnten ihnen dabei »Key Performance Indicators« (KPIs). Darunter versteht man betriebswirtschaftliche Kennzahlen, mit denen der Fortschritt beziehungsweise kritische Erfolgsfaktoren eines Unternehmens gemessen werden können. Dank ihnen lassen sich beispielsweise firmeninterne Abläufe zwischen dem Recruiting-Team und den Hiring-Manager*innen, also zwischen Anwerber*innen und Einsteller*innen, so optimieren, dass die Bewerber*innen und ihre persönlichen Interessen tatsächlich im Zentrum des Bewerbungsprozesses stehen.

Der zusätzliche Einsatz KI-gestützter Programme kann durchaus unterstützend wirken – und zwar nicht nur, um für eine freie Stelle passgenauere Kandidat*innen zu finden, sondern auch, um mithilfe von Chatbots erste Fragen zum Job und Unternehmen zu beantworten.

Für viele Unternehmen sind derartige Technologien allerdings immer noch böhmische Dörfer.

Weitere KPIs sind Gehaltbenchmarks, die transparent machen, wo die Bezahlung im Vergleich zu anderen Mitarbeitenden liegt. Und die regelmäßige Durchführung von Mitarbeiter*innenbefragungen ermöglicht eine gute Analyse, wo das Unternehmen steht und wie hoch der Grad der Zufriedenheit ist. Auch wenn all diese Maßnahmen nicht besonders innovativ sind, haben viele Unternehmen sie nicht in ihrer Personalstrategie verankert, sondern verstehen unter »Human Resources« die rein administrative Verwaltung ihrer Mitarbeitenden.

Erkundigen sich Bewerber*innen nach der Möglichkeit von Workation, wollen also wissen, ob sie hin und wieder Job und Urlaub miteinander verbinden und zum Beispiel von Spanien oder Bali aus arbeiten könnten, bekommen so manche Manager*innen immer noch Schnappatmung.

Außerdem sollte es heute kein Unternehmen mehr verwundern, dass Bewerber*innen, die meist unter mehreren Angeboten wählen können, umfangreichere Forderungen als früher stellen. Neben der Gehaltsvorstellung stehen flexiblere Arbeitszeiten und der Arbeitsort oben auf der Wunschliste, ebenso eine positive Unternehmenskultur, die Diversität der Belegschaft sowie die ökologische und nachhaltige Ausrichtung der Firma. Erkundigen sich Bewerber*innen nach der Möglichkeit von Workation, wollen also wissen, ob sie hin und wieder Job und Urlaub miteinander verbinden und zum Beispiel von Spanien oder Bali aus arbeiten könnten, bekommen so manche Manager*innen immer noch Schnappatmung. Dabei machen Firmen, die Workation anbieten, mit ihren Mitarbeiter*innen durchaus gute Erfahrungen. Wer heute innovative Arbeitsmöglichkeiten bietet, flexibel und experimentierbereit ist, gewinnt in der Regel.

Oft wird der jungen Generation, der Gen Z, nachgesagt, dass sie weniger hart arbeiten wolle, es ihr in erster Linie um eine ausgeglichene Work-Life-Balance mit wenig Anstrengungen im Job gehe. Ich halte nichts von solchen generationellen Zuschreibungen. Zwar stimmt es, dass es in besagter Gen Z offenbar einige gibt, die es sich leisten können, einen Job danach auszusuchen, ob er ihnen persönliche Erfüllung bringt, und weniger danach, ob er ein hohes Einkommen gewährt. Manche brauchen das Geld nicht, haben geerbt, andere verzichten bewusst auf Wohlstand. Bei ihnen steht oft der Wunsch nach geregelten Arbeitszeiten, nach »Remote Work«, nach einem angenehmen Arbeitsklima und einer Unternehmenskommunikation mit Kolleg*innen und Führungskräften auf Augenhöhe im Vordergrund. Doch diese Ansprüche hegt nicht nur die Gen Z, auf sie trifft man ebenso in anderen Altersgruppen. Es getrauen sich nur nicht alle, dies so zu artikulieren.

Und selbstverständlich gibt es nach wie vor viele junge Menschen, die Großes im Beruf leisten wollen, die Karriere machen möchten und bereit sind, sich dafür voll ins Zeug zu legen. Bewusst nehmen sie in Kauf, dass ihre Entscheidung lange Arbeitstage und wenig Urlaub mit sich bringt. Doch auch hier gilt: Wer viel zu leisten bereit ist, erwartet im Gegenzug Flexibilität. Erwartungen an den Arbeitgeber und hohe Leistungsbereitschaft sind kein Widerspruch, es müssen nur neue Wege gegangen werden.

Erhöhung der Erwerbstätigenquote

Ein weiterer wirksamer Hebel zur Verringerung des Arbeits- und Fachkräftemangels wäre die Steigerung der Erwerbstätigenquote von Frauen sowie von Menschen über 60 Jahre. 17 Prozent der Frauen hierzulande arbeiten weniger Stunden, als sie möchten.[11] Der Grund dafür ist, dass vor allem sie nach wie vor für Kinder und Angehörige sorgen. Aufgrund fehlender oder zu teurer Betreuungsmöglichkeiten lassen sich Beruf und Familie oft nur schwer vereinbaren. Wer voll arbeitet und zugleich Kinder erzieht oder sich später um Eltern oder Schwiegereltern kümmert, weiß, wie anstrengend es ist, all das Tag für Tag unter einen Hut zu bekommen. Im Vergleich zu Männern verwenden Frauen hierzulande durchschnittlich 52,4 Prozent – 87 Minuten täglich! – mehr Zeit für unbezahlte Sorgearbeit.[12] In Haushalten von Eheleuten oder Paaren ist dieser Unterschied sogar noch größer: Hier verrichten Frauen pro Tag 2,5 Stunden mehr Betreuungsarbeit als Männer. Die Konsequenz: mehr Teilzeitarbeit, weniger Einkommen, niedrigere Renten.

Doch sind viele Frauen nicht lediglich teilzeitbeschäftigt, rund 2,5 Millionen von ihnen arbeiten hauptberuflich in nur geringfügigen Beschäftigungsverhältnissen, sind sogenannte Minijobber*innen. Die Sache ist kompliziert. So sind Minijobs für Studierende oder Rentner*innen oft eine gute Möglichkeit, nebenbei ein bisschen Geld dazuzuverdienen, denn dieser Verdienst, dessen Obergrenze bei 520 Euro im Monat liegt, ist von den Sozialversicherungsbeiträgen und von der Einkommensteuer befreit. Brutto ist gleich Netto. Für jene, die so ihr Einkommen aufbessern, ist das hilfreich und bequem.

Doch jenen Menschen, für die der Minijob die einzige Einkommensquelle aus Erwerbsarbeit ist, wird es besonders schwer gemacht, sich davon zu verabschieden und ein bisschen mehr zu arbeiten – und zu verdienen. Denn sobald das Einkommen jene 520 Euro im Monat überschreitet, greift sofort der Staat zu, erhebt Steuern und Sozialversicherungsbeiträge. Damit also Frauen von ihrem Gehalt netto merklich mehr übrig bleibt als bei einem bloßen Minijob, müssten sie weit mehr Stunden einer bezahlten Arbeit nachgehen. Die Folge: Es bliebe weniger Zeit für Sorgearbeit und Haushalt.

So werden Minijobs, die mal als Sprungbrett für einen Wiedereinstieg in den Arbeitsmarkt gedacht waren, schnell zur Falle. Vielen Frauen bleibt keine andere Wahl, als im Minijob zu verharren, zumal nach wie vor fast überall Kitaplätze und Ganztagsschulen fehlen. Denn weil die Verantwortung für die Familien immer noch meist ihnen obliegt, können sie nur so viel arbeiten, wie es die Öffnungszeiten der Kindergärten und Schulen zulassen. Eine typische Catch-22-Situation, die wir uns angesichts des dramatischen Mangels an qualifizierten Arbeitskräften eigentlich nicht mehr erlauben können. Erschwerend kommt hinzu: Wer lange nicht in seinem erlernten Beruf gearbeitet hat, verliert Berufserfahrung und an Wert auf dem Arbeitsmarkt. Die vielen Jahre der Fürsorge für Kinder oder pflegebedürftige Eltern werden nicht honoriert.

<u>Minijobs, die als Sprungbrett für einen Wiedereinstieg in den Arbeitsmarkt gedacht waren, werden zur Falle. Vielen Frauen bleibt keine andere Wahl, als im Minijob zu verharren, zumal Kitaplätze und Ganztagsschulen fehlen.</u>

Diese traditionellen Rollenbilder und überkommenen Strukturen halten sich vor allem in Westdeutschland hartnäckig. Denn im Vergleich sind auch 33 Jahre nach der Wiedervereinigung immer noch mehr ostdeutsche als westdeutsche Frauen voll erwerbstätig. Auch dass Männer in einer heterosexuellen Partnerschaft im Durchschnitt älter sind als ihre Frauen, hat weitreichende Folgen: Die Männer verdienen in der Regel mehr und bleiben nach der Geburt der Kinder Hauptverdiener.

Diese Verhältnisse ändern sich nur sehr langsam. Nach wie vor müssen sich Frauen oft dafür rechtfertigen, wenn sie nach der Geburt eines Kindes schnell in ihren Beruf zurückkehren wollen, und Väter müssen sich rechtfertigen, wenn sie eine längere Elternzeit nehmen und auch darüber hinaus Zeit für die Betreuung ihrer Kinder haben möchten. Mit jungen Müttern (selten Vätern) habe ich in meinen früheren Teams ständig darüber diskutiert, wie sich unsere Arbeit besser organisieren lässt, damit jeder und jede so viel arbeiten kann, wie er oder sie will.

Die Coronaepidemie hat an diesem Ungleichgewicht wenig verändert. Selbst in jenen Familien, in denen beide Elternteile während des Lockdowns von zu Hause arbeiten konnten. Es waren insbesondere Frauen, die damals ihre Arbeitszeit reduzierten. Und auch wenn die meisten von ihnen nach dem Ende der Pandemie ihre Stundenzahl wieder aufstockten, hat sich an der häuslichen Belastung so gut wie nichts geändert, der kulturelle Wandel blieb aus. Überdies: Viele Frauen, die einen Minijob hatten, haben diesen während der Pandemie verloren. Das betraf mehr als 800 000 Beschäftigte.

Der Preis, den Frauen für ihre Flexibilität, für die Vereinbarkeit von Familie und Beruf zahlen, ist oft sehr hoch.[13] Und leider hat die Politik bislang so gut wie keine Abhilfe geschaffen. Strukturverändernde Anreize blieben aus, dort, wo man es versuchte, kamen nur faule Kompromisse heraus. Keine Partei hatte bei der letzten Bundestagswahl die Abschaffung des Ehegattensplittings im Wahlprogramm, über die beitragsfreie Krankenversicherung wird in der Breite kaum gesprochen. Auch eine der ursprünglichen Ideen des Elterngeldes, mit den »Vätermonaten« Anreize zu schaffen, die Sorgearbeit für Kinder langfristig gleichberechtigt zwischen beiden Elternteilen aufzuteilen, wird nur von knapp der Hälfte aller Väter angenommen. Und – im Gegensatz zu den Frauen – bleiben Männer, wenn überhaupt, nur wenige Monate zu Hause.

Keine Partei hatte bei der letzten Bundestagswahl die Abschaffung des Ehegattensplittings im Wahlprogramm, über die beitragsfreie Krankenversicherung wird in der Breite kaum gesprochen.

Reformen sind also längst überfällig, andernfalls enden die sich für ihre Familien aufopfernden (vor allem westdeutschen) Frauen auch noch weit öfter in Altersarmut als ihre Männer. Eine makabre Aussicht.

Ältere

Schaut man auf die eklatanten Engpässe im deutschen Arbeitsmarkt, müssen auch ältere Menschen in den Blick genommen werden. Erfreulich ist: In den vergangenen Jahren stieg die Erwerbsbeteiligungsquote unter den 60- bis 65-Jährigen stark an. Gingen 2012 nur 47 Prozent von ihnen einer bezahlten Arbeit nach, waren es 2022 bereits 63 Prozent. Selbst bei den 70-Jährigen wuchs der Anteil in dieser Dekade von elf auf 19 Prozent.[14]

Das hat allerdings unterschiedliche Gründe. So führte zum Beispiel die Abschaffung großzügiger Modelle der Frühverrentung und Frühausgliederung sowie die schrittweise gesetzliche Anhebung des Renteneintrittsalters auf 67 Jahre zu einer höheren Erwerbsbeteiligung dieser Altersgruppe. Auch die durchschnittlich gestiegene Lebenserwartung und die insgesamt bessere Gesundheit älterer Menschen nehmen Einfluss.

Doch muss man genauer hinschauen, um welche Form der bezahlten Arbeit es sich handelt. Denn es macht einen Unterschied, ob jemand im höheren Alter noch einer sozialversicherungspflichtigen Tätigkeit nachgeht oder bloß gelegentlich, also nur stundenweise arbeitet. Insgesamt sind nach wie vor bloß wenige Arbeitnehmer*innen bis zur Regelaltersgrenze berufstätig. Die einen gehen mit Ende ihres 63. Lebensjahres in die vorgezogene Rente, andere werden arbeitslos oder beziehen eine Erwerbsminderungsrente.

Selbstverständlich können nicht alle noch mit 65 arbeiten. Etliche Berufe sind dafür zu hart, manche Menschen sind vom Erwerbsleben ausgelaugt und gesundheitlich geschädigt. Aber eine wachsende Zahl der Älteren könnte durchaus weiterarbeiten, und nicht wenige möchten das auch. Manche machen freiwillig weiter, weil die Erwerbstätigkeit ihrem Leben Sinn gibt und weil sie sich damit auch noch den ein oder anderen Luxus finanzieren können. Für viele bedeutet Arbeit auch, ihrem Lebensalltag eine Struktur zu geben, sozial integriert zu bleiben und gebraucht zu werden. Darum engagieren sich viele ältere Menschen auch ehrenamtlich und sind eine unentbehrliche Stütze dieser wichtigen gesellschaftlichen Arbeit. Für manche ist die Arbeit im Alter hingegen ein Privileg: Menschen mit höherer Schulbildung sind durchschnittlich länger erwerbstätig als Menschen mit einem niedrigeren Abschluss. Das liegt nicht am Zeugnis, sondern meist an Beruf und Art der ausgeübten Tätigkeit. Zwar kann auch die reine Schreibtischarbeit zu physischen Beeinträchtigungen führen, aber in der Regel weit seltener als jahrzehntelange körperliche Maloche.

Altersarmut und kleine Renten zwingen eine wachsende Zahl von Menschen zu zusätzlicher Erwerbsarbeit. Nicht selten sind es Frauen.

Andere wiederum gehen einem bezahlten Job nach, weil sie dazuverdienen müssen. Altersarmut und kleine Renten zwingen eine wachsende Zahl von Menschen zu zusätzlicher Erwerbsarbeit, damit das monatliche Geld für Essen und Miete reicht. Nicht selten sind es Frauen.

In Zahlen: Für 40 Prozent der über 65-Jährigen war die weitere Erwerbsarbeit 2022 die vorwiegende Quelle für ihren Lebensunterhalt, für die Mehrheit hingegen ein willkommener Zuverdienst zur Rente oder dem angesparten Vermögen.

In Japan, wo die Alterung der Gesellschaft schon seit Langem als Problem erkannt ist, hat man bereits einige Weichen gestellt. Ältere Arbeitnehmer*innen dürfen dort nach Erreichen des offiziellen Rentenalters weitermachen, ihre Arbeitszeiten werden reduziert, die Art der Tätigkeit kann sich ebenfalls ändern, und auch das Gehalt wird angepasst. Dieses Konzept der lebenslangen Beschäftigung findet erstaunlich viel Anklang. Auch Deutschland könnte sich solchen Gedankenmodellen öffnen.

Doch selbst wenn hierzulande mehr Frauen und Ältere beschäftigt wären, bräuchten wir gleichwohl eine besondere Maßnahme, um der Schrumpfung unserer Bevölkerung und dem dramatischen Arbeitskräftemangel entgegenzuwirken: die Zuwanderung ausländischer Arbeitskräfte.

Einwanderung ist nicht nur eine humanitäre Aufgabe, sondern ebenso eine ökonomische Notwendigkeit.

Einwanderung

Nicht nur in Deutschland, sondern in den 30 größten Industrieländern fehlen derzeit Erwerbstätige, vor allem im Pflegebereich, im Handel, im Bau, in den Erziehungswissenschaften – aber eigentlich an allen Ecken und Enden. Addiert man die in diesen Staaten dadurch verloren gegangene Wirtschaftsleistung, kommt man auf die unglaubliche Summe von jährlich einer Billion US-Dollar, eine Zahl mit zwölf Nullen. Pro Tag bedeutet das einen Verlust von drei Milliarden Dollar. Einwanderung ist also nicht nur eine humanitäre Aufgabe, sondern ebenso eine ökonomische Notwendigkeit.

Außerdem: Mit Migrant*innen kommen nicht nur neue Arbeitskräfte ins Land, sondern auch neue Konsument*innen, Unternehmer*innen und Erfindungsreichtum, mit anderen Worten: Bevölkerungen, die bunter, vielfältiger, diverser sind und zugleich innovativer und produktiver als eher homogene Gesellschaften.

Allerdings hat die Einwanderungspolitik meist nur hochqualifizierte Fachkräfte im Blick und vergisst, dass andere Berufe, auch Helfer- und Anlerntätigkeiten, die Wirtschaft ebenso am Laufen halten. Wer hier breiter und strategischer denkt, ist im Vorteil. Das belegen auch einige Studien. Im Vordergrund steht dabei dreierlei: die Quantität, also wie viele Einwanderer*innen ein Land hat und wie attraktiv es für sie ist; die Qualität, das heißt, wie divers die Einwanderung ist und wie technologisch entwickelt die Herkunftsländer sind; schließlich die Konnektivität, mit anderen Worten: Ist das Land, also zum Beispiel Deutschland, ein Knotenpunkt im globalen Netzwerk der Ein- und Auswanderer*innen? Diese drei Kriterien bestimmen den sogenannten »Global Talent Migration Index«, er misst die ökonomischen Auswirkungen von Einwanderung und soll Staaten helfen, ihre Migrationsstrategien zu optimieren.[15]

Noch immer werden Einwanderer*innen allzu oft als finanzielle und soziale Belastung, als Konkurrent*innen für heimische Arbeitskräfte gesehen, wird ihr langfristiger ökonomischer und gesellschaftlicher Wert weit unterschätzt. Dabei gründen sie zum Beispiel weit häufiger als Einheimische eigene Unternehmen. Und wer glaubt, dass sie inländische Arbeitskräfte verdrängen, irrt. Überwiegend sind die Folgen positiv, denn die Beschäftigung von Einwander*innen führt oft dazu, dass inländische Arbeitskräfte in besser bezahlte Jobs katapultiert werden. Negative Auswirkungen auf den Arbeitsmarkt sind empirisch kaum messbar, und wenn doch, betreffen sie nur einen kleinen Teil der Bevölkerung.

Noch immer werden Einwander*innen als finanzielle und soziale Belastung, als Konkurrent*innen für heimische Arbeitskräfte gesehen, wird ihr langfristiger ökonomischer und gesellschaftlicher Wert weit unterschätzt.

Staaten, denen es gelingt, ihre Einwander*innen auch sozial zu integrieren, stehen am besten da. Es geht dabei nicht nur um die Integration in den Arbeitsmarkt, sondern auch darum, wie Integration in puncto Bildung gelingt, welche Aufstiegschancen Neuankömmlinge haben und wie es um den sozialen Frieden und eine gleichberechtigte Teilhabe steht.

Die Modernisierung der deutschen Einwanderungsgesetze ist darum ein richtiger und wichtiger Schritt. Doch muss aus Gesetzen gelebte Realität werden. Die Anwerbung und Aufnahme ausländischer Arbeitskräfte muss digitaler, transparenter und schneller werden, denn wir stehen im globalen Wettbewerb um Einwander*innen, andere Länder sind uns da schon weit voraus. Auch müssen deutsche Unternehmen kreativer werden und sollten aktiv im Ausland um Arbeitskräfte werben, möglichst auf Englisch. Gute Deutschkenntnisse sind zwar wünschenswert, können aber auch mit der Zeit erworben werden, sind sie doch nicht sofort für jede erforderliche Tätigkeit eine zwingende Voraussetzung. Ausgeweitet werden sollte auch das »Onboarding«, also die Anstrengung, ausländische Mitarbeiter*innen in den Betrieb und ihre neue Umgebung einzuführen. Manche Firmen stellen Einwander*innen sogar einen sogenannten Lotsen an die Seite.

Nicht alle Unternehmen können sich einen solchen Aufwand leisten. Vor allem kleinere Firmen sind häufig überfordert. Es wäre darum hilfreich, wenn auch Zeitarbeitsfirmen ausländische Fachkräfte rekrutieren dürften. Sie wissen oft am besten, wer wo gebraucht wird, die Integration ins Arbeitsleben ist ihr Kerngeschäft, sie verfügen über internationale Netzwerke und können vergleichen und abschätzen. Denn 20 Fachkräfte hier und 30 dort reichen nicht, um den Bedarf der deutschen Wirtschaft zu decken. Dafür benötigt man einen größeren Überblick und vor allem die Fähigkeit zur Skalierung.

Was in der Debatte außerdem zu wenig berücksichtigt wird: Einwander*innen bringen aus ihren Herkunftsländern wertvolle Erfahrungen mit, sie helfen, neue Absatzmärkte zu erschließen und innovative Ideen zu verbreiten. Dank seiner Einwander*innen unterhält Spanien zum Beispiel enge Handelsbeziehungen und ein dichtes Netzwerk mit afrikanischen und lateinamerikanischen Staaten. Ein Beispiel am Rande: Der Erfolg des Lebensmittelkonzerns Danone basiert auf der Idee eines griechischen Einwanderers. Er brachte nicht nur sein Wissen mit, sondern hatte im Gepäck auch Bakterienkulturen, die Basis für probiotische Joghurterzeugnisse.

Es ist empirisch belegt, dass der sogenannte Braindrain keine Einbahnstraße ist. Zumindest mittelfristig fließen Wissen und Geld in die Herkunftsländer zurück, profitieren auch diese von den neuen Netzwerken.

Oft wird gegen eine vermehrte Einwanderung ausländischer Fachkräfte eingewendet, man entzöge damit ihren Herkunftsländern wichtiges Wissen. Doch inzwischen weiß man und ist es empirisch belegt, dass der sogenannte Braindrain keine Einbahnstraße ist. Zumindest mittelfristig fließen Wissen und Geld in die Herkunftsländer zurück, profitieren auch diese von den neuen Netzwerken.

Übrigens spielen Netzwerke auch eine wichtige Rolle bei der Frage, aus welchen Staaten Einwander*innen kommen. Häufig wandern Menschen in jene Länder aus, wo sie ein Stück Heimat finden, wo Menschen leben, zu denen sie bereits Kontakt haben, die ihnen vertraut sind. Das können Familienmitglieder sein oder Angehörige ihres Kulturkreises, ebenso historische Verbindungen aus Kolonialzeiten tragen dazu bei. Diese emotionalen und kulturellen Faktoren führen auch dazu, dass Einwander*innen oft schneller den Weg in eine Arbeit finden. Diese Erfahrungen sollte eine kluge Migrations- und Arbeitsmarktpolitik berücksichtigen.

Hierzulande stammen die meisten Einwander*innen aus europäischen Ländern, gefolgt von Asien.[16] Ende der 1950er-, Anfang der 1960er-Jahre kamen vor allem Arbeitskräfte aus Italien, Spanien, Griechenland und der Türkei,[17] später aus Nordafrika und Osteuropa. In den meisten dieser Länder sinkt wie in Deutschland schon seit Jahren die Geburtenrate, Ausnahmen sind unter anderem die Türkei, Syrien und Afghanistan.

Wollen wir eine möglichst strukturierte und planbare Zuwanderung, müssen wir mit einigen Staaten langfristige Partnerschaften aufbauen, denn je gezielter der Zuzug, desto schneller die Integration in Arbeitsmarkt und Gesellschaft. Im besten Fall ist es eine Winwin-Situation für beide Seiten. Deshalb müssen die Gespräche mit den Herkunftsländern unbedingt auf Augenhöhe stattfinden, um auch nur den Hauch einer neokolonialen Attitüde zu vermeiden.

Abkommen könnten insbesondere mit jenen Staaten geschlossen werden, deren Bürger*innen schon jetzt versuchen, um jeden Preis nach Europa zu gelangen, aber wenig Aussichten auf Asyl haben. Schüfe man hier legale Kontingente für Wirtschaftsmigrant*innen, ließen sich abgelehnte Asylbewerber auch eher wieder in ihre Heimat zurückschicken.[18] Die Westbalkanregelung hat seit 2016 gezeigt, dass Wege der legalen Arbeitsmigration gut funktionieren. Wenn klar definierte Voraussetzungen für die Einwanderung von Arbeitskräften existieren und diese auch öffentlich bekannt sind, wählen viele Familien, da bin ich mir sicher, für ihre Töchter und Söhne lieber den legalen Weg, als sie den lebensgefährlichen Gefahren einer illegalen Einwanderung auszusetzen. Geld bereits in der Heimat in den Erwerb der deutschen Sprache und in interkulturelles Lernen zu stecken, um so die Voraussetzungen für einen Job in Europa zu schaffen, ist ungleich besser investiert, als Schlepper zu bezahlen.

Abkommen könnten insbesondere mit jenen Staaten geschlossen werden, deren Bürger*innen schon jetzt versuchen, um jeden Preis nach Europa zu gelangen, aber wenig Aussichten auf Asyl haben.

Hybride Arbeit, Führungsqualitäten und die nächste Generation

Es ist nicht außergewöhnlich, dass sich gerade in Krisen notwendige Veränderungen durchsetzen, für die es vorher weder den Willen noch die Kraft gab. So hat Corona die Art und Weise, wie wir arbeiten, stark verändert. Während vor der Pandemie nur wenige fortschrittliche Unternehmen ihren Wissensarbeiter*innen freistellten, von wo aus sie, zumindest an einigen Tagen der Woche, arbeiten wollen, gewähren nun viele Unternehmen diese Wahlmöglichkeit. Selbst in Berufen, in denen die physische Anwesenheit vor Ort nach wie vor erforderlich ist, werden flexible Modelle erprobt, wie die freie Wahl der Schicht oder die Viertagewoche, die im Übrigen auch bei gleicher Stundenzahl möglich ist und nicht zwangsläufig zur Folge haben muss, dass der Betrieb oder das Geschäft nur an vier Tagen in der Woche »geöffnet« haben kann.

Doch selbstverständlich – auch das haben die Coronaerfahrungen gezeigt – muss es Gelegenheiten und Zeiten geben, in denen Teams zusammenkommen, um gemeinsam an Ideen zu arbeiten, Probleme zu besprechen oder auch nur um sich auszutauschen und ungezwungen miteinander zu »quatschen«. Denn manches beredet man lieber bei einer Tasse Kaffee und nicht in zeitlich vorgegebenen virtuellen Meetings. Der direkte soziale Kontakt, die Interaktion ist für den Zusammenhalt jeder Gruppe wichtig, sie fördert die Kreativität und prägt die Unternehmenskultur. Bleibt das aus, sind Folgen schnell zu spüren. So ist seit Corona in einigen Unternehmen die Zahl der Innovationen zurückgegangen, es werden zum Beispiel weniger Patente angemeldet und entstehen weniger neue Produkte. Auch fühlen sich manche Mitarbeitende nicht mehr so stark mit dem Unternehmen verbunden.

Es geht also darum, neue Wege zu finden, die flexibel genug sind, die unterschiedlichen Bedürfnisse der Arbeitnehmer*innen mit den Anforderungen der Unternehmen unter einen Hut zu bringen.

Oft werden für die Organisation der Arbeitswelt firmenweite Regelungen erlassen. Sie können zwar allgemeine Rahmenbedingungen setzen, ersetzen meines Erachtens jedoch nicht die Verantwortung der einzelnen Führungskräfte, selbst die Steuerung des eigenen Teams zu übernehmen. Was ein Team benötigt, welche Mitarbeiter*innen dazugehören, all das müsste und sollte eine gute Führungskraft selbst am besten wissen. In der Theorie besteht darüber kaum Dissens, doch die Praxis zeigt, wie schwer die Umsetzung manchen Führungskräften fällt.

Das liegt unter anderem auch daran, dass viele Firmen und Organisationen gerade im Wissensbereich bislang zu wenig Zeit dafür aufbringen, einzelne Arbeitsprozesse zu analysieren und deren Effizienz und Produktivität zu prüfen. Was etwa bei der Herstellung von Produkten oder im Kundenservicebereich schon seit Jahrzehnten Standard ist, dringt in andere Bereiche erst vor, wenn Umstrukturierungen drohen. Zuvor werden In- und Output kaum gemessen, wird nur selten festgelegt, welche Arbeitsergebnisse in welchem Zeitraum erwartet werden. Doch für die Aussteuerung eines Teams ist diese Analyse unerlässlich.

Um Messbarkeit zu erreichen, braucht es Planung und deutliche Vorgaben der Führungskräfte. Doch manche Manager*innen scheuen das wie der Teufel das Weihwasser. Ich erlebe diese Debatten in jedem Gremium, und fast immer wird die Frage gestellt: Sind Führungskräfte selbst verantwortlich dafür, die Arbeitsergebnisse ihrer Teams zu überprüfen? Oder geht man den einfacheren Weg, führt feste Anwesenheitstage ein und vertraut darauf, dass Anwesenheit und Output positiv korrelieren?

Wer als Führungskraft mittels Software Datenunterstützung erhält, kann leichter und gezielter Entscheidungen treffen. Dabei bleiben die Einhaltung der Datenschutzrichtlinien und die Anonymität der Mitarbeitenden voll gewahrt.

Keinem und keiner fallen Führungsqualitäten einfach in den Schoß, sie müssen gelernt sein und werden angesichts der vielen Herausforderungen und des Wettbewerbs um knappe Arbeitskräfte nicht leichter. Um in der Konkurrenz zu bestehen, ist es darum besonders wichtig, die Zufriedenheit der Belegschaft sicherzustellen. Zum einen, weil zufriedene Mitarbeiter*innen auch produktiver sind, zum anderen, weil man auf dem hart umkämpften Arbeitsmarkt auch keine guten Mitarbeitenden verlieren möchte.

Es mag verwundern, aber auch bei dieser Aufgabe kann eine geeignete Software helfen. Das fängt bei ganz banalen Dingen wie dem Desk Management an, das dafür sorgt, dass, wann immer ein Arbeitsplatz im Büro oder ein Raum für größere Treffen gebraucht wird, diese auch zur Verfügung stehen.

Man möchte es kaum glauben, aber oft regiert im deutschen Arbeitsalltag das helle Chaos, sind die Büros montags gähnend leer, während mittwochs, am »Schnitzel-Tag«, großes Gedränge herrscht. Wer hier mithilfe einer Software richtig plant, stellt nicht nur seine Mitarbeiter*innen zufrieden, sondern spart zugleich eine Menge Kosten ein. Außerdem verschafft man sich auf diese Weise einen guten Überblick, wie viel Zeit die Teams gemeinsam verbracht haben, wie gut oder schlecht die Stimmung im Betrieb ist, ob es erste Anzeichen für Unzufriedenheit und Leistungsabfall gibt. Wer als Führungskraft mittels Software Datenunterstützung erhält, kann leichter und gezielter Entscheidungen treffen. Und keine Sorge, die Einhaltung der Datenschutzrichtlinien und die Anonymität der Mitarbeitenden bleiben dabei voll gewahrt.

Weil Führungsfähigkeiten geübt werden müssen, sollten Firmen ihren Manger*innen von Anfang an Schulungs- und Weiterbildungskurse in Arbeitsorganisation und Menschenführung anbieten. Niemandem wurde das hybride Führen in die Wiege gelegt. Hier kann ein regelmäßiger Austausch mit Manager*innen, die bereits Veränderungen durchgeführt haben und von ihren Erfahrungen berichten können, helfen.

Ausblick

Um den Arbeitsmarkt fit für die Zukunft zu machen, müssen alle, Unternehmen und Beschäftigte, Verbände wie Gewerkschaften, bereit sein, umzudenken und neue Wege zu gehen. Ja, die unausweichliche Transformation bedeutet Zumutungen. Es wäre darum fatal, so zu tun, als wäre sie zum Nulltarif zu haben. Aber ebenso wenig nützt es, den Wandel aufzuschieben oder Ängste vor ihm zu schüren, denn er ist unvermeidlich. Gesellschaftliche Veränderungen, das lehrt die Geschichte, sind stets mühsam und schmerzhaft. Doch muss die Transformation der Arbeitswelt jetzt erfolgen – und möglichst rasch, damit auch künftig so viele Menschen wie möglich einen bezahlten Job haben.

Anmerkungen

1 https://www.iwd.de/artikel/digitalisierung-stillstand-statt-fortschritt-570861/
2 https://service.destatis.de/bevoelkerungspyramide/index.html
3 https://www.bertelsmann-stiftung.de/de/themen/aktuelle-meldungen/2021/november/demografische-alterung-und-oeffentliche-finanzen-nach-der-covid-19-krise-wie-geht-es-weiter
4 Sachverständigenrat, Jahresgutachten 2022/23, 2. 282.
5 https://iab.de/presseinfo/iab-fruehjahrsprognose-2023/
6 https://www.bcg.com/publications/2022/global-talent-migration-the-business-opportunity; Johann D. Harnoss, Janina Kugel, Karina Kleissl, Marley Finley, François Candelon.
7 https://www.stuttgarter-zeitung.de/inhalt.dramatischer-fachkraeftemangel-zuwanderer-sollen-arbeitsmarkt-retten.76b5c6b0-7610-4e93-9f90-f2ca96f44516.html
8 https://www.bertelsmann-stiftung.de/de/themen/aktuelle-meldungen/2023/maerz/anteil-der-jugendlichen-ohne-schulabschluss-seit-zehn-jahren-auf-hohem-niveau
9 https://deutsches-schulportal.de/bildungswesen/iqb-bildungstrend-die-wichtigsten-ergebnisse/#:~:text=Die%20Ergebnisse%20des%20IQB%2DBildungstrends,Sch%C3%BClerinnen%20und%20Sch%C3%BCler%20die%20Mindeststandards
10 https://de.statista.com/statistik/daten/studie/170923/umfrage/interesse-an-beruflicher-weiterbildung/
11 https://www.bertelsmann-stiftung.de/de/themen/aktuelle-meldungen/2021/maerz/arbeitszeit-von-maennern-und-frauen-wunsch-und-wirklichkeit-klaffen-auseinander
12 https://www.bmfsfj.de/bmfsfj/themen/gleichstellung/gender-care-gap/indikator-fuer-die-gleichstellung/gender-care-gap-ein-indikator-fuer-die-gleichstellung-137294
13 Institut für Arbeitsmarkt- und Berufsforschung.
14 https://www.destatis.de/DE/Themen/Querschnitt/Demografischer-Wandel/Aeltere-Menschen/erwerbstaetigkeit.html
15 https://www.bcg.com/publications/2023/new-migration-strategy-for-growth-and-innovation; Johann D. Harnoss, Janina Kugel, Marley Finley, Dany Bahar, Hillel Rapoport, Rebekah Smith.
16 https://www.demografie-portal.de/DE/Fakten/zuwanderung-herkunft.html#:~:text=Das%20mit%20Abstand%20wichtigste%20Herkunftsland,hatte%202021%20die%20deutsche%20Staatsangeh%C3%B6rigkeit
17 https://domid.org/angebot/aufsaetze/essay-migrationsgeschichte-in-deutschland/
18 Ruud Koopmans, »Die reine Heuchelei«, Die Zeit, 04.05.2023; https://www.zeit.de/2023/19/ruud-koopmans-deutsche-migrationspolitik-asyl/komplettansicht

Die große Kluft

Bei ökonomischen Kennziffern wie Produktivität, Einkommen und Vermögen hinkt der Osten dem Westen Deutschlands auch heute noch hinterher. Hinzu kommen demografische Verwerfungen, die zur Wende mit massenhaften Abwanderungen in den Westen begannen und bis heute nachwirken, auch in Form sich abzeichnenden Fachkräftemangels. Gezielte Investitionen in Bildung, Forschung und Entwicklung, also in die Köpfe, können mittelfristig Abhilfe schaffen und den Osten attraktiver machen.

Von Reint Gropp und Cornelia Lang

Die Freude über die Wiedervereinigung der beiden Teile Deutschlands vor mehr als drei Jahrzehnten war groß. Die Bilder von ersten Grenzüberquerern von Ost nach West, dem Erklettern der Berliner Mauer von Ostberlin aus – alles zuvor undenkbar – werden ewig im gesamtdeutschen Gedächtnis haften bleiben.

In diesem Moment des großen Glücks dachten wohl die wenigsten Menschen an die gewaltigen Umwälzungen, die den »Noch-DDR-Bürgern« bald bevorstehen würden. Mit dem Ende der staatlichen

Teilung stand als große politische Aufgabe und ökonomisches Ziel die sofortige Transformation der DDR-Planwirtschaft in eine Marktwirtschaft fest, ein Plan, der in der Bevölkerung auch auf breite Zustimmung stieß. Die Benchmark, die Maßstäbe waren gesetzt, mit allen Konsequenzen. Fast alle erwarteten eine rasche Schaffung gleichwertiger Lebensverhältnisse, gar »gleicher Lebensverhältnisse«, eine ziemlich illusionäre Vorstellung, die außer Acht ließ, dass auch im Westen Deutschlands die Lebensverhältnisse keineswegs homogen sind.[1]

Es begann dann ein Transformationsprozess, der nahezu alle Bereiche der ostdeutschen Gesellschaft erfasste. Von einem auf den anderen Tag wurden bestimmte Routinen und Gepflogenheiten des Ostens plötzlich völlig wertlos, denn sie waren nicht die Routinen und Gepflogenheiten der Marktwirtschaft. Es war nicht ausreichend, nur die Produktionsweisen im Osten umzukrempeln, auch die alten Institutionen und die mit ihnen verbundenen Rollen und Handlungsweisen passten nicht mehr.

Und nicht nur in den neuen Bundesländern fand diese Transformation statt, ganz Osteuropa stand zu Beginn der 1990er-Jahre vor einer solchen Umwälzung, auch dort waren die Herausforderungen und wirtschaftlichen Aufgaben ähnlich. Allerdings unterschied sich die deutsche Situation der ehemaligen DDR in einem wesentlichen Punkt von der in anderen Ländern: Sie sollte den Ostdeutschen den Anschluss sowohl an den Westen des nunmehr gemeinsamen Landes als auch an den wohlhabenden, den ökonomisch und sozial westlich geprägten Teil Europas ermöglichen. Aus diesem Grund gab es im Westen Deutschlands von Anfang an den politischen Willen, den Osten bei dieser Aufgabe nach Kräften mit einschneidenden Maßnahmen zu unterstützen. Erinnert sei an die rasche Währungsunion (in der Hoffnung, damit die weitere Abwanderung von Ost nach West zu reduzieren), riesiger Investitionen in die Infrastruktur oder an den

Einsatz der Treuhandanstalt zur Restrukturierung und Privatisierung so gut wie fast aller Unternehmen in Ostdeutschland.

Vor allem Sozialwissenschaftler sahen in dieser einseitigen Anpassung der Ostdeutschen auch eine Bürde für deren Selbstwahrnehmung. Dieser Meinung nach standen die enormen Transferleistungen in nur eine Richtung, von West nach Ost, der Herausbildung eines eigenen starken ostdeutschen Selbstbewusstseins im Weg. Ihre im Vergleich zu Westdeutschen ausgeprägtere Empfindung, nur Bürger zweiter Klasse zu sein, mag hier eine Wurzel haben. Aktuell fühlen sich jedenfalls zwei Drittel der Ostdeutschen als Bürger zweiter Klasse, und tatsächlich sieht jeder dritte Westdeutsche die Ostdeutschen auch so.[2]

Der »Beitritt« Ostdeutschlands war ja auch in Wirklichkeit die Eingliederung des deutlich kleineren und wirtschaftlich schwächeren Landesteils in den stärkeren, größeren. Praktisch über Nacht wurde den Ostdeutschen ein völlig anderes Wirtschafts- und Gesellschaftssystem übergestülpt. Weder hatten sie genügend Wissen über marktwirtschaftliche Regeln und Gepflogenheiten noch über das, was institutionell erforderlich war, um in diesem System des Westens anzukommen und zu bestehen. Es fehlten die eigenen Experten oder Eliten für die Transformation, also wurde diese große Lücke zügig mit Personal aus den alten Bundesländern gefüllt.

Was von da an im Osten Deutschlands sowohl in der Wirtschaft als auch in vielen anderen Bereichen in Gang gesetzt wurde, wird allgemein als nachholende Modernisierung bezeichnet, deren Folgen die Öffentlichkeit, Wissenschaft und Medien bis heute beschäftigen. Allerdings wird dabei nach wie vor verdrängt oder geflissentlich übersehen, dass die ehemalige DDR zu Transformationsbeginn nicht lediglich aus alten, aus der Zeit gefallenen Produktionsanlagen bestand, sondern auch etliche Stärken besaß. Diese Stärken gründeten auf drei miteinander im Zusammenhang stehenden Faktoren: hoher

Reint Gropp, Cornelia Lang

Bildungsstand, hohe Erwerbsbeteiligung von Frauen, hoher Stand an Kinderbetreuung.

Konkret: Neben einer gut ausgebildeten Facharbeiterschaft verfügten die fünf neuen ostdeutschen Bundesländer damals über einen im Vergleich zur alten Bundesrepublik höheren Anteil von Hoch- und Fachschulabsolventen. Es gab im Osten deutlich weniger Un- oder Angelernte, was lange Zeit ein Standortvorteil war, der leider inzwischen verschwunden ist. Denn der Bildungsvorsprung beruhte weitgehend auf Erwerbstätigen, die ihre Ausbildung noch in der DDR absolviert hatten. Sie aber werden zahlenmäßig immer weniger, weil sie nach und nach in Rente gehen und aus dem Berufsleben ausscheiden.

Der demografische Wandel schlägt hier also voll zu und passiert ausgerechnet zu einem Zeitpunkt, in dem der Anteil an Beschäftigten mit tertiären, also höheren Abschlüssen in Ostdeutschland zurückgegangen ist, während er in Westdeutschland und in Berlin gewachsen ist. Das ist ein Problem, denn dieses geringere Humankapital der neuen Bundesländer spielt eine zentrale Rolle bei der Beurteilung der Zukunftsperspektiven des Standorts Ostdeutschland. Leider kommt als weiterer nachteiliger Faktor die im Osten durchschnittlich höhere Schulabbrecherquote noch hinzu. Im Schulabgangsjahr 2021 betrug sie bundesweit 6,2 Prozent, in den neuen Ländern lag sie um circa zwei Prozentpunkte höher. Schlusslicht ist seit mehreren Jahren das Bundesland Sachsen-Anhalt mit einer Abbrecherquote von 10,1 Prozent.[3] Investitionen in die Bildung, das ist eine alte Erkenntnis, sind stets Investitionen in die Zukunft. Anders formuliert: Dass der Osten hier seinen Vorteil eingebüßt hat, ist im Hinblick auf eine weitere Angleichung der Lebensverhältnisse ein Problem.

Es ist nicht die einzige Hürde. Zwar altert und schrumpft die Bevölkerung im Westen wie im Osten, doch trifft diese Entwicklung die westdeutschen Bundesländer im Vergleich zum Osten etwas verzögert.

Zum einen, weil nach der Wende 1989/1990 viele junge und gut ausgebildete Ostdeutsche in den Westen umsiedelten. Zum anderen, weil Westdeutschland weit stärker als Ostdeutschland von ausländischer Zuwanderung profitiert hat und nach wie vor profitiert. Diese Zuwanderer sind meist jüngere Menschen.

Wie bereits erwähnt hatte die DDR zum Zeitpunkt der Wende noch einen zweiten Vorteil gegenüber der alten Bundesrepublik: die weit höhere Erwerbstätigkeit von Frauen, selbst dann, wenn sie Kinder hatten. Über 90 Prozent der Frauen im erwerbsfähigen Alter gingen einer bezahlten Arbeit nach (in Westdeutschland taten das 1990 nur 56 Prozent), das Doppelverdienermodell war in der DDR der Regelfall und korrespondierte mit einer entsprechenden Ausstattung an Kinderbetreuungsmöglichkeiten, vor allem auch für Kleinkinder. Dieser ostdeutsche Vorteil ist nicht ganz verschwunden und hat darum Auswirkungen bis in die Gegenwart.

Hinsichtlich der Erwerbsbeteiligung von Frauen hat sich der Westen eher dem Osten angenähert, genauer gesagt, haben sich beide aufeinander zubewegt. Heute sind 72,8 Prozent der westdeutschen Frauen erwerbstätig (mehr als vor der Wende) und 74,6 Prozent der ostdeutschen Frauen (weniger als vor der Wende).[4] Der Westen und der Osten liegen hier also fast gleichauf. Doch im Vergleich arbeiten ostdeutsche Frauen mehr Stunden und sind seltener in Teilzeit beschäftigt. Das bleibt auch so, wenn sie mehr als ein Kind haben. Zwar liegt die Erwerbstätigenquote von Müttern mit drei Kindern in den neuen Ländern und Berlin nur leicht über jener in den alten Ländern, aber die Quoten für Vollzeitarbeit unterscheiden sich deutlich. Im Osten sind circa 20 Prozent dieser Mütter vollzeiterwerbstätig, im Westen lediglich acht Prozent.[5] Das mag auch daran liegen, dass im Osten die Betreuungsangebote für Kleinkinder immer noch besser sind, es mehr Ganztagsbetreuung gibt und deren Inanspruchnahme weniger stigmatisiert wird als im Westen. Allerdings ist auch die Tatsache mit zu berücksichtigen, dass selbst 30 Jahre nach der Wiedervereinigung die durchschnittlichen Erwerbseinkommen im Osten nach wie vor niedriger sind als im Westen. Auch das ist vielleicht ein Grund, warum das Doppelverdienermodell weiter favorisiert wird.

Mit der Transformation von der Plan- zur Marktwirtschaft begann im Osten auch eine gewaltige Krise des Arbeitsmarkts, und es sollte mehr als ein Jahrzehnt dauern, bis der Aufbau neuer Arbeitsplätze den Abbau unproduktiver Arbeitsplätze übertraf. Viele Ostdeutsche reagierten auf den Zusammenbruch ihres Arbeitsmarkts mit einer Jobsuche im Westen. Manche pendelten zur Arbeit in die alten Bundesländer, vor allem jene, die entlang der ehemaligen Zonengrenze wohnten. Andere packten gleich die Koffer und zogen dauerhaft in den Westen. Am Anfang waren es vorwiegend Männer, aber bereits ab 1991 überproportional viele Frauen. Die Abwanderung ostdeutscher Frauen hält bis heute an, wenn auch nicht mehr so massiv.

Es waren vor allem die jungen, höher gebildeten und familiär ungebundenen Frauen, die den Osten verließen. Im Westen fanden sie Arbeit, Ausbildung und soziale Bindungen, also genügend Anreize, um dauerhaft den neuen Ländern den Rücken zu kehren. Das hat für einige ostdeutsche Regionen bis heute nachteilige Folgen. Denn diese jungen Frauen fehlen dort nicht nur als Fachkräfte, sondern auch als Mütter, was zusammen mit dem nach der Wende allgemein einsetzenden Einbruch der Geburtenzahlen der Grund für die gravierenden demografischen Probleme der neuen Bundesländer ist.

Mehr noch, Migrationsforscher haben belegt, dass dieser Abwanderungsprozess in Europa bislang einmalig ist. Eine der Konsequenzen ist, dass vor allem in den peripheren ostdeutschen Regionen ein Überschuss an Männern, die Merkmale prekärer Unterschichten aufweisen, entstand.[6] Sie haben oftmals keinen höheren Bildungsabschluss und waren in eher männertypischen Berufen beschäftigt. Für diese Männer brach Anfang der 1990er-Jahre eine Welt zusammen, und nicht wenige von ihnen richteten sich schicksalsergeben in den prekären Verhältnissen ein. Viele sind bei schlechter Gesundheit und haben sich mit anderen Männern aus dieser Gruppe zusammengeschlossen. Sofern sie Familien haben, bieten die schlechten Lebensumstände auch ihren Kindern keine gute Zukunftsperspektive, weil diese Arbeitslosigkeit als einen Normalzustand erfahren und erleben, dass man sich dank wohlfahrtsstaatlicher Unterstützung irgendwie durchwursteln kann.

2006 haben Steffen Kröhnert und Reiner Klingholz solche prekären Verhältnisse in diesem besonderen regionalen ostdeutschen Kontext untersucht. Ihre Studie bestätigt zwar nicht die Hypothese, dass aufgrund derartiger lokaler Männerüberschüsse die Kriminalitätsrate steigt. Aber die Autoren verweisen darauf, dass rechtsextreme Parteien tendenziell gerade in jenen Regionen einen hohen Wähleranteil haben, wo viele Männer in klassisch männlich dominierten Branchen arbeiten, wo Frauen abwandern, Bildungseliten fehlen und die Arbeitslosenquote höher ist als in anderen Landstrichen.[7]

In Zahlen: In der Zeit von 1989 bis 2021 sind netto circa zwei Millionen Menschen mehr aus den ostdeutschen Flächenländern ab- als zugewandert. Die meisten von ihnen verließen den Osten zwischen 1989 und 1991, also unmittelbar nach der Wiedervereinigung und inmitten des gewaltigen gesellschaftlichen und ökonomischen Umbruchs. Gemessen daran verläuft die Ost-West-Wanderung inzwischen in ruhigeren Bahnen. Seit 2017 ist der Saldo sogar leicht positiv.[8] Es zeichnen sich außerdem Abwanderungsmuster ab, wie zum Beispiel, dass die meisten Ostdeutschen im jungen Erwachsenenalter, am häufigsten mit etwa 28 Jahren, in den Westen ziehen und nach wie vor die alten Bundesländer insbesondere für junge Frauen attraktiv sind. Seit der Wiedervereinigung verlor der Osten laut Statistischem Bundesamt mehr als 728 000 junge Ostdeutsche im Alter bis 25 Jahre an den Westen.

In der Zeit von 1989 bis 2021 sind netto circa zwei Millionen Menschen mehr aus den ostdeutschen Flächenländern ab- als zugewandert. Die meisten von ihnen verließen den Osten zwischen 1989 und 1991, also unmittelbar nach der Wiedervereinigung und inmitten des gewaltigen gesellschaftlichen und ökonomischen Umbruchs.

Und wie ist es in umgekehrter Richtung? Unter den Regionen im Osten der Republik kann nur die Hauptstadt Berlin einen verstärkten Zuzug aus dieser jungen Bevölkerungsgruppe verbuchen.[9] Von West nach Ost treibt es, wenn überhaupt, eher die 30- bis 50-Jährigen, was die Vermutung nahelegt, dass vor allem berufliche Gründe hinter diesem Umzug stecken. Aber auch diese Altersgruppe lässt sich vorrangig in Berlin nieder. Durch diese Binnenwanderung büßten bis etwa zum Jahr 2000 vor allem die städtischen Regionen im Osten Bewohner ein, anschließend waren es die ländlichen Räume.

Diese demografischen Verschiebungen und ihre Folgen sind aber nur eine Herausforderung. Eine andere ist der bis heute bestehende Produktivitätsunterschied zwischen Ost- und Westdeutschland. Gemessen am Bruttoinlandsprodukt je Erwerbstätigem betrug die Produktivität 1991 in Ostdeutschland einschließlich Berlins nur 45 Prozent des westdeutschen Wertes.[10] Zwar stieg sie in der Folgezeit im Osten schneller als im Westen, verlor aber bereits Mitte der 1990er-Jahre wieder an Tempo. Seit den 2000er-Jahren schließt sich die nach wie vor klaffende Lücke nur noch in Trippelschritten. Gegenwärtig beträgt die Produktivität der neuen Länder etwa 84 Prozent des Durchschnittswerts der alten Bundesländer. Selbst das Saarland, das Schlusslicht des Westens, liegt diesbezüglich noch über den ostdeutschen Flächenländern.

Bei der Suche nach den Ursachen verweisen wissenschaftliche, aber auch politische Debatten auf die gravierenden strukturellen Unterschiede zwischen den Regionen. Zuvörderst wird meist die Kleinteiligkeit der ostdeutschen Unternehmensstrukturen angeführt. Doch auch der Westen ist durch kleine und mittlere Unternehmen geprägt. Schaut man allerdings genauer hin, stößt man durchaus auf ein paar Ursachen für diese Unterschiede. Während die alte Bundesrepublik eine große Kontinuität mittelständischer Betriebe aufweist und privates Unternehmertum auf eine lange Tradition zurückblicken kann, wurde diese Kontinuität in der DDR – politisch gewollt – unterbrochen. Zwar gab es auch im Osten noch kleine Restbestände an privaten Betrieben in der Landwirtschaft, im Handwerk, auch im Handel, aber insgesamt fiel dieser Sektor nicht ins Gewicht und war gesellschaftlich verpönt, weil er als Überbleibsel kapitalistischer Ausbeutung galt.

Diese fast ein halbes Jahrhundert währende politische und gesellschaftliche Ächtung von Privatunternehmen blieb nicht ohne Folgen und hemmte nach der Wende die ökonomische Aufbruchsstimmung. Wo freie Unternehmer als skrupellose Kapitalisten und Vaterlandsverräter stigmatisiert werden, können sich Gründergeist und Risikobereitschaft nur schwerlich entfalten. Wer damals meinte, die Gründung einer eigenen Firma sei ein kreativer Akt der Selbstverwirklichung und Ausdruck erfolgreichen wirtschaftlichen Agierens, wurde oft schief angeschaut. Und am Anfang des großen Transformationsprozesses strebten sowieso die meisten Menschen angesichts der großen Verunsicherung und hohen Arbeitslosigkeit nach einem – oft vermeintlich –

sicheren Job und dachten nicht im Traum an die risikobehaftete Gründung eines eigenen Unternehmens.

Als weiterer Grund für die Produktivitätslücke wird der Mangel an Großunternehmen und Konzernzentralen in Ostdeutschland genannt. Der erste Blick auf die Zahlen trügt, denn danach haben sowohl in Ost- als auch in Westdeutschland ungefähr ein Prozent aller Unternehmen mehr als 250 Beschäftigte. Der zweite Blick aber zeigt, dass die großen Unternehmen in den alten Ländern deutlich größer sind. Ihr Anteil an der Gesamtbeschäftigung beträgt in etwa 23 Prozent, jener der ostdeutschen Großbetriebe hingegen nur knapp acht Prozent.

Während zwei Drittel der ostdeutschen Erwerbstätigen in Kleinbetrieben bis zu 49 Beschäftigten arbeiten, tut dies im Westen nur knapp die Hälfte. Dabei muss man wissen, dass die Bruttowertschöpfung pro Kopf mit der Betriebsgröße wächst, was erklärt, warum die Produktivität in Ostdeutschland hinterherhinkt. Allerdings erklärt das den Abstand nur zum Teil. Studien belegen, dass sich diese Diskrepanz durch alle Betriebsgrößen zieht und ostdeutsche Betriebe in jeder Größenklasse eine mindestens um 20 Prozentpunkte geringere Produktivität aufweisen.

Zudem: Nicht allein die Kleinteiligkeit der ostdeutschen Unternehmenslandschaft ist für die Produktivitätskluft verantwortlich. Als ein weiterer wichtiger Grund kommt der allgemeine Strukturwandel hin zu einer Dienstleistungsgesellschaft hinzu. In Ost wie West sind seit 1990 massenhaft Industriearbeitsplätze verloren gegangen. Doch während im Westen genügend neue, gut bezahlte Jobs im Dienstleistungssektor in den urbanen Räumen diesen Rückgang kompensieren konnten, war das im Osten nicht der Fall.[11] Es gibt eine Komplementarität, eine wechselseitige Beziehung zwischen Industrie- und Dienstleistungen, vor allem bei unternehmensnahen Dienstleistungen, die als Jobmotor wirken.

Nicht allein die Kleinteiligkeit der ostdeutschen Unternehmenslandschaft ist für die Produktivitätskluft verantwortlich. Als ein weiterer wichtiger Grund kommt der allgemeine Strukturwandel hin zu einer Dienstleistungsgesellschaft hinzu.

2019 befasste sich das *manager magazin* mit den »Oasen in der ostdeutschen Wirtschaftswüste« und fand damals unter den 500 umsatzstärksten Unternehmen in Deutschland nur 16 in den ostdeutschen Flächenländern. Sachsen hatte acht, Baden-Württemberg hingegen 70.[12] Nüchtern konstatierte das Magazin, dass nach der Wiedervereinigung der Kapitalismus zwar in den Osten zurückgekehrt sei, das Kapital aber seine Heimat weiter im Westen habe. Wegen der insgesamt nur wenigen Unternehmenssitze in den neuen Bundesländern attestierte das Magazin zum Beispiel dem ostdeutschen Magneten und Vorreiter Sachsen »viel Energie, wenig Kapital«. Denn sämtliche umsatzstarken Betriebe dort waren Unternehmen der Daseinsvorsorge – und auch sie waren nicht gänzlich ostdeutsch, sondern über diverse Verflechtungen noch in anderen Händen. Einen »echten Sachsen« konnten sie dort nicht ausmachen.

Aber es gibt Komsa: 1992 gegründet, mit knapp 1200 Mitarbeitern und einem Jahresumsatz von 1,2 Milliarden Euro gilt das sächsische Komsa als eines der größten Familienunternehmen in den neuen Bundesländern.[13] Komsa steht für Kommunikation Sachsen, ist nach eigenen Angaben der größte Distributor für Telekommunikationsprodukte in Deutschland und Spezialist für digitale Infrastrukturen und hat seinen Firmensitz in Hartmannsdorf bei Chemnitz.

Dabei hat der mitteldeutsche Raum historisch betrachtet durchaus eine beeindruckende Industriegeschichte aufzuweisen. Bereits im späten Mittelalter gab es hier eine dichte, gewachsene und global agierende Gewerbelandschaft. Doch die erfolgreichen, innovativen Unternehmen dieser Region waren immer eher klein. Darauf weisen regelmäßig auch die verschiedenen mitteldeutschen Landesausstellungen hin, wie etwa jene in Sachsen, die im Jahr 2000 unter dem Motto »Boom« im Zwickauer Audi-Bau die beeindruckenden Leistungen aus 500 Jahren sächsischer Industriegeschichte zeigte. Ein halbes Jahrtausend, das ist eine lange, stolze Ära, die im 20. Jahrhundert radikal abgeschnitten wurde. Auch das illustrierte diese Ausstellung.

Weit realistischer wäre es, bereits im Osten ansässige mittelgroße Unternehmen zu unterstützen und Rahmenbedingungen zu schaffen, damit sie weiter wachsen, forschen und entwickeln können. Dafür müssten Bildung, Ausbildung und Weiterbildung gestärkt und das Angebot an öffentlichen Wissenschaftseinrichtungen ausgebaut werden.

Angesichts dieser Geschichte stellt sich darum die Frage, ob sich nicht auch ohne Großunternehmen und Hauptsitze in Ostdeutschland an diesen früheren Geist der Weltoffenheit, Kreativität und Kultur anschließen ließe. Was aber müsste dafür geschehen? Zunächst einmal wäre es notwendig, sich von der sowieso eher unrealistischen Vorstellung zu verabschieden, dass sich internationale Großkonzerne samt ihren Hauptquartieren im Osten ansiedeln oder gar von West- nach Ostdeutschland umziehen würden. Weit realistischer wäre es, bereits im Osten ansässige mittelgroße Unternehmen zu unterstützen und Rahmenbedingungen zu schaffen, damit sie weiter wachsen, forschen und entwickeln können. Dafür müssten Bildung, Ausbildung und Weiterbildung gestärkt und das Angebot an öffentlichen Wissenschaftseinrichtungen ausgebaut werden.

Schon jetzt gibt es im Osten ein umfangreiches Netz gemeinnütziger, externer Einrichtungen der Industrieforschung, das kleinen und mittelständischen Unternehmen dabei hilft, innovationsfähig zu sein. Denn Ziel muss es sein, die technologische Leistungsfähigkeit und Wettbewerbsfähigkeit der ostdeutschen Wirtschaft zu erhöhen. So sind zum Beispiel universitäre Ausgründungen ein ebenso vielversprechendes wie förderungswürdiges Konzept, um neueste wissenschaftliche Erkenntnisse in marktfähige Produkte umzusetzen. Beispiele dafür gibt es reichlich. Etwa die erfolgreichen Unternehmensgründungen im Bereich der Medizintechnik aus der Universität Magdeburg heraus oder ein Betrieb für nachhaltige Lederproduktion mit aus Rhabarber gewonnenen Gerbstoffen, der aus der Hochschule Anhalt in Bernburg hervorgegangen ist und nach wie vor eine enge Anbindung an sie hat und deren Infrastruktur (Versuchsfelder) nutzt, um weiter zu forschen.

Aber insgesamt ist hier im Osten noch zu wenig passiert. Denn zur Wahrheit gehört auch, dass Spitzentechnologien durch universitäre Spitzenforschung hervorgebracht werden. Der Bund unterstützt das mit seiner Exzellenzstrategie. Doch gegenwärtig gibt es nur eine einzige ostdeutsche Exzellenzuniversität, die Technische Universität Dresden, und nur Jena ist ein ostdeutscher Uni-Standort mit einem Exzellenzcluster für interdisziplinäre Zusammenarbeit. Einen universitären Exzellenzverbund kann nur Berlin mit seinen drei Hochschulen aufweisen. Der Osten ist hier, auch gemessen an der Zahl seiner Einwohner, stark unterrepräsentiert.

Selbst wenn Ostdeutschland nicht notwendigerweise Großkonzerne braucht, die Tatsache, dass es zwischen Elbe und Oder auch so gut wie keine wichtige Unternehmenszentrale gibt, ist durchaus ein Nachteil, weil dem Osten damit strategische Unternehmensfunktionen wie Forschung, Entwicklung und Marketing fehlen. Die bleiben in der Regel am Stammsitz – und damit fehlt im Osten auch die Nachfrage nach industrienahen Dienstleistungen, die wiederum ein wichtiger Motor sind für die wirtschaftliche Umstrukturierung der Wirtschaft in den sogenannten tertiären Sektor, den Dienstleistungssektor. Überdies zeitigt der Mangel an großen Unternehmen und Unternehmenszentralen noch eine weitere negative Folge: Im Osten werden weniger hohe Einkommen generiert, weil es zu wenige gut bezahlte Jobs gibt. Auch daran hat sich leider bis heute wenig verändert. Im Dax 40, also unter den 40 größten an der Frankfurter Börse notierten Unternehmen, ist mit Jenoptik gerade einmal ein einziger ostdeutscher Konzern vertreten.

Natürlich haben sich seit der Wiedervereinigung immer wieder nationale und internationale Investoren für Standorte in Ostdeutschland interessiert. Angezogen werden sie vor allem von neu gebauten Verkehrswegen, gut ausgebildeten Fachkräften und großen, anderswo kaum mehr zu findenden Freiflächen, von zahlreichen Förderprogrammen und nicht zuletzt davon, dass Kommunen potenziellen Investoren gern einen roten Teppich ausrollen. Um industrielle Ansiedlungen konkurrierten und konkurrieren ostdeutsche Regionen oftmals gegeneinander. Sachsen hat erfolgreich seine traditionellen Standorte der Automobilindustrie fortführen können, und auch die schon seit 1990 stattfindenden Investitionen in den Chemiepark Leuna erweitern einen bereits seit Langem etablierten Unternehmensbestand.

Staatliche Industriepolitik und vom Steuergeld bezahlte Subventionen für Unternehmensansiedlungen sind politisch populär, aus wissenschaftlicher Sicht allerdings schlecht ausgegebene Steuergelder. Jüngste Beispiele sind die Standortentscheidungen für die Mega Factory Tesla im brandenburgischen Grünheide bei Berlin oder Halbleiterfabriken wie Intel in Magdeburg oder TSMC in Dresden. Magdeburg konnte sich gegen rund 80 andere europäische Bewerber durchsetzen und ist nun besonders stolz auf dieses Leuchtturmprojekt, musste die

Stadt doch den Niedergang des Schwermaschinenbaus verkraften. Doch war Magdeburg bislang nie ein Schwerpunkt der (Mikro-)Elektronikindustrie, wohingegen Dresden – natürlich auch mit staatlicher Unterstützung – nach der Wiedervereinigung erfolgreich an eine alte Tradition anknüpfen konnte.

Natürlich haben globale, geopolitische Entwicklungen Gewichte verschoben und Rahmenbedingungen verändert. So ist die Intel-Ansiedlung in Magdeburg kein Baustein der ostdeutschen Transformation, sondern erfolgt vor dem Hintergrund des European Chip Act. Das heißt, die Europäische Union stellt insgesamt 43 Milliarden Euro zur Verfügung – und zwar mit dem Ziel, die europäische Halbleiterproduktion zu steigern und unabhängiger von globalen Lieferketten zu werden. Etwa zehn Milliarden dieser Summe sollen nach Magdeburg fließen.

Zu fragen aber bleibt, ob das aus ökonomischer Sicht gut angelegtes Steuergeld ist und diese Investition die lang ersehnten »richtig guten« Arbeitsplätze nach Ostdeutschland bringt. Um das abzuschätzen, müssen unterschiedliche Aspekte berücksichtigt werden. Da geht es zum einen nicht um Forschung und Entwicklung, sondern um eine Produktionsstätte für Chips, also eine Fertigung, die gefördert wird. Dafür werden Fachkräfte gebraucht, die im Osten wie im Westen fehlen, deren Mangel aber, demografisch bedingt, im Osten eher zu spüren ist. Gut möglich also, dass Intel im Wettbewerb um bitter benötigte Fachkräfte die klein- und mittelständischen Unternehmen in der Region aussticht, weil diese bei den Löhnen finanziell nicht mithalten können. Und ob die Betriebe im Umfeld der neuen Großfabrik gleichwohl einen Nutzen aus der Ansiedlung ziehen und als sogenannte unternehmensnahe Dienstleister zum Zuge kommen, ist längst nicht ausgemacht. Ökonomen gehen bislang von eher geringen positiven Externalitäten, also einer bescheidenen Wirkung aus. Mit anderen

Worten: Umliegende Firmen werden aller Wahrscheinlichkeit nach nicht im großen Umfang von Intel profitieren, und EU-Förderungsprogramme sind für diese Firmen nicht vorgesehen.

Doch wie lange wird der amerikanische Konzern Intel am ostdeutschen Standort bleiben? Diese Frage wirft eine zweite auf, nämlich die nach der Nachhaltigkeit des dort gefertigten Produkts. Die Halbleiter von Magdeburg sind für Computer und Smartphones vorgesehen, also für Endprodukte, die nicht in Deutschland hergestellt werden. Bei der Endfertigung von Halbleitern haben China und Taiwan nach wie vor entscheidende Wettbewerbsvorteile, und China kontrolliert circa 70 Prozent der Förderung seltener Erden, die für die Chipherstellung gebraucht werden. So gesehen wird eine unabhängige Halbleiterproduktion in Europa eher schwierig.[14]

Darum sind Zweifel angebracht, ob derartige Ansiedlungssubventionen, zumindest in dem geplanten Ausmaß, wirklich zu rechtfertigen sind. Aus unserer Sicht scheint es viel besser, diese gewaltigen Summen in Ostdeutschland in Forschung *und* Entwicklung zu stecken, sowohl in Universitäten und außeruniversitären Forschungseinrichtungen als auch durch gezielte Subventionen für Forschung und Entwicklung in Privatunternehmen. Die positiven Effekte solcher staatlichen Investitionen sind empirisch gut belegt und ihre Auswirkungen auf die Innovationstätigkeit gut abschätzbar. Sie stärken das Wirtschaftswachstum und lassen Einkommen wachsen. Wir meinen: Das Geld ist in Köpfen besser angelegt als in Beton.

Stadt und Land

Produktivitätsunterschiede gibt es nicht nur zwischen unterschiedlich großen Betrieben, sondern auch zwischen Stadt und Land. In städtischen Räumen ist die Produktion in der Regel höher, denn Ballungsräume ermöglichen externe Skalenerträge, also Vorteile, die außerhalb des Unternehmens liegen, wie etwa einen Pool von notwendigen Fachkräften. Diese Tatsache gilt zwar grundsätzlich für den Osten wie für den Westen gleichermaßen, doch klafft die Produktivität in west- und ostdeutschen Städten weit auseinander, während sie in ländlichen Räumen dies- und jenseits des ehemaligen Eisernen Vorhangs näher beieinander liegt.

Eine Erklärung dafür sind Standortentscheidungen zu Beginn der Transformation. Oft fanden Investoren außerhalb ostdeutscher Städte besonders preisgünstige Industrie- und Gewerbeflächen vor, die bereits damals eine Anbindung an eine Autobahn besaßen. Außerdem gab es Förderungen. Insgesamt hat sich jedoch das Ausmaß regionaler Disparitäten seit der Jahrtausendwende verringert. Gleichwohl sind die Unterschiede weiterhin von Bedeutung, gerade in ländlichen Regionen. So arbeiten in Westdeutschland drei Viertel der Erwerbstätigen in städtischen Räumen, in Ostdeutschland nur rund die Hälfte.

Diese Diskrepanzen sind auch nicht trivial. In den alten Bundesländern gibt es weit mehr prosperierende Großstädte und Ballungszentren, im Osten hingegen stechen lediglich der Großraum Berlin und Leuchttürme wie Leipzig, Dresden und Jena hervor. Der Osten ist also hier klar im Nachteil, was auch die makroökonomischen Kennzahlen belegen: So betrug im Osten 2020 das Bruttoinlandsprodukt (BIP) je Arbeitsstunde der Erwerbstätigen lediglich 78 Prozent des Wertes im Westen. Rechnet man jedoch Berlin dem Osten zu, steigt das BIP auf 83 Prozent (im Jahr 2000 waren die entsprechenden Werte

64 Prozent und 69 Prozent). In Euro ausgedrückt wurde 2020 in den alten Bundesländern pro Arbeitsstunde ein Wert von 57,70 Euro erwirtschaftet, in den neuen einschließlich Berlins jedoch nur ein Wert von 47,77 Euro. Rechnet man Berlin heraus und betrachtet die ostdeutschen Flächenländer nur für sich, fällt der Wert noch weiter zurück auf 45,02 Euro.[15]

Hinsichtlich der Arbeitsproduktivität besteht dieser Berlin-Effekt schon seit Beginn der Transformation. Fast 86 Prozent der Bruttowertschöpfung in der Stadt stammen aus den Dienstleistungsbereichen. In Berlin also funktioniert dieser Jobmotor, die Stadt zieht junge Menschen aus der ganzen Welt an. Allerdings ist die Millionenmetropole nicht repräsentativ für Ostdeutschland und hat einen Sonderstatus als Hauptstadt.

Eine weitere interessante Beobachtung: Vergleicht man die regionalen Disparitäten anhand der Varianz des Bruttoinlandprodukts je Einwohner, dann fallen die Unterschiede innerhalb Westdeutschlands größer aus als in Ostdeutschland. Dennoch bleibt der Osten insgesamt hinter dem Westen zurück. Aber in die Gesamtbetrachtung muss auch die Tatsache einfließen, dass nicht jeder Arbeitnehmer dorthin wandert, wo höhere Verdienstmöglichkeiten locken. Die Attraktivität einer Region hängt von weit mehr Faktoren ab, etwa von einer guten Infrastruktur und dem Zugang zu Kultur und Bildung, vom Umfang der Kinderbetreuung und der medizinischen Versorgung, von einem stabilen Internet und dem Mobilfunknetz, von Freizeitangeboten, von den lokalen Mieten und Lebenshaltungskosten – und nicht zuletzt von einer intakten Umwelt und den Reizen der Umgebung.

Befragungen zeigen, dass die Menschen in Ost und West solche Lebensbedingungen an ihren Wohnorten höchst unterschiedlich bewerten, meistens fällt die Bilanz im Osten schlechter aus als im Westen. Nur die Zufriedenheit mit der Kinderbetreuung, den verfügbaren

Pflegeangeboten, den Postdienstleistungen, der Versorgung mit angemessenem Wohnraum oder funktionierenden Mobilfunknetzen ist in den neuen Bundesländern höher als in den alten. Dennoch erhalten die sogenannten Vorortbedingungen in den ländlichen Gebieten Ostdeutschlands die schlechtesten Noten. Dieses ernüchternde Fazit zog der Deutschland-Monitor 2020.[16]

Nur die Zufriedenheit mit der Kinderbetreuung, den verfügbaren Pflegeangeboten, den Postdienstleistungen, der Versorgung mit angemessenem Wohnraum oder funktionierenden Mobilfunknetzen ist in den neuen Bundesländern höher als in den alten.

Insgesamt aber ist Deutschland urban geprägt, mehr als drei Viertel der Bevölkerung leben in Städten oder städtischen Kreisen. Entsprechende Karten der amtlichen Regionalstatistik[17] zeigen auch hier wieder einen klar erkennbaren West-Ost-Unterschied. So befinden sich von den 80 Großstädten mit über 100 000 Einwohnern gerade einmal zehn im Osten (Berlin inklusive). Und auch städtische Kreise gibt es vor allem im Westen, insbesondere im Westen der alten Bundesländer, aber ebenso im Süden von Bayern. Mit seinen nördlichen Landstrichen weist der Freistaat zwar Strukturen auf, die jenen in Ostdeutschland ähneln, aber mit München, Nürnberg, Ingolstadt und Augsburg besitzt Bayern starke und attraktive Großstädte.

Auf den ersten Blick unterscheidet sich auch die Siedlungstypik des Ostens nicht groß von der des Westens. Das ändert sich jedoch, wenn man die Siedlungsdichte und Altersstruktur der Bewohner hinzuzieht. Dann kumulieren die für eine wirtschaftliche Entwicklung eher nachteiligen Faktoren doch wieder auf dem Gebiet der neuen Länder: Der Osten ist dünner besiedelt, weniger städtisch geprägt, hat im Vergleich zum Westen einen höheren Anteil von Menschen über 65 Jahren und einen geringeren der 18- bis 25-Jährigen.

Einkommen und Vermögen

Gespalten ist das wiedervereinigte Land auch nach wie vor bei Löhnen und Gehältern, Einkommen und Vermögen. Zwar sind Löhne und Gehälter in Ost und West inzwischen weitgehend angeglichen, aber sie sind längst nicht gleich. So liegt der sogenannte Medianlohn in den neuen Bundesländern bei 81 Prozent des Bundesdurchschnitts, und 2020 verdiente laut IAB-Betriebspanel ein Vollzeitbeschäftigter in Ostdeutschland durchschnittlich brutto 2850 Euro im Monat, in Westdeutschland hingegen rund 3320 Euro.[18] Für viele Erwerbstätige lohnt es sich also, in einem westdeutschen Ballungsraum zu arbeiten, dort wird allgemein besser verdient. Doch ist Vorsicht geboten. Bevor man der Verlockung folgt, sollte man prüfen, wie hoch die Lebenshaltungskosten an diesen – bisweilen vermeintlich – attraktiven westlichen Standorten sind.

Warum ist der Verdienst im Osten immer noch geringer? Weil dort die Wirtschaftsstruktur eher auf eine verlängerte Werkbank ausgerichtet ist – und in diesen Bereichen weniger bezahlt wird. Das war anfangs auch so gewollt, wurde doch zu Beginn der Transformation gerade mit niedrigen Löhnen Standortpolitik betrieben, der Osten als Billiglohnland sollte Arbeitgeber anlocken. Auch diese Politik ist mitverantwortlich dafür, dass der Osten immer noch hinterherhinkt.

Einige weitere krasse Unterschiede: Verfügte im Jahr 2018 ein privater Haushalt im Westen durchschnittlich über ein Immobilien- und Geldvermögen von rund 182 000 Euro, war dieses Durchschnittsvermögen im Osten mit rund 88 000 Euro nur knapp halb so hoch. Zehn Jahre zuvor war diese Diskrepanz noch deutlicher, lag das

Durchschnittsvermögen im Westen bei 132 000 Euro, im Osten bei nur 54 600 Euro.

Geht man zu den Anfängen der Wiedervereinigung zurück, war dieser Abstand sogar noch größer. 1990 kam ein ostdeutscher Haushalt nur auf 29 Prozent des durchschnittlichen westdeutschen Immobilien- und Geldvermögens.[19] Die bittere Realität: Westdeutsche hatten nach dem Zweiten Weltkrieg einfach 40 Jahre mehr Zeit, Vermögen aufzubauen, Ostdeutsche mussten nach der Wiedervereinigung diese Vermögenswerte erst einmal schaffen. Allerdings ist die Sparquote im Osten auch niedriger. 2000 lag sie in den neuen Ländern bei 6,8, in den alten bei 9,7 Prozent. Diese Kluft ist mit den Jahren sogar gewachsen. 2019 betrug die Sparquote im Osten 7,0 Prozent, im Westen inklusive Berlin 11,4 Prozent.[20]

Das hat nachhaltige Folgen. So starten Ostdeutsche mit dem Aufbau eines eigenen Vermögens vergleichsweise nicht nur auf einem niedrigeren Niveau, sondern werden auch unabsehbar lange brauchen, um Westdeutsche diesbezüglich irgendwann einzuholen. Demografische Effekte verstärken diese Ungleichheit. Hatte doch ein in den 1990er-Jahren in der Mitte seines Arbeitslebens stehendes ostdeutsches Ehepaar im Vergleich zu einem westdeutschen Paar weniger Zeit und Gelegenheit gehabt, Vermögen aufzubauen – selbst wenn es sich um einen Doppelverdienerhaushalt handelte. Das ostdeutsche Paar wird darum auch weniger an die nächste Generation vererben können, während die westdeutsche Boomer-Generation bestens dasteht.

Auch wenn die Bundesbank in ihrem sogenannten Haushaltpanel bei der Vermögensbildung in Ostdeutschland zuletzt einen gestiegenen Medianwert (allerdings von einem viel niedrigeren Niveau aus) beobachtet hat und darin bereits ein kleines Indiz für eine weitere Angleichung der Lebensverhältnisse in Ost und West sieht, bleibt die Kluft gewaltig: Gegenwärtig liegt das Medianvermögen ostdeutscher

Haushalte bei gerade einmal 43 400 Euro, das der westdeutschen dagegen bei 127 900 Euro.[21]

Lebensverhältnisse

Ökonomisch ist der Westen klar im Vorteil, dort sind die Durchschnittseinkommen, das Haushaltseinkommen und die Vermögen höher. Doch fragt man Bundesbürger, wie sie ihre Lebensbedingungen bewerten und wie zufrieden sie mit der Demokratie und Politik in Deutschland sind, teilen Ost- und Westdeutsche laut empirischen Studien schon seit Langem ähnliche Einschätzungen. So weist zum Beispiel der Deutschland-Monitor im aktuellen Bericht des Ostbeauftragten der Bundesregierung im Osten wie im Westen eine hohe Lebenszufriedenheit aus. Sie ist umso höher, je stärker es um den Nahbereich der Befragten geht, also um ihre Familie, Partnerschaft, Wohnsituation und soziale Kontakte. Insgesamt sind die Ostdeutschen, vor allem jene im ländlichen Raum, ein bisschen weniger zufrieden als die Westdeutschen.

Wird nach der Zufriedenheit mit der Demokratie und ihrer Funktionsfähigkeit gefragt, ist sie in beiden Teilen Deutschlands rückläufig. Laut Monitor ist auch der Anteil jener Menschen in den vergangenen Jahren zurückgegangen, der mit der politischen Situation hierzulande alles in allem zufrieden ist. Im Osten sackte der Wert zwischen 2020 und 2022 um neun Punkte von 40 Prozent auf 31 Prozent, im Westen um zehn Punkte von 54 Prozent auf 44 Prozent. Etwas besser schneidet die Zufriedenheit der Deutschen mit ihrer jeweiligen Landespolitik ab. Auch hier zeigt der Monitor, dass die wachsende Politikverdrossenheit oft einhergeht mit fehlenden regionalen Infrastrukturangeboten. Damit deutet sich an, welche Maßnahmen helfen könnten, um regionalen Disparitäten und dem steigenden Unmut darüber entgegenzuwirken.

Der Monitor im aktuellen Deutschlandbericht hält noch weitere aufschlussreiche Einsichten parat: So liegen bezüglich Migration und Zuwanderung die Meinungen in Ost und West offenbar weniger weit auseinander, als die Medien mitunter vermitteln. Entgegen der öffentlichen Wahrnehmung ist zum Beispiel der Anteil jener Ostdeutscher, die der Aussage zustimmen, dass ausländische Zuwanderung eine Bereicherung für die deutsche Gesellschaft sei, seit 2020 geringfügig gestiegen. 2022 lag er bei 42 Prozent. Der Anteil der Westdeutschen, die diese Frage bejahen, beträgt stabil 52 Prozent. Laut Monitor begrüßt sogar eine deutliche Mehrheit der Befragten – und zwar ohne regionale Unterschiede – die Zuwanderung von ausländischen Arbeitskräften in den deutschen Arbeitsmarkt.[22]

Wahlverhalten

Ganz allgemein wird Ostdeutschen beziehungsweise Ostdeutschland eine starke Affinität zum Populismus und Rechtsradikalismus zugeschrieben. Doch diese Zuordnung ist zu pauschal und lässt die konkreten Ursachen für derartige Einstellungen außer Acht. Gemäß internationalen Forschungen gibt es einen Zusammenhang zwischen dem sozioökonomischen Status eines Menschen und seinem Hang zu Populismus, zu demagogischer Politik: Je geringer der formale Bildungsstand, desto häufiger sind solche Einstellungen zu finden. Umgekehrt gilt, je höher die formale Bildung und das Einkommen, desto geringer die Anfälligkeit für rechtspopulistische Positionen.

Auch Alter und Geschlecht spielen dabei eine Rolle, so neigen Männer und ältere Menschen eher zu rechtspopulistischen Positionen als Frauen und jüngere Menschen. Doch ist dieser Zusammenhang weniger eindeutig.[23] Hingegen fällt Arbeitslosigkeit als Ursache derartiger Haltungen nicht groß ins Gewicht.[24] In fast allen europäischen

Parlamenten sind heute rechtspopulistische Parteien vertreten. 2019, bei den letzten Wahlen zum Europäischen Parlament, kamen sie zusammen auf etwa elf Prozent der Stimmen. Damit lagen sie fast gleichauf mit den europäischen Grünen.

Und wie ist das in Deutschland, gibt es da Unterschiede? Bei der vergangenen Bundestagswahl erzielten die deutschen Grünen insgesamt 14,8 Prozent der abgegebenen Zweitstimmen, knapp sechs Prozent weniger als bei der Europawahl. Allerdings fielen die Ergebnisse in Ost und West unterschiedlich aus. Während die Grünen in den neuen Ländern nur auf 10,8 Prozent kamen, holten sie in den alten 15,4 Prozent. Die rechtsextreme AfD schaffte bei der Bundestagswahl mit 10,3 Prozent in etwa das Ergebnis der Europawahl (11 Prozent). Aber das unterschiedliche Wahlverhalten der Ost- und Westdeutschen fiel hinsichtlich der AfD noch krasser aus. Kam sie im Westen »nur« auf 8,2 Prozent, holte sie im Osten mit 18,9 Prozent mehr als doppelt so viele Prozentpunkte.

So gesehen könnte man meinen, schon allein diese Zahlen würden bereits die These belegen, dass der Osten für den Rechtspopulismus weit anfälliger sei als der Westen. Doch ein genauerer Blick bringt ein differenzierteres Bild zum Vorschein, eines, in dem regionale Strukturen und sozioökonomische Bedingungen eine Rolle spielen. So erhält, nach Altersgruppen aufgeteilt, die AfD die meisten Stimmen von den 35- bis 59-Jährigen. (Im Vergleich verdanken die Grünen ihren Erfolg in erster Linie den 18- bis 34-Jährigen.) Die Wahrscheinlichkeit spricht also dafür, dass die AfD vor allem in jenen Regionen stark ist, in denen besonders viele ältere Menschen leben.

Auch die beruflichen Stellungen der Wähler sind ein Indikator: So stimmten 2021 bei der Bundestagswahl 21 Prozent der Arbeiter und Arbeiterinnen für die AfD, aber nur acht Prozent von ihnen für die Grünen. Und noch eine interessante Zahl: Danach befragt, ob sie ihre

Wahlentscheidung eher aus Überzeugung oder aus Protest getroffen haben, sagten 71 Prozent der Grünen-Wähler und -Wählerinnen: aus Überzeugung. Eine derart hohe Zahl überzeugter Wähler hat sonst keine andere Partei aufzuweisen, mit nur 48 Prozent liegt die AfD hierbei auf dem letzten Platz. Von deren Wählern und Wählerinnen bekundeten 45 Prozent, dass sie vor allem aus Enttäuschung über die anderen Parteien für die AfD gestimmt hätten. Das ist der höchste Anteil an Enttäuschten, den eine Partei verbuchen kann. Bei den Grünen betrug die Enttäuschten-Quote lediglich 24 Prozent.[25]

Die unterschiedlichen regionalen Wahlergebnisse für AfD und Grüne sind auch ein Spiegelbild der unterschiedlichen sozioökonomischen Lagen in Deutschland. So sind die Grünen vor allem eine Partei der Universitätsstädte und der jüngeren, eher großstädtischen Bevölkerung. Ihre besten Ergebnisse erzielten die Grünen bei der Bundestagswahl 2021 in Städten wie Berlin, Köln, Hamburg, Münster, Freiburg, Heidelberg, Bonn, Stuttgart und München. Die AfD kam dort nur auf drei bis sechs Prozent, war aber stark in ostdeutschen Landstrichen wie der Sächsischen Schweiz und dem Erzgebirge und in Städten wie Görlitz, Bautzen, Gera, Chemnitz oder Suhl. Das sind ländliche oder mittelstädtische Räume, oft randständig, demografisch ausgedünnt, weil die Jüngeren längst weg sind.

Allerdings treffen diese Merkmale auch auf andere Regionen zu, etwa in Bayern. Darum erzielt die AfD in den ehemaligen Zonenrandgebieten im Nordosten des Freistaats auch überdurchschnittliche Stimmenanteile. Dennoch findet man derart abgehängte Regionen mit überdurchschnittlich vielen AfD-Wählern häufiger in den neuen als in den alten Bundesländern. Leben im Osten doch prozentual mehr schlecht ausgebildete Männer im Alter über 45, und gerade sie wählen überproportional rechtspopulistische Parteien.

Doch der Blick ins europäische Ausland zeigt, dass nicht das Wahlverhalten der Ostdeutschen, sondern eher das der Westdeutschen ungewöhnlich ist, also der in den alten Bundesländern vergleichsweise geringere Anteil an AfD-Wählern. Denn in anderen europäischen Staaten erzielen rechtspopulistische Parteien oft ähnliche Ergebnisse wie in Ostdeutschland, zum Beispiel in Frankreich, Italien, Dänemark und den Niederlanden. Noch höher fällt die Zustimmung für Rechtspopulisten in Polen, Ungarn und den USA aus. Doch soll der Blick über die Grenze nicht den Zulauf relativieren, den die AfD erhält. Und schon gar nicht soll er bedeuten, dass man die spezifisch ostdeutschen Faktoren für die Wahl der AfD außer Acht lassen kann.

Ausblick

Schaut man heute, 34 Jahre nach dem Mauerfall und 33 Jahre nach der Wiedervereinigung, auf Ostdeutschland, so zeigt sich ein gemischtes Bild. Neben florierenden Städten wie Leipzig oder Dresden trifft man auf Verfall und verlassene Häuser, vor allem in ländlichen Regionen. Auf der einen Seite gibt es Berlin und seinen boomenden Speckgürtel, auf der anderen Seite Ortschaften, in denen fast niemand mehr lebt. Und auch nach drei Jahrzehnten sind die wirtschaftlichen Unterschiede zwischen West und Ost noch immer groß, vor allem beim Pro-Kopf-Einkommen, der Produktivität und dem angesparten beziehungsweise ererbten Vermögen.

Auch wenn sich die Verhältnisse in West- und Ostdeutschland aufgrund des demografischen Wandels und des schrumpfenden Arbeitsmarkts schrittweise angleichen, werden die krassen Unterschiede bei der Vermögensbildung noch lange fortbestehen. Man kann sogar davon ausgehen, dass sie weiter wachsen werden, weil Ostdeutsche insgesamt weniger sparen und ihr Erspartes auch weniger risikobereit anlegen. Wer wie derzeit viele Westdeutsche das große Glück hat zu erben, ist eher bereit, ein Risiko einzugehen, ein Start-up-Unternehmen zu gründen oder etwas Neues auszuprobieren. Bis heute ist zum Beispiel der Anteil von Wertpapierbesitzern in den neuen Ländern sehr viel geringer als im Westen. Doch die Bereitschaft zum Risiko ist genau das, was eine Wirtschaft braucht, um langfristig zu wachsen und innovativ zu sein, selbst wenn am Ende nur wenige dieser Risikoprojekte Erfolg haben.

Wir wissen, dass man die allgemeine Neigung der Menschen, sich lieber auf altbekannten, eingetretenen statt auf neuen, ungewohnten Pfaden zu bewegen, niemals unterschätzen sollte. Erfahrungen, die Eltern in ihrer Jugend gemacht haben, nehmen Einfluss darauf, was ihre Kinder 30 Jahre später tun, denken und vorhaben. Präferenzen werden vererbt, etwa über Erziehung oder Rollenbilder. So hatten die schockierenden Erlebnisse der Wendezeit, in der in Ostdeutschland (fast) alles auf den Kopf gestellt wurde und das ganze Leben neu gedacht werden musste, einen dramatischen Einfluss auf die Nachkommen, die beim Fall der Mauer noch gar nicht geboren waren.

Ein Beispiel: Bedauerlicherweise nehmen immer noch viel zu wenige Ostdeutsche eine Führungsposition ein, in den Vorstandsetagen der Unternehmen sind sie dramatisch unterrepräsentiert. Doch ist diese Tatsache nicht immer Folge von Diskriminierung. Um an die Spitze eines Unternehmens vorzustoßen, muss man bereit sein, Risiken einzugehen, für sich und seine Leistungen zu werben, auch Ellenbogen auszufahren. Mangels Vorbildern im Elternhaus oder im engeren Umkreis fällt das selbst drei Jahrzehnte nach der Wende jüngeren Ostdeutschen immer noch schwerer als Westdeutschen.

Selbstverständlich werden diese Unterschiede irgendwann verschwinden, aber bis dahin werden wahrscheinlich noch Jahrzehnte vergehen. Die Achillesferse des Ostens ist derzeit sowohl der Überschuss an Männern in einigen Regionen als auch die im Vergleich zum Westen stärker schrumpfende und schneller alternde Bevölkerung. Das stellt viele ostdeutsche Landstriche vor enorme Probleme, die nicht so rasch aus der Welt zu schaffen sind. Vor dem Hintergrund knapper werdender Steuergelder und stark steigender Zinsen sollte sich der Staat auf die lohnendsten Investitionen konzentrieren: in Bildung und Forschung auf allen Ebenen und in Infrastruktur da, wo es sich lohnt und eine nachhaltige Nachfrage zu erwarten ist. Kurz gesagt: in Köpfe und nicht in Beton.

Anmerkungen

1 Auch nach über 30 Jahren ist das BIP pro Kopf im reichsten ostdeutschen Bundesland (Sachsen) noch niedriger als in den ärmsten alten Bundesländern (Saarland, Schleswig-Holstein).
2 Siehe Bericht 2022 des Beauftragten der Bundesregierung für Ostdeutschland: »Ostdeutschland. Ein neuer Blick«. Deutscher Bundestag, 20. Wahlperiode, Drucksache 20/3700, S. 93.
3 Quelle: Statistisches Bundesamt 2022, Statistik der Allgemeinbildenden Schulen.
4 Quelle: Statistisches Bundesamt (Destatis) (2023).
5 Quelle: www.sozialpolitik-aktuell.de, abbIV20.
6 Siehe dazu Kröhnert, S.; Klingholz, R. (2006): »Not am Mann: von Helden der Arbeit zur neuen Unterschicht? Lebenslagen junger Erwachsener in wirtschaftlichen Abstiegsregionen der neuen Bundesländer«, Berlin: Berlin-Institut für Bevölkerung und Entwicklung. https://nbn-resolving.org/urn:nbn:de:0168-ssoar-320940
7 Ebd., S. 67 ff.
8 Quelle: Statistisches Bundesamt (Destatis) (2023). Die angegebenen Werte beziehen sich auf Ostdeutschland ohne Berlin.
9 Quelle: Statistisches Bundesamt (Destatis) (2023), eigene Berechnungen.
10 Ausführlich dargestellt in: Leibniz-Institut für Wirtschaftsforschung Halle (IWH) (2019), S. 8 ff.
11 Ebd.
12 Vgl. https://www.manager-magazin.de/unternehmen/industrie/brandenburg-und-sachsen-das-sind-die-groessten-unternehmen-a-1283922.html

13 Vgl. *manager magazin online* vom 03.10.2019.
14 Das IWH hat sich in verschiedenen Medien und Publikationen dazu geäußert. Siehe auch Gropp, R.; Reifschneider (2023).
15 Vgl. »Jahresbericht der Bundesregierung zum Stand der Deutschen Einheit 2021«. Deutscher Bundestag, 19. Wahlperiode, S. 98.
16 Vgl. Bericht 2022 des Beauftragten der Bundesregierung für Ostdeutschland, S. 105.
17 Siehe Thünen-Landatlas (2023).
18 Vgl. Betriebspanel Ostdeutschland, Ergebnisse der 25. Befragungswelle 2020, Berlin 2021, S. 86.
19 Vgl. »Jahresbericht der Bundesregierung zum Stand der Deutschen Einheit 2021«. Deutscher Bundestag, 19. Wahlperiode, S. 69.
20 Quelle: Arbeitskreis Volkswirtschaftliche Gesamtrechnung der Länder, Statistisches Bundesamt (Destatis) (2020), während der Coronapandemie sind die Sparquoten in beiden Landesteilen allerdings (vorübergehend) deutlich angestiegen.
21 Vgl. https://www.bundesbank.de/de/aufgaben/themen/monatsbericht-vermoegen-in-deutschland-sind-deutlich-gestiegen-907726 (abgerufen am 27.06.2023).
22 Vgl. Bericht 2022 des Beauftragten der Bundesregierung für Ostdeutschland, S. 108.
23 Vgl. Bertelsmann Stiftung (2020), S. 32 ff.
24 Vgl. Inglehart, R.F.; Norris, P. (2016), S. 2 ff.
25 Quelle: https://www.tagesschau.de/wahl/archiv/2021-09-26-BT-DE/umfrage-wer was.shtml

Literatur

Bericht 2022 des Beauftragten der Bundesregierung für Ostdeutschland: »Ostdeutschland. Ein neuer Blick«. Deutscher Bundestag, 20. Wahlperiode, Drucksache 20/3700.

Bertelsmann Stiftung: »Populismusbarometer 2020«.

Gropp, R.; Reifschneider, A.: »Sind Subventionen für Halbleiter zu rechtfertigen?«, in: *Perspektiven der Wirtschaftspolitik – Zeitschrift des Vereins für Socialpolitik*, Vol. 24, Iss. 2, 2023, S. 166–170. https://doi.org/10.1515/pwp-2023-0021.

https://www.bertelsmann-stiftung.de/de/themen/aktuelle-meldungen/2020/september/30-jahre-danach-ost-und-west-uneins-ueber-deutsche-einheit (abgerufen am 26.04.2023).

https://www.bundesbank.de/de/aufgaben/themen/monatsbericht-vermoegen-in-deutschland-sind-deutlich-gestiegen-907726 (abgerufen am 27.06.2023)

https://www.europarl.europa.eu/election-results-2019/de/tools/vergleichs-tool/ (abgerufen am 26.05.2023).

Hofmann, M. (Hrsg.): *Umbruchserfahrungen. Geschichten des deutschen Wandels von 1990 bis 2020*. Münster 2020.

Inglehart, R.F.; Norris, P.: *Trump, Brexit, and the Rise of Populism: Economic Have-Nots and Cultural Backlash*, Harvard Kennedy School, RWP16-026, 2016.

Jahresbericht der Bundesregierung zum Stand der Deutschen Einheit 2021. Deutscher Bundestag, 19. Wahlperiode, Drucksache 19/31840.

Kollmorgen, R.: *Ostdeutsche Identität(en)*, bpb.de, CC BY-NC-ND 4.0, 2022.

Kröhnert, S.; Klingholz, R. (2006): »Not am Mann: von Helden der Arbeit zur neuen Unterschicht? Lebenslagen junger Erwachsener in wirtschaftlichen Abstiegsregionen der neuen Bundesländer«, Berlin: Berlin-Institut für Bevölkerung und Entwicklung. https://nbn-resolving.org/urn:nbn:de:0168-ssoar-320940

Leibniz-Institut für Wirtschaftsforschung Halle (IWH) (Hrsg.): *25 Jahre Deutsche Einheit: Weichenstellungen für Ostdeutschlands Wettbewerbsfähigkeit und die Zukunft Europas*, Halle (Saale) 2016.

Leibniz-Institut für Wirtschaftsforschung Halle (IWH) (Hrsg.): *Ostdeutschland – Eine Bilanz. Festschrift für Gerhard Heimpold*, Halle (Saale) 2021.

Leibniz-Institut für Wirtschaftsforschung Halle (IWH) (Hrsg.): *Vereintes Land – drei Jahrzehnte nach dem Mauerfall*, Halle (Saale) 2019.

https://www.manager-magazin.de/unternehmen/industrie/brandenburg-und-sachsen-das-sind-die-groessten-unternehmen-a-1283922.html, 2019.

Statistisches Bundesamt, FS Bevölkerung und Erwerbstätigkeit, Wanderungen. Fachserie 1, Reihe 1.2, 2022.

Thünen-Landatlas, Ausgabe 17.05.2023. Hrsg.: Thünen-Institut Forschungsbereich ländliche Räume, Braunschweig, www.landatlas.de

https://www.tagesschau.de/wahl/archiv/2021-09-26-BT-DE/umfrage-werwas.shtml (abgerufen am 26.05.2023).

Für eine Schule, der wir vertrauen können!

Noch nie gab es hierzulande so viele Möglichkeiten, eine Schule zu besuchen. Aber auch noch nie war das Misstrauen gegenüber dieser Institution so tief wie heute. Fünf Vorschläge, wie das Vertrauen von Eltern und Schüler:innen zurückgewonnen werden kann.

Von Sabine Reh

»Die Umfrageergebnisse zeigen eindeutig: Unser Bildungssystem steckt in einer dramatischen Vertrauenskrise. Nur rund ein Viertel der befragten Eltern glaubt noch, dass Schule ihrer Rolle als Vermittlerin von Zukunftskompetenzen gerecht wird. Mit ihrer Sichtweise stehen die Eltern keineswegs allein da. Auch aus Wissenschaft und Zivilgesellschaft werden die Stimmen immer lauter, die eine grundlegende Neuausrichtung in der Bildung fordern.«[1]

So fasst Julia André, Leiterin des Bereichs Bildung bei der Körber-Stiftung, die Ergebnisse einer repräsentativen Elternbefragung zusammen, die die Stiftung im Frühjahr 2023 in Auftrag gegeben hatte und deren Ergebnisse sie nun in einer Broschüre – zugänglich als PDF über die Website der Körber-Stiftung – veröffentlicht hat.

Die Sorge um Deutschlands Zukunft ist derzeit weit verbreitet. Das zeigen sowohl die zahlreichen Umfragen zu ganz unterschiedlichen Bereichen des gesellschaftlichen Lebens als auch private Gespräche mit Freund:innen und Bekannten. Der Wunsch, hier genauer hinzuschauen, den Befürchtungen auf den Grund zu gehen und einem rationalen Umgang mit anstehenden Problemen den Weg zu bereiten, ist Ausgangspunkt der in diesem Band versammelten »Berichte zur Lage der Nation«. Dabei geht es auch um die Zukunft des Bildungswesens, und die Frage lautet: Wie sieht ein zukunftsfestes Bildungswesen aus? Und was sind die entscheidenden Stellschrauben, um in Deutschland ein auf die gesellschaftlichen Erwartungen und ökonomischen Belange des 21. Jahrhunderts ausgerichtetes Bildungssystem zu schaffen?[2]

Nun mag die Vielfalt und Massivität der Sorgen, wie sie sich derzeit hinsichtlich einer Deindustrialisierung Deutschlands, des Klimawandels, der Wohlstandsverluste und des gefährdeten Weltfriedens äußern, neu sein – die Klagen über das Bildungssystem und die Schule sind es nicht. Vor dem Hintergrund verschiedener Zukunftsszenarien und eines erhofften Fortschritts – worin auch immer er besteht – richten sich diese Klagen und Sorgen oft auf unterschiedliche Dinge.

Viele Menschen hierzulande haben seit Langem den Eindruck, dass Jahr für Jahr zu wenige, zu schlecht oder gar ganz falsch ausgebildete Schüler:innen die Schule verlassen. Ihren weiteren Weg träten sie mit Wissen und Erfahrungen – manche würden sagen: mit einer Sozialisation – an, die sie eben gerade nicht fit gemacht und gestärkt hätten für ein Leben in einer Gesellschaft, wie man sie sich künftig vorstellt. Sie seien noch nicht einmal ausreichend vorbereitet, andere weiterführende Bildungseinrichtungen zu besuchen.

Seit Jahren lesen Eltern darüber oder erfahren es hautnah, dass Schulgebäude verfallen, es insgesamt zu wenige Lehrkräfte und darunter solche mit nicht immer passender Ausbildung gibt, dass Schulen nicht mit der erforderlichen digitalen Technik ausgestattet werden, dass moderne Bildungsmedien nicht zur Verfügung stehen oder nicht genutzt werden.

Viele Eltern sind der Auffassung, dass Lehrpläne und Stundentafeln stärker den Anforderungen der Zeit entsprechen müssten. Wird nach Fächerprioritäten gefragt, steht nach Englisch und Deutsch ein Fach weit vorn auf der Wunschliste, das immer noch kaum in der Schule unterrichtet wird: Informatik. Diese Priorität spiegelt sicherlich die Einschätzung wider, dass es in der Zukunft vermehrt auf Fähigkeiten im Umgang mit Technik beziehungsweise neuen Technologien ankommen werde, die aber in der Schule nicht vermittelt würden – ob nun mithilfe eines verpflichtenden Faches Informatik oder auf andere Weise.[3] Zugleich lernten die Schüler:innen oftmals nicht einmal in ausreichendem Maße die Kulturtechniken des Lesens, Schreibens und Rechnens, also die grundlegenden Fertigkeiten für eine Teilnahme am gesellschaftlichen Leben. Als Zeugen dieser Defizite werden die regelmäßig durchgeführten internationalen Large Scale Assessments (LSA) und auch die in Deutschland administrierten Vergleichsarbeiten ins Feld geführt. Und da unser Bildungswesen nach wie vor föderal strukturiert ist und föderal regiert wird, kann auch kaum – so eine oft geäußerte Befürchtung – auf schnelle Abhilfe gehofft werden.

Fast könnte dieses ewige Thema ein wenig langweilen, wäre es nicht so wichtig und beträfe es nicht die nachwachsenden Generationen – und damit unsere Gesellschaft und unser Land insgesamt. Richten wir deshalb einen genaueren Blick auf Wünsche, Sorgen und Misstrauen der Eltern und entwerfen Möglichkeiten, wie das Vertrauen in Schulen und ihre Leistung neu aufgebaut werden kann.

Elternängste und Vertrauensverluste

Schaut man etwas genauer auf die Elternbefragung der Körber-Stiftung, ist die allgemeine Skepsis gegenüber der Schule unübersehbar. So zeigt die Studie, dass viele Eltern das System der Leistungsmessung und Leistungsbeurteilung für unangemessen halten, weil es unter anderem Leistungen der Schüler:innen nicht gerecht abbilde. Ein erheblicher Teil der Eltern kann sich offensichtlich eine Schule ohne die herkömmliche Art des Beurteilungssystems, also ohne Notenvergabe, vorstellen.[4] Dieses Ergebnis erstaunt schon ein wenig angesichts des früher oft anzutreffenden öffentlichen Aufschreis, sobald versucht wurde, das alte Beurteilungssystem zu verändern und Noten etwa durch schriftliche Beurteilungen zu ersetzen.

Befragungen und deren Ergebnisse sind immer mit Vorsicht zu genießen, denn die gestellten Fragen enthalten immer auch Vorannahmen der Autor:innen. Gleichwohl lassen sich den Erhebungen wichtige Hinweise auf von Eltern gewünschte Lerninhalte entnehmen. Kritisch betrachtet werden muss ebenfalls, inwieweit solche Befragungen, insbesondere jene, die wie die vorliegende online durchgeführt wurden, tatsächlich repräsentativ sind.[5] Doch sprechen derartige Einwände aus meiner Sicht nicht gegen den Gesamtbefund, dass eine erkleckliche Anzahl von Eltern ihr Vertrauen in unser Bildungswesen verloren haben. Weitere Ergebnisse aus der Bildungsforschung der vergangenen Jahre legen jedenfalls die Vermutung nahe, dass wir es hier nicht mit einem Einzelfall, sondern mit einem generellen Trend, zumindest mit dem Vorboten eines solchen zu tun haben.

Zahlreiche Veröffentlichungen zur wichtigen Frage des Vertrauens im pädagogischen Feld haben herausgearbeitet, dass dieses Vertrauen ganz unterschiedliche Bedeutungen und Zielrichtungen haben kann.[6] Nicht nur brauchen Schüler:innen Selbstvertrauen, sondern es muss auch ein gegenseitiges Vertrauen in den pädagogischen Beziehungen geben: Die Pädagog:innen müssen darauf vertrauen, dass die Schüler:innen prinzipiell in der Lage und willens sind zu lernen, und Letztere wiederum müssen sich darauf verlassen können, dass den Pädagog:innen daran liegt, ihnen Wichtiges zu zeigen und sie beim Lernen zu unterstützen.[7]

Diese Studien machen aber auch deutlich, dass darüber hinaus ein generelles Vertrauen in Bildung, in ihren Wert und vor allem in die vermittelnden Institutionen, sozusagen ein »Systemvertrauen« (Luhmann), wichtig ist. Dieses Vertrauen sei Bedingung für rationales Handeln, denn nur wer vertraue, beteilige sich wissentlich und willentlich an Institutionen.[8] »In den letzten 20 Jahren mehren sich die Anzeichen, dass in Deutschland von einem Vertrauensverlust in das öffentliche Schul- und Bildungswesen auszugehen ist«[9], schreibt Melanie Fabel-Lamla und stellt diesen Vertrauensverlust auf eine Ebene mit dem steigenden generellen Misstrauen gegenüber Institutionen, das soziologische Befragungen schon zu Beginn dieses Jahrtausends und gerade wieder in jüngster Zeit aufgedeckt haben.[10]

Zwei Phänomene, man könnte sie »Fluchten« aus dem deutschen Schulwesen nennen, belegen diese wachsende Skepsis gegenüber dem Bildungssystem. Einerseits die wachsende Zahl von Eltern, die ihre Kinder auf Privatschulen gibt, andererseits die zahlenmäßig zwar kleine, nichtsdestotrotz auffällige Gruppe von Menschen beziehungsweise von Milieus, die in ganz besonderer Weise »institutionenskeptisch« ist, die eine äußerst distanzierte Haltung zum Staat hat, die sich auch auf den Bildungsbereich erstreckt – und die sie selbst »lebt«. Zu dieser Gruppe zählen Eltern, die ihre Kinder möglichst auf keine Schule schicken, sondern zu Hause unterrichten.

Privatschulen als Flucht aus dem öffentlichen Schulwesen?
Wie ist das in den vergangenen 30 Jahren gestiegene Interesse an Privatschulen zu erklären? Regionale Disparitäten, das heißt der zu beobachtende Nachholbedarf in ostdeutschen Bundesländern, erklärt nicht allein dieses wachsende Interesse.[11] Zu den Beweggründen der Eltern, ihre Kinder vermehrt auf eine Privatschule zu schicken, liegen nur wenige empirische Befunde vor.[12] In einer Studie zum Besuch privater Grundschulen wird überzeugend dargelegt, dass es für die Wahl einer Privatschule nicht eine einzige Ursache, sondern viele Gründe gibt. Dass man letztendlich von einer »emotional geleiteten elterlichen Schulwahl« ausgehen muss,[13] bei der weniger Qualifikationen, sondern stärker soziale Fragen und besondere Schulprofile[14], also die Visionen und das Engagement der Lehrkräfte im Vordergrund stehen. Viel spreche dafür, dass Eltern »in einer Mischung aus Unzufriedenheit mit und diffuser Verunsicherung über öffentliche/n Schulen ihr Heil in der privaten Alternative« suchten.[15] Der »PISA-Schock« habe in diesem Sinne »auf der emotionalen Ebene« gewirkt und zu »Unbehagen, ja Angst um das schulische Fortkommen und Wohlbehalten des eigenen Nachwuchses« beigetragen.[16]

Manche Autor:innen sprechen sogar von »Bildungspanik« und »Statuspanik«, die inzwischen »breite Mittelschichtmilieus« erfasst habe.[17] Dabei sind die Ursachen für die sich hinter einer »Flucht« in Privatschulen versteckende Schulkritik schwer auf einen Nenner zu bringen – ebenso wenig wie die Wünsche der Eltern hinsichtlich einer zukunftsfähigen Schulbildung. Hier treffen meist sehr unterschiedliche, oft sogar widersprüchliche Beweggründe aufeinander. So mag der eine die vermeintliche oder tatsächliche Leistungsorientierung öffentlicher Schulen bemängeln und die andere das genaue Gegenteil, etwa dass der Unterricht die Schüler:innen nicht fit für die Zukunft mache, sie unterfordere, ihnen zu wenig beibringe und abverlange. Wieder ein anderer hingegen kreidet den öffentlichen Schulen womöglich an, dass sie – insbesondere technisch – unzureichend ausgestattet seien, während der Nächste sie gerade dafür kritisiert, dass sie zu häufig neue Medien benutzten und kein natürlich-anregendes Lernmilieu schüfen. So haben alle unterschiedliche Wünsche für ihre Kinder. Der Trend zur Privatschule, so die Studie, sei darum vor allem Ausdruck »differenzierter Lebens- und Erziehungsstile in einer pluralen und diversifizierten Gesellschaft«[18], die Folge wachsender Individualisierungswünsche, der sich staatliche Schulen aus Sicht mancher Eltern nicht hinreichend öffneten.

»Digitale Nomad:innen« und die Flucht vor der Schulpflicht

In anderem Kontext beschäftigen sich Forscher:innen mit einer besonderen Gruppe von Menschen – mit solchen, die sich selbst als »digitale Nomad:innen« bezeichnen und dem Staat und seinen Institutionen aus sehr grundsätzlichen Motiven mit großem Argwohn begegnen. Diese Gruppe ist klein, verbreitet aber mit viel Engagement und durchaus erfolgreich über soziale Medien ihre Vorstellungen zur Bildung von Kindern. Man sollte daher die Haltung der »digitalen Nomad:innen« zur Erziehung und ihre Begründung, warum sie keine öffentlichen Schulen und vielleicht überhaupt keine Schulen mehr brauchen, kurz in den Blick nehmen.[19] Mitglieder dieses Milieus leben ein alternatives Leben; sie wohnen (ohne irgendwo angemeldet zu sein) an wechselnden Orten, in verschiedenen Ländern und verdienen ihr Geld mit selbstständigen Tätigkeiten, die sich überall online verrichten lassen. Die Studie definiert diese Gruppe wie folgt:

> »Digitale Nomad:innen sind ehemalige Angestellte im Marketing, in Gesundheits- und Handwerksberufen, IT-Unternehmer:innen, Selbstständige und frühere Hochschulangestellte oder Beamt:innen.

Sie haben Studienabschlüsse, abgeschlossene Ausbildungen, starten direkt nach der Schule in ein Online-Business oder haben ein Studium abgebrochen. Sie achten auf gesunde Ernährung, vernetzen sich in Gemeinschaften online und offline, legen Wert auf gewaltfreie Kommunikation sowie bedürfnis- und bindungsorientierte Erziehung und fördern ihre Kinder beim Lernen, in ihrer Kreativität und Entwicklung. Als Eltern wollen sie viel Zeit gemeinsam mit ihren Kindern verbringen und einen partnerschaftlichen und liebevollen Umgang mit ihnen pflegen. Sie wählen Freilernen, Homeschooling, ›worldschooling‹, temporär auch private und internationale Schulen, und lehnen Schulpflicht aus pragmatischen oder normativen Gründen ab.«[20]

Diese »digitalen Nomad:innen« sind oft – auch im traditionellen Sinne – hochgebildet und haben für ihre Kinder starke Bildungsaspirationen. Ihre Art zu leben, ihre äußerst libertären Haltungen und vor allem ihre Ideen zu Bildung und Erziehung weisen in vielen Punkten eine Nähe zu Einstellungen anderer gesellschaftlicher Gruppen auf – und zwar bis tief in die Mitte der Gesellschaft. Die Nomad:innen sind radikale Individualisten, denen zufolge der Einzelne – so die Illusion – auf niemanden angewiesen ist und jenseits »staatlich organisierter gesellschaftlicher Einbettungen«[21] mehr oder weniger autark leben kann. Diesem Konzept folgend wachsen Kinder am besten ungestört und in größtmöglicher Unabhängigkeit auf, lernen zu Hause in und mit ihren Familien.[22] Für den selbst erteilten Unterricht der Kinder werden selbstverständlich digitale Bildungsmedien herangezogen, und um die in der Gesellschaft erforderlichen Schulabschlüsse zu erzielen, nehmen »digitale Nomad:innen« auch externe Prüfungen in Anspruch und bezahlen dafür. Vergleichen, Messen und Bewerten seien aber – den Unterricht permanent begleitend – hinderlich fürs

Lernen.[23] Hier sind Positionen erkennbar, die an reformpädagogische Vorstellungen anknüpfen.

Radikale Schulkritik ist nicht neu. In den 1970er-Jahren hat unter dem Begriff des »Deschooling« oder der »Entschulung« Ivan Illich das Pflichtschulwesen und die Schulpflicht bekämpft.[24] Während aber Illich an der Pflichtschule kritisierte, dass sie soziale Ungleichheiten, die Unterschiede zwischen Arm und Reich verstärke, weil sie ausschließlich auf schulisches Lernen setze, ist der libertäre Individualismus der »digitalen Nomad:innen« an Fragen der Gleichheit und Gerechtigkeit beziehungsweise der Ungleichheit und Ungerechtigkeit nicht interessiert. Gleichwohl teilen sicherlich viele Eltern die Annahme, dass die öffentliche Schule dem eigenen und in ihren Augen immer »ganz besonderen« Kind nicht gerecht werde, sie keine Umgebung für ein glückliches Aufwachsen und Wohlfühlen biete, das Leben hier viel zu »verschult« sei und viel zu viel verglichen und »gemessen« werde. Man muss diese Kritik an öffentlichen Schulen nicht in jedem Punkt teilen, aber sie sollte berücksichtigt werden, wenn man darüber nachdenkt, wie ein zukunftsfähiges Bildungssystem aussehen kann und wo man bei dessen Umgestaltung ansetzen sollte.

Man muss diese Kritik an öffentlichen Schulen nicht in jedem Punkt teilen, aber sie berücksichtigen, wenn man darüber nachdenkt, wie ein zukunftsfähiges Bildungssystem aussehen kann.

Kritik der Elternschaft und Interpretationen der Wissenschaft

Auch wenn Erziehungswissenschaftler:innen manche Erwartungen und Sorgen der Eltern durchaus verstehen und nachvollziehen können, sehen sie einige gleichwohl kritisch. So zeigt die Forschung etwa, dass Privatschulen den elterlichen Wünschen in der Regel nicht besser nachkommen als öffentliche Schulen. Mehr und schneller gelernt, so der allgemeine Tenor dieser Studien, werde in diesen privaten Institutionen jedenfalls nicht.[25]

Allerdings machen es sich manche Wissenschaftler:innen mitunter auch zu einfach, wenn sie jenen Eltern, die das öffentliche Bildungssystem kritisieren, unterstellen, sie hätten selbst Lernbedarf oder hegten ein falsches Verständnis davon, was Schule heute leisten müsse. So jedenfalls lassen sich einige erziehungswissenschaftliche Kommentare zu den Ergebnissen der oben zitierten Elternbefragung der Körber-Stiftung lesen. Da heißt es unter anderem, Eltern müssten doch verstehen, dass es wichtiger sei, die Kreativität der Schüler:innen zu fördern, als ihnen andere Fähigkeiten zu vermitteln. Zu simpel erscheint es auch, von einem »mismatch« beziehungsweise einer Unausgewogenheit der elterlichen Kritik zu sprechen, weil manche Mütter und Väter – offenbar im Gegensatz zu den »wissenden« Wissenschaftler:innen oder Professionellen – in traditioneller Weise mehr Wert darauf legen, dass Schulen Wissen und Kenntnisse vermitteln und nicht hauptsächlich auf fächerübergreifende Kompetenzen setzen.

Es ist wenig hilfreich, wenn Wissenschaftler:innen versuchen, Eltern nachzuweisen, dass ihre Wünsche an die Schulen »falsch« seien.

Um der negativen Stimmung gegenüber öffentlichen Schulen entgegenzuwirken, ist es wenig hilfreich, wenn Wissenschaftler:innen versuchen, Eltern nachzuweisen, dass ihre Wünsche an die Schulen »falsch« seien. Auch sie selbst tragen nicht immer zur Verbesserung der Lage bei. Oftmals sind die Resultate der Forschung hochaggregiert und eher abstrakt und im engeren Sinne nicht einfach anzuwenden. Zudem sind sie nicht immer eindeutig und häufig unterschiedlich interpretierbar.

Selbst qualitätsvolle Bildungsforschung kann nicht alle bestehenden Fragen beantworten und kaum alle Unsicherheiten auflösen.

Kurzum, Bildungsforschung kann Bildungspolitik nicht ersetzen. Letztere muss und wird Entscheidungen – mehr oder weniger im Einklang mit der Forschung – eigenständig treffen. Und selbst wenn die Bildungspolitik Vorschlägen der Bildungsforschung folgen würde, zum Beispiel dem Vorschlag von Experten, »Schule so [zu] verändern, dass technik- und technologiebasierte Lernsettings zentraler Bestandteil des alltäglichen Geschäfts sind«[26], und damit so manchem Elternwunsch nach mehr technologischer Zukunftsorientierung entspräche, wäre damit ein umfassendes Vertrauensverhältnis wohl noch nicht wiederhergestellt. Es ist stark zu bezweifeln, dass allein eine Anpassung an moderne Techniken schon genügen würde, um dem allgemeinen Vertrauensverlust der Eltern in das »System Schule« entgegenzuwirken. Vertrauen zurückzugewinnen, ist eine essenzielle, aber mitnichten leichte Aufgabe.

Was also muss gelernt werden und was ist wirklich wichtig für die Zukunft? Diese Fragen werden sich nicht allgemeinverbindlich und auch nicht durch Objektivität schaffende Forschung klären lassen. So gibt es durchaus Stimmen, die gerade im digitalen Zeitalter eine zukunftsträchtige Bildung für eine solche halten, die sich nicht ausschließlich auf den technologischen Wandel ausrichtet, und die andere Bildungsbereiche betonen und in der Fokussierung auf Digitalität sogar eine Verengung erkennen. Auch im gegenwärtigen Feuilleton wird inzwischen eine neuerliche Wende vollzogen und nun das Messen und Standardisieren wieder beklagt. Das deutsche Bildungssystem habe sich in seinen Bildungszielen »nach PISA« endgültig daran ausgerichtet, was »die Maschine« erwartbar irgendwann besser könne als der Mensch, also an dem, was eigentlich immer schon Sache der Maschine gewesen sei.[27]

Mit anderen Worten: Das deutsche »Deutungsmuster Bildung« wird neu in Stellung gebracht. Wenn man wie ich in den 1960er-Jahren in Westdeutschland als Kind eines Studienrates für das Fach Deutsch mit der – problematischen und einseitigen – Idee aufgewachsen ist, dass Bildung sich darin zeige, Kunst von Kitsch unterscheiden zu können, dann erkennt man in der gegenwärtigen Debatte über die Zukunft von Bildung und Schule schnell, wie hier wieder die bekannten Dichotomien wirken, wie Kunst, Kultur, die individuelle Erfahrung und authentische Kreativität, wie all das jetzt wieder neu gegen »die Maschine«, gegen Technik, das Messen und die Standardisierung ins Feld geführt werden.

Wenn man wie ich in den 1960er-Jahren in Westdeutschland mit der Idee aufgewachsen ist, dass Bildung sich darin zeige, Kunst von Kitsch unterscheiden zu können, dann erkennt man in der gegenwärtigen Debatte schnell, wie hier wieder die bekannten Dichotomien wirken, wie Kunst, Kultur jetzt wieder neu gegen »die Maschine«, gegen Technik ins Feld geführt wird.

Schulreformen und Fortschritt in den vergangenen 200 Jahren

Klagen über Schule sind wohl so alt wie die Schule selbst – und seit über 200 Jahren notorisch. Stets waren sie mit der Angst der unterschiedlichen Akteure verknüpft, dass die Schule nicht ausreichend auf das Leben vorbereite, nicht für die Zukunft bilde und ausbilde. So folgte eine Schulreform auf die andere. Schon im ausgehenden 18. Jahrhundert, in der Debatte über die Einführung des Abiturs in Preußen als Voraussetzung für den Universitätsbesuch, argumentierten die Hochschulen, dass die Schüler nicht das richtige Rüstzeug mitbrächten. Und bereits Anfang des 19. Jahrhunderts klagten Ärzte über eine körperliche und geistige Überlastung der Schüler durch zu viel Unterrichtsstoff. Bereits damals diskutierte man darüber, welche Lerninhalte wirklich wichtig und unabdingbar seien. Allemal wurde über die Rolle des naturwissenschaftlichen Unterrichts für die Zukunft eines mehr und mehr industrialisierten deutschen Kaiserreichs gestritten. So erinnert sich der Schulmann Leopold Wiese:

»Jenes [eine Denkschrift, S.R.] war von einem Gymnasialprofessor in Berlin verfaßt, dessen mathematischer und physikalischer Unterricht sich durch anregende und zur Selbstthätigkeit nötigende Methode auszeichnete, wodurch er auch die Aufmerksamkeit des Kronprinzen auf sich gezogen hatte. Er suchte in seiner Denkschrift nachzuweisen, daß weder in den Civil- noch in den Militär-Bildungsanstalten Mathematik und Physik die ihnen gebührende Stellung einnehmen, daß darin auf beiderlei Anstalten in Deutschland weniger geleistet werde als in Frankreich, und daß es an der Zeit sei, im Gymnasium die bisherige Ordnung umzukehren und die genannten Wissenschaften ins Centrum zu versetzen, während die alten Sprachen, nachdem sie durch Jahrhunderte hin ihre Arbeit an der europäischen Bildung gethan, sich nunmehr mit einer accessorischen Bedeutung begnügen könnten. [...] Die Entwicklung der menschlichen Gesellschaft habe eine andere Richtung eingeschlagen, wofür die Staatsregierung offene Augen haben müsse.«[28]

Es dauerte einige Jahrzehnte, bis endlich nicht nur Gymnasien, die eine »humanistische Bildung« vermittelten, sondern auch Schulen mit einem anderen inhaltlichen Profil ein vollwertiges Abitur verleihen konnten. Aber auch so blieb der Zugang zu den höheren Schulen und vor allem zum Abitur einer kleinen privilegierten sozialen Gruppe vorbehalten.

Didaktisch wurde ebenfalls reformiert. Über das elendige und als unzeitgemäß empfundene Auswendiglernen für Prüfungen wurde schon um 1900 geklagt. Dieses große Schülerleid veranlasste unter anderem Thomas Mann zu seiner Abiturkritik, und Schülersuizide wurden ein öffentliches Thema. Die Debatte über diese missliche Prüfungsform war begleitet von der Kritik an der eingeschränkten Kreativität und Lebendigkeit des herkömmlichen Unterrichts. Das Abzeichnen und das Abschreiben wurden allmählich durch selbstständigeres, freieres und ein – zumindest scheinbar – authentischeres Arbeiten ersetzt. Bildung bedeutete mehr und mehr, die Individualität der Schüler:innen zu berücksichtigen und zu fördern. Die damals einsetzende Diskussion über die Organisation des Bildungswesens, die unterschiedlichen Schulformen und die damit verbundene soziale Selektion, die »Auslese« der Schüler:innen hat die Geschichte des deutschen Bildungssystems stark geprägt.

Doch trotz aller Veränderungen und Reformen ist unser Bildungswesen nach wie vor gekennzeichnet von bestimmten Merkmalen, die seine Entwicklungsmöglichkeiten beschränken. Dazu zählt an erster Stelle das Festhalten an der prinzipiell-theoretischen Unterscheidung und organisatorischen Trennung zwischen Massenbildung und Elitenbildung, zwischen einer niederen und einer höheren Bildung und schließlich auch das Beharren auf einer nicht überschreitbaren Grenze zwischen allgemeiner Bildung und Berufsbildung. Die Tatsache, dass nur die wichtigste schulische Abschlussprüfung, das Abitur, um das herum sich das deutsche Schulwesen hierarchisch organisiert hatte, zu einem Universitätsstudium berechtigt und gleichzeitig ausschließlich auf die Universität ausgerichtet blieb, hat jegliche Versuche verhindert, in der Sekundarstufe II allgemeine und berufliche Bildung auch organisatorisch zu integrieren. Es herrschte lange Zeit – und manchmal denke ich: bis heute – die Vorstellung von unterschiedlichen, klar gegeneinander abgrenzbaren und »natürlichen« Begabungstypen, die jeweils anderen Schulformen zuzuordnen seien. Diese eisern vertretene Vorstellung stand letztlich auch immer wieder den Versuchen, eine gleichwertige Individualisierung von Bildungswegen und schulischen Angeboten zu erreichen, entgegen.

Dennoch lässt sich die Geschichte des Umgangs mit unseren Erwartungen hinsichtlich der Zukunftsfähigkeit des deutschen Bildungswesens auch aus einem anderen Blickwinkel betrachten.

Noch nie haben so viele Menschen so lange Zeit in Bildungsinstitutionen verbracht wie heute, noch nie haben so viele Mädchen erfolgreich eine Schule absolviert und noch nie hatten Kinder und Jugendliche aus »unterprivilegierten« Gruppen derart viele Möglichkeiten, eine Schule zu besuchen.

Die Geschichte des Bildungssystems als Erfolgsgeschichte

Noch nie haben so viele Menschen so lange Zeit in Bildungsinstitutionen verbracht wie heute, noch nie haben so viele Mädchen erfolgreich eine Schule absolviert und noch nie hatten Kinder und Jugendliche aus »unterprivilegierten« Gruppen, wie man etwas euphemistisch sagen könnte, derart viele Möglichkeiten, eine Schule zu besuchen. Unser Bildungssystem hat über die Zeit immer mehr Menschen aufgenommen und integriert – auch wenn es hier noch viel zu tun und längst keine gleichen Chancen für alle gibt, etwa nicht für Menschen mit Migrationshintergrund, für Flüchtlinge oder Menschen mit Behinderungen. Es existieren inzwischen weit mehr Maßnahmen als früher, den einzelnen Belangen der Schüler:innen gerecht zu werden; es findet mehr Individualisierung statt, wird nach Interessen- und

»Begabungslagen«, nach Bedürfnissen und Bedarfen unterschieden. Das alles kann man den alle zwei Jahre erscheinenden nationalen Bildungsberichten entnehmen.[29] Das Bildungswesen hat zentrale gesellschaftliche Herausforderungen angenommen, hat auf die Explosion des Wissens und die neue »Wissensgesellschaft« mit Lehrplanänderungen reagiert.

Deutliche Fortschritte sind auch in pädagogischer Hinsicht zu verzeichnen. Was einst als »schwarze Pädagogik« bezeichnet wurde, ist heute geächtet. Körperliche Züchtigungen sind schon länger verboten und auch andere Formen der Bestrafung wie etwa die »Beschämung« stehen immer häufiger in der Kritik. Dennoch wird gerade hier deutlich, dass die unbestreitbaren Erfolge relativ sind. Denn schaut man genau hin, wurde eine »äußere« Disziplinierung ersetzt durch »Verinnerlichung«. Das heißt: Erwartet wird nun vom Einzelnen, sich selbst angemessen steuern und regulieren zu können. In gewisser Weise stellt das an Schüler:innen heute sehr hohe Anforderungen und erzeugt Druck und auch individuelles psychisches Leid. Versagensängste, Depression und zunehmend auch Angststörungen und Suizidalität, ein Verzweifeln an der eigenen Zukunft, die bohrende Frage »Was kann ich denn überhaupt noch machen, wenn ich keinen Notendurchschnitt zwischen 1,0 und 1,4 erhalte?« – all diese Symptome und die als Krankheiten eingestuften Syndrome sind heute stärker verbreitet als früher, zumindest sind sie sehr viel stärker im Gespräch.

Im Großen und Ganzen allerdings kann die expansive Entwicklung unseres über 200 Jahre alten modernen, deutschen Bildungswesens durchaus als eine Erfolgsgeschichte gesehen werden. Dennoch leistet es, folgt man den Einschätzungen der Eltern, nicht mehr das, was es grundlegend leisten sollte. Und darauf reagieren die Eltern – wie dargelegt – mit Vertrauensverlust in das Bildungssystem.

Zukunftsziel: Vertrauen in die Schule schaffen

Wir dürfen nicht so tun, als könnten wir die Frage nach der Zukunftsfähigkeit des Bildungswesens ohne Weiteres beantworten. Niemand kann genau voraussagen, wie die Zukunft aussehen wird und welchen Herausforderungen wir uns werden stellen müssen. Sogar noch einen Schritt zurück: Müssen wir bei der Suche nach einer Antwort auf die Frage nach der Zukunftsfähigkeit nicht erst einmal miteinander klären, welche Werte die Zukunft unserer Gesellschaft, unserer Nation und unseres Staates (was nicht dasselbe ist) gestalten und bestimmen sollen? Das aber kann man nicht neutral oder wissenschaftlich »objektiv«, sondern nur politisch beantworten. Außerdem lässt sich mit einer Reform der Bildung und des Bildungswesens kein gesellschaftliches Problem beseitigen – etwa dem aufklärerischen Motto folgend: Wenn nur alles vernünftig würde, man die Menschen zur Vernunft und zum Vernunftgebrauch erzöge und genügend Wissen bereitstellte, würde schon alles gut werden.

Mit einer Reform der Bildung und des Bildungswesens lässt sich kein gesellschaftliches Problem beseitigen.

In der bildungshistorischen und soziologischen Forschung wird das »educationalization of social problems« genannt. Armut, Kinderarmut, die ungleiche Verteilung gesellschaftlicher Ressourcen löst man in der Schule ebenso wenig wie die Klimakatastrophe. Und wenn es nicht ausreichend Arbeitsplätze gibt, hilft gegen Arbeitslosigkeit auch nicht, alle Jugendlichen gut ausgebildet zu haben. Das Bildungswesen und die Schulen können aber Lösungen vorbereiten – und das ist nicht wenig.

Was also kann die Bildungspolitik tun? Und was muss geschehen, damit unsere Schulen »zukunftsfähig« werden und das Vertrauen der

Bürger:innen in unser Bildungswesen zurückgewonnen wird? In fünf Punkten möchte ich verschiedene »Stellschrauben« – wie manche das nennen – beschreiben, also Maßnahmen, die mithelfen könnten, ein zukunftsfähiges Bildungswesen zu schaffen und das Vertrauen der Bevölkerung in die Schulen zurückzugewinnen.

Dennoch ist eine Schule, die uns als Gesellschaft zukunftsfähig macht, eine, in der sich Kinder und Jugendliche aus allen Bevölkerungsgruppen begegnen, in der alle Schüler:innen auch erfahren müssen und können, wie man mit Menschen aus unterschiedlichen Milieus das Zusammenleben gestaltet.

1. Zunächst und zuvörderst geht es darum, die öffentliche Schule als eine Institution zu erhalten, die alle Kinder und Jugendlichen gemeinsam besuchen, ohne nach Begabung auf unterschiedliche Schulformen verteilt zu werden. Selbstverständlich kann und sollte es Wahlmöglichkeiten für Eltern geben. Dennoch ist eine Schule, die uns als Gesellschaft zukunftsfähig macht, eine, in der sich Kinder und Jugendliche aus allen Bevölkerungsgruppen begegnen, eine gemeinsame Lehranstalt, in der alle Schüler:innen auch erfahren müssen und können, wie man mit unterschiedlichen Menschen aus unterschiedlichen Milieus zusammen lernt und das Zusammenleben gestaltet. Wo in der Gesellschaft sollte das geschehen, wenn nicht in der Schule?

    Im 19. Jahrhundert war die Schule – neben dem Militär – die zentrale Institution, die zur Gemeinschafts- und Staatsbildung, zum »Nation-State Building« beigetragen hat. Sie muss der Ort bleiben, an dem sich im jungen Alter alle Menschen eines Gemeinwesens treffen, um zu lernen, um sich als Bürger:innen gegenseitig zu verstehen, einander anzuerkennen und Unterschiede oder gar Widersprüche auszuhalten. Um kein Missverständnis zu erzeugen: Es geht mir bei diesem Vorschlag nicht darum, einer fragwürdigen »Gemeinschaftserziehung« das Wort zu reden, sondern darum, Lerngelegenheiten zu schaffen, in denen Schüler:innen erfahren können, dass sie stets auch auf andere Menschen angewiesen sind und nicht immer nur im Vordergrund stehen kann, für sich selbst, ohne den Blick auf die anderen, das jeweils individuell Beste herauszuholen. Die öffentliche Schule wäre in diesem Sinne das Gegenprogramm zu dem, was etwa die »digitalen Nomad:innen« leben. Eine solche Schule wäre eine Voraussetzung, um der derzeit zu beobachtenden Spaltung der Gesellschaft entgegenzuwirken.

2. Ein für alle Mal gehört die organisatorisch-institutionelle – und damit aber auch die inhaltlich-curriculare – Trennung von einer niederen und einer höheren Bildung auf den »Müllhaufen der Geschichte«. Und schiebt man Entscheidungen über berufliche Lebenswege weiter nach hinten (weil man sich nicht früh für eine bestimmte Schulform entscheiden muss), kann auch noch eine ganze Zeit lang auf dysfunktionale Benotungssysteme verzichtet werden – genauso gut wie auf den das Notensystem manchmal ersetzenden beziehungsweise ergänzenden permanenten Zwang zur Rechenschaftslegung und Selbstreflexion seitens der Schüler:innen. So würden die jungen Schüler:innen nicht nur vom »Changemanagement-Sprech« verschont, sondern auch davon, schon sehr früh Unternehmer:innen ihrer selbst zu werden. Sie müssten also nicht andauernd über ihre eigenen Fortschritte reflektieren und Fragen nach eigenen Stärken und Schwächen beantworten – müssten nicht alles, was sie machen, funktional auf einen möglichst perfekten Lebenslauf bezogen sehen.

Ein wirklich zukunftsfähiges Bildungswesen müsste unbedingt attraktive Ausbildungsangebote (für Berufe, in denen auch ohne universitäre Ausbildung gutes Geld zu verdienen ist und Aufstiege zu machen sind) im tertiären Sektor, also für Jugendliche nach zwölf oder 13 Jahren Schule, machen. Kurzum, es müsste echte Alternativen zur Universität beziehungsweise zu einem universitären Studium bieten. Und wenn solche reizvollen beruflichen Ausbildungsgänge jenseits des Studiums existieren, könnte bereits in der Sekundarstufe II eine größere Wertschätzung beruflicher Bildung entstehen und gehaltvoll der Idee entgegengewirkt werden, dass die »Krone« aller Bildung die Universität sei. Damit würde zugleich ein weiteres Merkmal des deutschen Bildungswesens »aufgeweicht«, nämlich die Trennung von beruflicher und allgemeiner Bildung. Sie ist es, die der Weiterentwicklung junger Menschen oft entgegensteht. Das ist kein Argument gegen die duale Berufsausbildung, wohl aber ein Argument gegen die oft und fälschlich Wilhelm von Humboldt unterstellte bildungstheoretische Begründung einer Trennung und Gegenüberstellung von allgemeiner und beruflicher Bildung.

<u>Es sollte auch darüber nachgedacht werden, ob sich die Rolle der Lehrenden, wären sie von ihrer Funktion als Prüfende in Abschlussexamen entlastet, nicht gegenüber ihren Schüler:innen insgesamt positiv verändern würde.</u>

3. Wie unter Punkt 2 schon einmal erwähnt, gehört das gesamte Benotungs- und Prüfungswesen ebenfalls auf den Prüfstand. Neben einer zeitlichen Verschiebung von Leistungsbeurteilungen in der Schulzeit sollte auch darüber nachgedacht werden, ob sich die Rolle

der Lehrenden, wären sie von ihrer Funktion als Prüfende in Abschlussexamen entlastet, nicht gegenüber ihren Schüler:innen insgesamt positiv verändern würde. Die Lehrkräfte müssten nicht mehr selbst examinieren und benoten, sondern könnten jeden einzelnen jungen Menschen auf seine Prüfungen vorbereiten. Diese Examen würden entweder zentral abgenommen und bewertet oder von jenen Institutionen durchgeführt werden, die auf dem weiteren Ausbildungsweg als nächste Etappe infrage kommen. Für etliche Lehrkräfte wäre das sicherlich eine Befreiung, auch wenn es zugleich einen Bruch mit einer starken Tradition der deutschen Lehrkräfteprofession bedeutete, denn schon immer gehörte dem Selbstverständnis nach eine Art »ganzheitliche« Bewertung der Schüler:innen zu ihrer pädagogischen Aufgabe. Wie auch immer, es wäre jedenfalls wert, diese Entlastung von Prüfungsaufgaben im Sinne einer stärker vertrauensvollen und kooperativen pädagogischen Beziehung zwischen Lehrer:innen und Schüler:innen in Betracht zu ziehen.

4. Um all diese Vorschläge umzusetzen und das Vertrauen der Eltern und Schüler:innen in unser Bildungswesen zurückzugewinnen, sind vor allem sehr konkrete Maßnahmen »der« Bildungspolitik erforderlich. Mit anderen Worten: Die politisch und administrativ Verantwortlichen müssen selbst voranschreiten und zeigen, was es heißt zu vertrauen und wie man Vertrauen erhält – sowohl gegenüber der Schule als auch gegenüber den am Schulwesen Beteiligten. Das wäre so ähnlich wie das Werbeplakat für eine Krankenhausgruppe in einer Chicagoer U-Bahn: »Unser Pflegepersonal sorgt sich so gut um Sie, weil wir für unser Pflegepersonal sorgen.«

Was heißt das? Dass man den skeptischen »Bildungsabnehmer:innen«, insbesondere den Eltern, die den Lehrbetrieb besonders beargwöhnen, eine andere Haltung gegenüber Schule vorlebt. Das kann man tun, indem man den Lehrkräften unter anderem durch verbesserte Arbeitsbedingungen deutlich sichtbar mehr Wertschätzung entgegenbringt, ihnen weniger Verwaltungsarbeit abverlangt und für die höchst unterschiedlichen Aufgaben einer Schule anderes, unterschiedliches Personal einstellt. Das kann man tun, indem man Arbeitsplätze besser ausstattet, andere Arbeitszeitberechnungen einführt, bei der auch jene Stunden gezählt werden, die Lehrkräfte hinsichtlich der Gestaltung ihrer pädagogischen Beziehungen zu den Schüler:innen für unabdingbar halten. Und das kann man tun, indem die Schulgebäude modernisiert werden. Die Orte des Lernens dürfen nicht verwahrlosen, denn nur, wer sich dort wohlfühlt, lernt auch gut und fühlt sich verantwortlich für seine Umgebung. Wenn Schüler:innen sich in einer Schule auch dann noch gern aufhielten, wenn der Unterricht, die Teilnahme an den Angeboten und vielleicht die Schule insgesamt anstrengend sind, gewönne auch der Lehrer:innenberuf wieder an Attraktivität. Es würde für alle Welt sichtbar, dass der Staat seine Lehrkräfte und deren Arbeit tatsächlich schätzt.

Neue Schule muss man nicht nur denken, sondern man muss sie schaffen. Den Lehrkräften sollte zunächst einmal grundsätzlich vertraut werden, auch wenn sie nicht immer alles richtig machen.

Es ist schwer, den Teufelskreis aus schlechten Schulergebnissen, schlechter Ausstattung und Vertrauensverlust zu durchbrechen. Doch der erste und entscheidende Schritt – ohne den nichts geht – ist ziemlich einfach: Es muss Geld ausgegeben werden für das Bildungswesen, für die Schulen, die Lehrenden, den Unterricht, die Gebäude. Geld auszugeben bedeutet, auch diejenigen Schüler:innen, die finanziell schlechter gestellt sind, ausreichend zu unterstützen und nicht den Rotstift beim BAFöG anzusetzen.

Eine neue Schule muss man nicht nur denken, sondern man muss sie schaffen. Das heißt, den Lehrkräften sollte zunächst einmal grundsätzlich vertraut werden, auch wenn sie – wie alle Arbeitenden – nicht immer alles richtig machen. Selbstverständlich darf in den Schulen kein Schlendrian akzeptiert werden, aber man sollte auch nicht mit dauernden Inspektionen und Monitorings permanent Misstrauen gegenüber den Lehrkräften demonstrieren. Denn solche Kontrollmaßnahmen werden auf allen Seiten schnell als ein Zeichen des Argwohns gedeutet und tragen darum gerade nicht zu einem höheren Vertrauen in die Institution Schule bei.

Und noch ein letzter Punkt: Schulen für die Zukunft zu gestalten, bedeutet, allen Schüler:innen etwas abzuverlangen. Im Gegenzug muss ihnen natürlich auch etwas geboten werden. Ihnen werden in der Schule Wissen und Fähigkeiten vermittelt, wichtige Dinge beigebracht, von denen man überzeugt ist, dass sie eine grundlegende Voraussetzung für eine gesellschaftliche Teilhabe sind. Unter diesem Gesichtspunkt werden womöglich auch Eltern die eine oder andere schulische Maßnahme, die einen oder anderen Lehrinhalte akzeptieren, selbst wenn diese nicht den eigenen Wünschen für ihre im Mittelpunkt stehenden Sprösslinge entsprechen.

Anmerkungen

1 Julia André im Vorwort der von der Körber-Stiftung herausgegebenen Broschüre über eine von ihr in Auftrag gegebene Elternbefragung, die im Frühjahr 2023 durchgeführt wurde, vgl. Körber-Stiftung 2023, S. 1; https://koerber-stiftung.de/site/assets/files/31569/230721-korber-stiftung_eltern_im_fokus-web.pdf
2 So Thomas Mirow im Konzept zu »Berichte zur Lage der Nation 2023«, S. 5.
3 So die Ergebnisse in der Elternbefragung, Körber-Stiftung 2023, S. 5.
4 Ebd., S. 9.
5 Ebd., S. 20.
6 Vor allem Nicole Welter, Nicolle Pfaff und Melanie Fabel-Lamla haben dazu intensiv in den letzten Jahren in einem Netzwerk geforscht.
7 Vgl. hierzu vor allem Fanel-Lamla 2022.
8 Pfaff, Welter 2012, S. 778, vgl. auch Welter 2014.
9 Fabel-Lamla 2022, S. 20.
10 Vgl. Fabel-Lamla 2022, S. 30 f., Fußnote 63.
11 So fassen jedenfalls Koinzer, Mayer 2016 ihre Forschungen zu privaten Grundschulen zusammen.
12 So in einer Zusammenschau der bis 2017/18 vorliegenden Studien Klemm et al. 2018, S. 34 f.
13 Koinzer, Mayer 2016, letzter Absatz von Abschnitt 3.1.
14 Klemm et al. 2018, S. 35.
15 Koinzer, Mayer 2016, erster Absatz von 3.1.
16 Koinzer, Mayer 2016, dritter Absatz von 3.1.
17 Bude 2011.
18 Koinzer, Mayer 2016, zweiter Absatz von 3.2.
19 Allert 2022.
20 Ebd., S. 292.
21 Ebd., S. 311.
22 Ebd., S. 312.
23 Ebd., S. 313.
24 Vgl. Illich 2017, S. 31.
25 So die Zusammenschau in Klemm et al. 2018.
26 Körber-Stiftung 2023, S. 8.
27 So in einem Artikel von Mark Siemons in der *FAS*, 07.05.2023.
28 Zitiert nach Brüggemann 1967, S. 48.
29 Vgl. etwa den jüngsten Bericht der Autor:innengruppe Bildungsberichterstattung 2022.

Literatur

Allert, Heidrun (2022): »Selbstregieren als Cyberpolis – eine Studie«, in Donner, Martin; Allert, Heidrun (Hrsg.): *Auf dem Weg zur Cyberpolis. Neue Formen von Gemeinschaft, Selbst und Bildung*, S. 289–366. Bielefeld: Transcript (http://doi.org/10.14361/97 83839458785-005).

Autor:innengruppe Bildungsberichterstattung (Hrsg.) (2022): *Bildung in Deutschland 2022. Ein indikatorengestützter Bericht mit einer Analyse zum Bildungspersonal* (doi: 10.3278/6001820hw).

Bartmann, Sylke; Pfaff, Nicolle; Welter, Nicole (2012): »Vertrauen in der erziehungswissenschaftlichen Forschung«, in *Zeitschrift für Pädagogik* 58, S. 772–783. (urn:nbn:de: 0111-pedocs-104740 – DOI: 10.25656/01:10474).

Brüggemann, Otto (1967): *Naturwissenschaft und Bildung. Die Anerkennung des Bildungswertes der Naturwissenschaften in Vergangenheit und Gegenwart*, Heidelberg: Quelle & Meyer.

Bude, Heinz (2011): *Bildungspanik. Was unsere Gesellschaft spaltet*, München: Hanser.

Fabel-Lamla, Melanie (2020): »Vertrauen in Bildung und Schule – theoretische und empirische Annäherungen aus erziehungswissenschaftlicher Perspektive«, in Fuchs, Eckhardt; Otto, Marcus (Hrsg.): *In Education We Trust? Vertrauen in Bildung und Bildungsmedien*. Band 153. Göttingen: V&R unipress, S. 17–38 (http://dx.doi.org/10.142 20/9783737015097).

Illich, Ivan (2017): *Entschulung der Gesellschaft*. München: C.H. Beck.

Klemm, Klaus; Hoffmann, Lars; Maaz, Kai; Stanat, Petra (2018): *Privatschulen in Deutschland. Trends und Leistungsvergleiche*. Bonn: Friedrich-Ebert-Stiftung.

Körber-Stiftung (Hrsg.) (2023): *Eltern im Fokus 2023. Wie Eltern auf Bildung und die berufliche Zukunft ihrer Kinder blicken*. Berlin.

Koinzer, Thomas, Mayer, Tanja (2015): »Private Schulen. Entwicklung und empirische Befunde unter besonderer Berücksichtigung des Grundschulwesens«, in *Zeitschrift für Grundschulforschung* 8, S. 28–42.

Siemons, Mark (2023): »Weckt ChatGPT die Schule auf?«, in *FAS*, 07.05.2023, S. 33.

Tenorth, Heinz-Elmar (1975): *Hochschulzugang und gymnasiale Oberstufe in der Bildungspolitik von 1945–1973. Zur Genese und pädagogischen Kritik der »Gymnasialen Oberstufe in der Sekundarstufe II«*. Bad Heilbrunn: Julius Klinkhardt.

Welter, Nicole (2012): »Vertrauen in modernen Bildungskontexten – Drei Thesen zur Institutionalisierung von Bildung in der Moderne«, in Bartmann, Sylke; Fabel-Lamla, Melanie; Pfaff, Nicolle; Welter, Nicole (Hrsg.) (2014): *Vertrauen: in der erziehungswissenschaftlichen Forschung*. Opladen: Barbara Budrich, S. 83–100.

Wippermann, Katja; Wippermann, Carsten; Kirchner, Andreas (2013): *Eltern – Lehrer – Schulerfolg. Wahrnehmungen und Erfahrungen im Schulalltag von Eltern und Lehrern*. Stuttgart: Lucius&Lucius.

Über den Herausgeber und die Autorinnen und Autoren

Judith Dada, geb. 1992, ist General Partnerin bei La Famiglia, einem Frühphasenfonds mit Sitz in Berlin. Der Wagniskapitalgeber investiert in Technologieunternehmen in Europa und den USA, die große Industrien befähigen oder neu denken. Dadas Investmentfokus liegt auf Start-ups, die durch Daten oder maschinelles Lernen getrieben sind. Sie gehört dem Advisory Board for the Digital German Economy des Bundeswirtschaftsministeriums an und unterstützt das Netzwerk Global Shaper, das für Bürgerrechte und soziales Handeln eintritt, und ist im erweiterten Vorstand des Bundesverbands Deutsche Start-ups.

Reint E. Gropp, geb. 1966, ist seit 2014 Präsident des Leibniz-Instituts für Wirtschaftsforschung Halle (IWH) sowie Inhaber eines Lehrstuhls für Volkswirtschaftslehre an der Otto-von-Guericke-Universität Magdeburg. Seit 2019 ist er Associate Fellow des Centre for Economic Policy Research (CEPR) sowie Berater verschiedener Zentralbanken. Vor der Aufnahme seiner universitären Laufbahn an der Goethe-Universität Frankfurt am Main war Reint Gropp als Ökonom mehrere Jahre für den Internationalen Währungsfonds in Washington und die Europäische Zentralbank in Frankfurt tätig, zuletzt als stellvertretender Leiter der Finanzforschung.

Holger Hanselka, geb. 1961, ist seit Mai 2023 Präsident der Fraunhofer-Gesellschaft. Er studierte Allgemeinen Maschinenbau an der Technischen Universität Clausthal und war bis dahin rund zehn Jahre als Präsident des Karlsruher Instituts für Technologie (KIT) tätig. Von seiner ersten Professur (1997) an der Otto-von-Guericke-Universität Magdeburg aus war er 2001 dem Ruf nach Darmstadt gefolgt, wo er Leiter des Fachgebiets »Systemzuverlässigkeit und Maschinenakustik« sowie Leiter des Fraunhofer-Instituts für Betriebsfestigkeit und Systemzuverlässigkeit wurde. Zwischen 2010 und 2013 hat er das Amt des Vizepräsidenten der TU Darmstadt ausgeführt und war von 2006 bis 2012 bereits Mitglied des Präsidiums der Fraunhofer-Gesellschaft.

Jürgen Kaube, geb. 1962, ist seit 2015 einer der vier Herausgeber der *Frankfurter Allgemeinen Zeitung*. Sein Studium der Philosophie, Germanistik und Kunstgeschichte an der Freien Universität Berlin ergänzte er durch das der Wirtschaftswissenschaften, entdeckte dann durch Niklas Luhmann für sich die Soziologie und nahm kurzzeitig eine Hochschulassistenz für Soziologie in Bielefeld an. Seit 1992 verfasste Kaube regelmäßig Beiträge für das Feuilleton der *FAZ* und trat 1999 in die Redaktion ein, zunächst als Berliner Korrespondent, im September 2000 dann wechselte er nach Frankfurt in den Bereich Wissenschafts- und Bildungspolitik. Im August 2008 wurde er Ressortleiter für »Geisteswissenschaften« und 2012 für »Neue Sachbücher« sowie stellvertretender Leiter des Feuilletons.

Janina Kugel, geb. 1970, ist Multiaufsichtsrätin, Senior Advisor, Beraterin und Autorin. Ihre Karriere begann sie im Management Consulting bei Accenture und war für internationale Unternehmen in Europa und den USA beratend tätig. Nach ihrem 2001 vollzogenen Wechsel in die Industrie hatte Janina Kugel verschiedene Führungsfunktionen bei

Siemens inne, darunter im Personalwesen und in der Strategie in Deutschland, China und Italien. Bei der Osram Licht AG war sie als Chief Human Resources Officer weltweit verantwortlich für die Bereiche Personal, Führungskräfteentwicklung und Diversity, später bis 2020 war sie Personalchefin und Vorständin bei der Siemens AG. Heute arbeitet sie als Senior Advisorin und ist Aufsichtsrätin unter anderem bei der TUI AG, bei Kyndryl Inc., USA und beim Start-up Seatti.

Cornelia Lang, geb. 1958, ist Diplomsoziologin und beschäftigt sich am Leibniz-Institut für Wirtschaftsforschung in Halle (IWH) mit Forschungsthemen am Schnittpunkt von Ökonomie und Soziologie. Einen Schwerpunkt bilden die Lebenslagen in Ostdeutschland und hierbei vor allem die Erwerbsmuster von Frauen. Eine Dekade lang betreute sie die IWH-Konjunkturumfrage zur Situation im Verarbeitenden Gewerbe Ostdeutschlands.

Nicola Leibinger-Kammüller, geb. 1959, ist die Vorstandsvorsitzende der aus der TRUMPF GmbH + Co. KG hervorgegangenen TRUMPF SE + Co. KG. Sie studierte Germanistik, Anglistik und Japanologie in Freiburg, Middlebury, VT (USA), und Zürich mit anschließender Promotion. Ab 1985 war Leibinger-Kammüller im Bereich Presse- und Öffentlichkeitsarbeit für die TRUMPF Gruppe tätig, von 1988 bis 1990 für die TRUMPF Corporation in Japan. Von 1992 bis 2010 war sie Geschäftsführerin der Berthold Leibinger Stiftung GmbH, seit 1994 ist sie Gesellschafterin und seit Januar 2003 Geschäftsführerin der TRUMPF GmbH + Co. KG. Im November 2005 übernahm Nicola Leibinger-Kammüller den Vorsitz der Geschäftsführung der TRUMPF GmbH + Co. KG, der Führungsgesellschaft der TRUMPF Gruppe. Sie ist Mitglied im Kuratorium der Deutschen Nationalstiftung.

Christian Miele, geb. 1987, ist General Partner beim globalen Venture Capital Fonds Headline und seit 2019 Vorstandsvorsitzender des Start-up-Verbands. Als Spross der gleichnamigen Familiendynastie symbolisiert er den Dreh- und Angelpunkt zwischen der Old Economy und New Economy – seine Welt ist das Start-up-Ökosystem: Er hat bei jungen Unternehmen gearbeitet, selbst eines gegründet und fördert jetzt als Investor neue Geschäftsideen.

Thomas Mirow, geb. 1953, arbeitete lange Zeit für Willy Brandt, bevor ihn Klaus von Dohnanyi nach Hamburg holte, wo er zehn Jahre lang als Senator wirkte. Nach einer Station im Kanzleramt als wirtschaftspolitischer Berater von Gerhard Schröder wechselte er als Staatssekretär ins Bundesfinanzministerium. Anschließend leitete er die Europäische Bank für Wiederaufbau in London. Heute nimmt er eine Reihe von Aufsichtsratsmandaten wahr und ist Vorstandsvorsitzender der Deutschen Nationalstiftung.

Sabine Reh, geb. 1958, ist Professorin für Historische Bildungsforschung an der Humboldt-Universität zu Berlin und Direktorin der Bibliothek für Bildungsgeschichtliche Forschung (BBF) des DIPF | Leibniz-Institut für Bildungsforschung und Bildungsinformation, zu dessen stellvertretender geschäftsführender Direktorin sie 2019 berufen wurde. Sie ist Mitglied in verschiedenen Fachgesellschaften, so der Deutschen Gesellschaft für Erziehungswissenschaft (DGfE) sowie Mitherausgeberin von Fachzeitschriften, unter anderem der *Zeitschrift für Pädagogik*. Ihr Interesse gilt der Geschichte des Unterrichts und schulischer Leistungsprüfungen und sie ist Sprecherin eines Forschungsverbundes zur Bildungsgeschichte der DDR.

Martin Schröder, geb. 1981, ist Professor für Soziologie mit Schwerpunkt Europa an der Universität des Saarlandes. Er hat am Max-Planck-Institut für Gesellschaftsforschung in Köln promoviert und war danach Postdoc an der Harvard University, Cambridge, MA. Er forscht zu Themen wie soziale Ungleichheit, Generationen, Lebensqualität im internationalen Vergleich, Geschlechterungleichheiten auf Arbeitsmärkten, dem Einfluss von Gerechtigkeitsvorstellungen auf wirtschaftliches Handeln sowie Kapitalismusvarianten und Wohlfahrtsstaaten. Sein Buch *Wann sind wir wirklich zufrieden*? wurde 2021 zum Wissenschaftsbuch des Jahres gewählt.